도를 아십니까

도를 아십니까
....
道

김형기 지음

여문들

이야기를 시작하며

도가 있습니까?

　도를 아느냐는 물음에 되물을만한 질문이다. 실체가 먼저이고 이름은 뒤에 붙는다는 말이 있다. 하기야 실체도 없는데 이름이 있을 리 없다. 사람의 이름도 생기고 나서 지어진다. 이름을 가진 것은 있다고 봐도 될 것이다. 도라는 말이 있으니 그 또한 있을법하다.

　도가 무엇일까. 있다는 전제에서의 의문이다. 이를 풀기보기 위해서 시작한 얘기이다. 단순할 것 같으면서도 한편으로는 무게가 느껴진다. 무엇이든 알고 나면 간단한데 그러기 전에는 복잡한 줄도 모른다. 종잡을 수 없다. 도라는 말에서 무게감이 전해지고, 다소 어려울 것이라고 여기는 까닭은 어렴풋이 짐작되는 바가 있기 때문이다.

　사람은 어디에서 와서 어디로 가는 걸까. 왜 사는 걸까. 어려운 물음들이다. 도가 종교와 관련된다는 생각에서 종교적인 말을 꺼내 보았다. 정말 나는 누구이고, 왜 살고, 어떻게 살아야 하는지 궁금하다. 누구나 그렇다.

지금 이 시대에 종교적인 물음이 타당한지 모르겠다. 종교라는 말에는 현실과 동떨어져있다는 느낌이 있다. 그래서 합리적이고 현실적이고자 하여 학문과 과학에 접근한다. 그런데 여기에도 아직 답이 없다. 사람의 본질, 삶의 목적과 방법까지를 알려주지 못한다. 우리가 알고 있는 모두가 전부는 아닌 모양이다. 이에 대한 답을 찾으려면 인문학과 과학의 범위를 넘어 종교를 기웃거려야 된다.

종교(宗敎)의 개념이 여러 가지로 정의될 것이다. 그러나 개념을 통해서 종교를 다 이해하기 어렵다. 오히려 설명이 복잡하다. 현실을 넘는 내용들이고, 여러 종교를 하나하나 나열하게 된다. 개념을 알기 위해 모두를 종합하면 세상 전체를 내려다보는듯해서 마음이 편하지 않고, 개별적으로 접근하면 종교마다 달라서 전체적인 정리가 어렵다. 그래서 쉽게 접근하려고 글자대로 해석해본다. 마루라는 종자와 가르침이라는 교자이니, 최고의 가르침 또는 최종의 가르침으로 풀이된다. 근본적인 물음에 대한 답을 알려준다고 해서 이런 단어가 되었을지도 모른다. 번역되는 과정에서 생긴 것으로 여겨지는데, 어떤 면에서는 수긍이 간다.

과학이 발전되고 문명이 최첨단의 지경에 이르렀다 하더라도, 자신이 누구인지 답을 얻지 못한 채 삶의 방법을 두고 방황이 계속된다면, 여전히 과제가 남아있는 셈이다. 머리로는 많은 것을 떠올리면서도 몸은 한정된 시간에 머무를 수밖에 없어서 그렇다. 죽음이 문제이다. 계속 존재하고 싶은 것은 모두의 본능이나 예외가 될 수 없다. 종교가 힘을 가지는 까닭이다.

'도를 아십니까' 하면, 도가 있느냐고 따지듯 물을 수 있다. 얼마나 알기에 붙들고 물어보는지 궁금해서다. 짐짓 종교와 연결되었을 것이라고 하여, '당신은 도를 아시나' 하는 되물음도 가능하다. 누구에게나 궁금하고 어려울 듯한 '도'라는 말을 아무데서나 쉽게 듣는다. '도를 아십니까?' 이 물음은 귀에 익숙해졌다. 어디에서든 이 질문을 받으면 자신이 정말 도를 아는지 모르는지를 돌이켜 따져보지 않는다. 자신과는 전혀 다른 분야에서 그들만의 일을 하는 것으로 외면해 버리고, 그 말에 주의를 기울일 잠깐의 시간을 갖기는커녕 벗어나기에 바쁘다. 대부분의 사람들이 알만큼 안다고 여긴다.

먼저, 지나는 사람들에게 접근하여 이 질문을 던지는 사람들이 떠오른다. 이들이 아니더라도 도를 얘기하는 사람들을 적지 않게 보게 된다. 모두 어디에 소속되어 무슨 목적으로 그러한 행동을 하는지 대강 짐작한다. 본래 '도'라는 말이 가진 진리, 법칙, 윤리 등등의 비교적 묵직한 의미와 연결되어있다고 여기는 이는 아마 드물 것이다. 이미 도를 묻는 사람들의 의도와 목적을 짐작하고 행여 가까워질까 몸을 사린다. 부정적으로 여기는 사람들이 많아지고, 곱게 보지 않는 이들이 대부분이다. 자신과는 전혀 관련이 없는 것으로 치부해버리고 만다.

도대체 왜 이들은 사람들에게 도를 아느냐고 묻는 것일까. 일반적으로 종교 단체에 소속되어 금전을 요구하려는 것쯤으로 알고 있다. 지금 세상에는 금전의 획득이 생활의 주목적이 되어버렸다. 돈을 벌기 위해서 살고, 돈을 벌어야 살 수 있다. 이러한 활동을 통해서 세상이 돌아가고, 삶이 이루어진다. 일상적이고 기본적인 생활의 모습이다.

필요한 물건을 생산하고 유통시켜 일정한 돈을 받고 파는 것이 경제 활동의 기본이다. 서비스 분야까지 포함하면 대부분의 경제 영역을 포괄한다. 생산되는 물건은 이루 셀 수 없이 많고, 골목골목 보이는 것이 가게이고, 거리에는 사람을 부르는 간판이 즐비하다. 서비스 분야에 속한 종목도 여러 가지이다. 물건을 팔기 위해 깨어있는 시간의 전부를 쓰고, 새벽부터 저녁까지 자리에 앉아 사람을 대한다. 필요한 물품이나 서비스를 제공하고, 그 대가를 받는 것이 거래이고 경제적 활동이다.

그런데 도를 얘기하는 이들의 목적이 금전이라면, 도를 파는 것이다. 도라는 뜬금없는 말을 느닷없이 꺼내어 당황하게 만들고, 그 틈을 파고들어 여러 말로 설득한 끝에 금전을 취하는 것으로 마무리가 된다면, 이것은 정상적인 경제 활동의 범위에 넣기 어렵다. 도는 일상에 필요한 물건도 아니고, 그렇다고 일반적인 서비스에도 해당되지 않는다.

설사 도의 목적이 금전에 있다손 치더라도 의아한 점이 한두 가지가 아니다. 왜 '도'일까. 이상한 종교의 맹랑한 말로 여기면 아무것도 아닐 것이지만, 본래 도라는 말이 가지는 의미를 생각하면 떨쳐버리기가 쉽지 않다. 또 단단히 세뇌되어 제멋대로 하는 말일 뿐이라고 여기더라도 그들의 신념에 찬 언행도 심상치 않은 것이 사실이다. 이상하기는 매한가지다. 산속에서 갑자기 뛰쳐나와 방향을 잃은 듯한 도라는 것도 그렇고, 멀쩡한 모습을 한 채 시대에 맞지 않게 도를 언급하는 이들을 무시해버리기도 그렇다.

　도라는 말이 가진 의미에 대하여 단편적으로라도 알고 있을 경우에는 궁금증이 남고, 도리어 관심이 커진다. 인간의 존재 이유나 삶의 방법 등 묵직한 내용을 담고 있을 것이라는 막연한 생각에서이다. 예전에는 보통의 말이었는데, 지금은 특정 종교의 전유물처럼 되어버렸다.

　그래서 그들이 말하는 도의 실체가 무엇인지를 알아보기로 했다. 물론 그 사람들과 소속 단체까지 아울러서이다. 나름대로 뒤져보고 겪어보았다. 이를 바탕으로 정리해보고자 한다. 개인적인 견해라는 한계를 벗어나기는 어렵다. 누구나 제 눈으로 보고 제 스스로 그렇게 여긴다. 그래도 넓게 보고 전체를 그려보려고 애를 썼다.

　먼저, '도를 아십니까'라고 질문을 받은 사람들의 느낌과 반응으로 시작해서, 일반적으로 도는 무엇을 뜻하는지를 개괄적으로 살펴보고, 왜 그들이 도라 하고, 그 실체가 무엇인지를 비교적 가까이 파고들어 들춰보려고 한다. 또 다른 사람들에게 적극적으로 알리려고 하는 이유를 파악해보고, 마지막으로 도를 전하여 결국 어쩌자는 것인지를 다루려고 한다. 대체로 도의 본 모습을 드러내기 위한 내용들이다. 앞부분은 도의 역사와 내용에 무게를 두었고, 뒷부분은 이미 알고 있는 이들을 고려하였기 때문에 해석의 양도 상당하다.

　거리의 도는 비단 요즘의 일이 아니다. 아마 사십여 년 이상 지속되었을 것이다. 그러함에도 말에는 익숙해졌으나 내용에 대해서는 잘 모른다. 혹 의문이 있다 하더라도 그들을 직접 만나지 않고서는 접근할 방법이나 정보가 많지 않다. 만남에는 부담이 따르고, 그들의 겉모습에 대해 떠돌아다니는 정보라고는 부정적 평가가 대부분이다. 이를 내놓는 계기의 하나이다. 단순한 호기심은 다가가 만져보아야 해소되고, 궁금증은 헤쳐보아야 풀린다. 어느 것이든 간에 도움이 되리라고 판단했다.

무엇이라도 전부를 알기는 힘들다. 더구나 종교는 현실을 초월한 분야라서 더욱 그렇다. 학문적인 철학이 아니다. 이해를 넘는 믿음을 필요로 한다. 믿고 안 믿고는 이해의 정도와 가치관에 따라 갈린다. 말은 이해하기 쉽게 하더라도 현실을 벗어난 것은 이해만으로 믿기지 않는다. 머리와 가슴의 하는 일이 달라서 그러는지 모르겠다. 그렇다면 그렇고, 아니라면 아니다. 있다면 있고 없다면 없다는 말이 적절하다. 개인의 자율적 판단을 존중한 말이다. 제가 알아서 사는 세상이다. 어쨌거나 믿는 것은 둘째로 하더라도 이해는 해봄직하다.

이 얘기는 논문이 아니다. 그렇다고 수필도 아니다. 사실에 접근하는 데는 기록에 의존했고, 해석의 부분에는 주관적 견해가 녹아들어 설명문에 가깝다. 감정이 개입된 부분은 수필의 느낌도 있을 것이다. '도'의 본모습을 드러내기 위해 뒤지고 겪고 느낀 것들을 종합하다 보니 이렇게 되었다. 내용에 사실적 기록, 주관적 해석, 개인적 감정이 뒤섞여있다. 그래도 감상이 사실을 크게 뒤틀지는 않을 것이다. 각자의 입장에서 보고, '도'의 이해에 보탬이 되었으면 한다.

· 차례 ·

· 이야기를 시작하며　　　　　　　　4

제1장　'도'란 무엇인가

'도'와의 첫 만남　　　　　　　　15
도의 일반적 개념　　　　　　　　27
자연철학과 도　　　　　　　　　35
도와 신　　　　　　　　　　　　41
종교와 도　　　　　　　　　　　47
도와 인간　　　　　　　　　　　72

제2장　그들의 '도'는

우주의 계절과 인간　　　　　　　79
하느님의 강세　　　　　　　　　94
천지공사　　　　　　　　　　　103
무극도의 활동　　　　　　　　　126
태극도와 수도 법방의 확립　　　135

제3장 왜 아느냐고 묻나

종통의 계승	149
종단 대순진리회의 창설	154
종단의 의미	163
종단 구성원의 수도 내용	189
종단에 대한 사회적 인식	201
수도장으로서의 대순진리회	211

제4장 어쩌자는 것인지

해원상생의 중요성과 진리의 깨우침	219
해원상생의 수도 과정	232
수도와 군자	260
수도인의 역할	274

- 글을 마치며   281

제1장

도란 무엇인가

'도'와의 첫 만남

松下問童子
言師採藥去
只在此山中
雲深不知處

소나무 아래에서 동자에게 물으니,
선생님은 약초를 캐러 가셨는데
다만 이 산 속에 계실 터이나
구름이 짙어 계신 곳을 모르겠단다.

느닷없이 한시를 앞에 놓았다. 유명한 당나라 시인 가도의 작품이다. 산 어귀에 사는 친구를 찾아가 심부름을 하는 녀석에게 계시냐고 묻고, 대답을 시로 표현했다.

삶의 길에 들어서있다. 어디로 가야할지 몰라, 행여 이 길에 대한 얘기를 들을 수 있지 않을까 하고 찾았더니, 맞는 동자의 무심한 대답이 허망하다. 없다는 것도 아니고 있다는 것도 아니다. 분명히 있으나 찾기는 어렵단다. 없다면 마음을 접을 텐데 그도 아니다. 구름에 덮인 산이 아득하기만 하다.

인생의 길이 이런 것이 아닌가 싶다. 사람으로 태어나 가야 할 마땅한 길이 있을 것이나 좀처럼 윤곽이 잡히지 않는다. 이미 답은 많아도 마음에 젖어들지 않는다. 이것이라고 해도 그것은 그의 답일 뿐이다. 원래 목적이 없는 길이라 하여 그냥 살기도 하고, 답을 찾아 헤매는 사람도 있고, 나름대로 찾은 답을 가르치려고 애쓰는 이도 있다.

'도를 아십니까' 하면서 길을 오가는 사람에게 접근하는 이들이 있다. 묻지도 않았는데 답을 주겠다고 나선다. 사람들은 제각기 목적지를 향해 발걸음을 옮긴다. 하릴없이 걷는 사람도 있겠으나 길은 목적지에 닿기 위한 것이다. 길 위에는 여자와 남자, 젊은이와 늙은이 구별이 없이 꾸밀 대로 꾸미고 갖출 대로 갖추어 이리저리 움직인다. 홀로이기도 하고 짝을 짓기도 하고 무리도 있다. 멀찍감치 떨어져서 바라보면 저 많은 사람들이 모두 어디로 가는지 궁금할 때가 있다. 다들 바쁘게 길을 간다. 저만의 목적을 두고 쉴 새 없이 오고간다.

목적을 향해 가는 이들에게 다가와 '도'를 알려주겠다고 하는 이들은 발걸음의 목적지가 없어 주위를 서성거린다. 주변에는 부자연스러운 신체에 남루한 옷을 입고 동정을 구하는 이도 있고, 천국과 지옥을 외치는 소리는 일대를 뒤흔든다. 도를 아느냐고 묻는 이들은 누추하지도 않고 일방적으로 소리를 지르지도 않는다. 주위를 맴돌며

도에 관심을 보일만한 사람을 찾는 것이 목적이다.

　도를 아느냐고 묻거나 조상의 공덕, 좋은 기운, 전생 등 관심을 끌 만한 말로 걸음을 세우고, 곧 의도를 드러낸다. 도를 전하겠다는 것이다. 길에서 벌어지는 일만이 아니다. 한창 때는 골목에 늘어선 가게를 찾는 이들이 있었다. 처음 꺼내는 말이 무엇이든 결국은 도를 얘기했다. 가정 방문이 어렵지 않을 때에는 초인종을 눌렀다. 역시 같은 목적이다. 대체로 둘씩 짝을 지어 거리, 골목, 가정집에서 만난 사람들에게 도를 전하려고 무척 열심이었다.

　상당 기간 지속된 이들의 부지런함 덕분에 도가 널리 알려졌다. 무엇을 도라고 하는지 자세히 모르지만 종교와 관련이 있다는 것은 다 아는 사실이 되었다. 어느 종단이나 정도의 차이가 있을지언정 포교에는 적극적이다. 그런데 도를 언급하는 종단은 거의 없다. 도라는 말이 어떤 면에서는 종교성을 띤다는 것은 부정할 수 없다 하더라도, 왜 굳이 종교단체에서 도라고 하는지에 대해서는 궁금증이 유발된다.

　종교에 대해서도 그렇고, 도에 대해서는 더 그렇다. 도대체 종교가 무엇인가에 대해서는 답을 얻기 쉽지 않다. 상식적으로 과학의 발전에 따라 종교는 설 자리가 좁아져야 한다. 근대의 역사가 그렇게 흘러왔다. 한때 사회 전반을 지배했던 종교는 과학의 발전으로 힘을 잃어가고, 합리성이 강조되는 시대가 시작된 이래 이 추세는 계속될 것으로 보였다.

　지금 지구의 둘레에는 수많은 인공위성이 돌며 내려다보고 있고, 망원경으로 겨우 보던 행성까지 우주선이 다가가고, 더 멀리까지도 날아가 선명한 사진을 보내온다. 망원경의 성능은 상상하지 못할 정도로 커져서 다른 우주의 모습을 눈앞에 보여준다. 컴퓨터나 인터넷은 말할 것도 없고, 누구나 지니고 있는 휴대폰의 기능은 다 쓸 수 없을 정도이다.

　이 정도에 이르면 종교는 사라졌어야 한다. 종교와 과학은 상대적인 것으로 여겨졌다. 종교적인 관념이나 사고는 미개한 상태에서 형성된 것이라, 과학적으로 밝혀지면 당연히 바뀌거나 없어지는 것이 맞다. 무지에서 비롯된 것은 알게 됨으로써 자연스럽게 해결되어야 한다. 그런데 종교적인 말과 행위들이 버젓이 행세한다. 웅장한 교회가 도시 한복판에 위용을 자랑하고, 산속의 절로 들어가는 도로가 확장된다. 번화한 시내의 복판에 운명감정의 간판이 흔하고, 사주풀이를 하는 카페도 있는가 하면, 포장마차와 비슷한 타로집도 눈에 띈다. 첨단의 기술이 동원된 영상을 통해서 무지의 단계에나 있을 법한 내용들이 쉽게 다가와 관심을 불러일으킨다. 첨단의 과학기술 문명 속에서도 종교는 생명력을 굳건하게 유지하고 있다.

　누구에게나 삶이 그렇게 단순하지 않은 모양이다. 문명의 이기들이 아무리 좋아져도 사는 것이 덩달아 만족스러워지는 것만은 아닌 듯하다. 개개인의 머리와 마음에는 예전과 다름없이 온갖 고뇌가 가득하다. 오히려 복잡한 일들이 많아졌다. 좋은 성능의 기기를 이용하여 더욱 많은 정보를 얻게 됨에 따라 관심사나 고민거리의 양이 그만큼 늘어난 것 같기도 하다.

인간의 본질적인 의문에서부터 인간관계에서 말미암은 여러 문제들, 삶의 방법과 방향, 때로 찾아드는 질병은 여전히 편안한 삶을 방해한다. 개인의 범위를 떠나 사회적으로도 고뇌의 꺼리는 허다하다. 정치와 경제의 틀이 항상 개인의 바람과 일치되지 않는다. 어쩔 수 없는 거대한 흐름이 자신의 희망과 같지 않을 때에는 소외감과 좌절감을 맛본다.

　인간은 왜 사는가와 같은 근본적인 의문에 대한 답은 항상 구름 짙은 산속에 있다. 있기는 있을 터인데 보이지 않는다. 본의 아니게 태어났으니 그냥 산다고 하면 쉬운데, 꼭 그렇지 않을 수도 있다는 생각이 때때로 마음을 흔든다. 특히 죽음을 생각하면 그렇다. 주변에서 흔하게 죽음을 보고, 실감하지 못하더라도 자신도 또한 그렇게 될 것을 부인하지 못한다. 여기에 생각이 머물면 도대체 사는 것이 무엇인가에 대한 고민이 깊어진다. 이미 수많은 현인들이 이에 대한 답을 내놓았어도 그들은 그들일 뿐이라는 생각에 공감하지 못하는 것도 사실이다.

　어쨌거나 과학과 기술 문명이 삶의 원초적 고민을 해결해주는 것과는 일정한 거리가 있다. 수백억 광년이라는 무지막지한 단위를 쉽게 언급하고, 그 먼 거리에 있는 우주의 실체를 눈으로 확인하며, 손바닥 크기의 기계를 이용하여 지구촌 어디에 있든 얼굴을 맞대고 대화하고, 곳곳에서 벌어지는 일들을 실시간으로 볼 뿐만 아니라, 시공을 망라한 온갖 소재의 영상을 바로 꺼내보는 상황에서도, 자신의 존재 의미와 내면의 감정 등은 별개의 문제로 남는다.

살아있음에서 비롯된 고뇌와 고통은 죽음으로 끝난다고 해야 논리적으로 합당하다. 그런데 그렇게 단순히 말할 게 아니다. 죽음이 끝이라고 여기는 사람도 많지만, 그렇지 않기를 바라고 또 그렇지 않다고 믿는 사람이 더 많다. 사후 세계의 존재 여부와 영혼의 유무 등은 종교인이 아니더라도 대부분 사람들의 관심 사항이고, 그 답은 자신의 생각에 따라 나뉜다. 어느 것이 옳다고 할 수 없다. 그렇지 않다면 그렇지 않고, 그렇다면 그런 것이다. 운명이 있다면 있고 없다면 없다. 신이나 사후세계의 존재여부도 마찬가지이다. 다툴 일이 아니다.

앞으로도 종교가 없어지지는 않을듯하다. 인간의 본질 문제에 대해 과학이 답을 주지 못하기 때문이다. 영혼, 극락, 천당, 신선 등등의 단어가 예와 다름없이 유효한 힘을 가진다. 누구나 운명이 정말 있을까 하는 궁금증을 떨쳐버리지 못하고, 생각에 생각을 거듭하다보면 종교적인 영역에 닿는다. 살아있는 한 어쩔 수 없는 일이다. 고도의 물질문명 한 가운데에서 태초의 고민을 안은 채 살아가고 있는 것이다.

죽음이 끝이라면 쉬울 것이나, 그렇지 않다면 복잡해진다. 끝이라는 생각에서는 살아있는 동안 최대의 기쁨을 한없이 누리는 것이 삶의 방법과 목표가 되기 마련이다. 어차피 주어진 단 한 번의 기회를 고통보다는 기쁨으로 채우겠다는데 반박할 이가 없다. 물론 항상 재미나게 산다는 것이 쉽지는 않지만 당연한 결론이다. 바란다고 그대로 되는 세상이 아니다. 그런데 죽음이 끝이 아니라면 더더욱 많은 문제가 생긴다.

불교의 윤회설이 그럴듯하게 들리고, 기독교의 예정된 미래도 무시할 수 없다. 운명이라는 말을 염두에 둔다면 더욱 그렇다. 운명은 예정된 삶의 행로이다. 어디에서 시작되었고, 지금은 어디이며, 어디로 가는 것인지 궁금하다. 사는 것이 단순하지 않은 만큼 마음도 어수선하다. 길을 가지만 어디로 가는지 모르겠다는 말뜻을 실감하게 된다.

생활에 바빠 집중적으로 생각할 기회를 갖지 못하다가 느닷없이 '도를 아느냐'고 묻는 이들을 만난다. 먼저 다가와 길을 묻고, 공덕이 있어 보인다거나 또 기가 좋다는 등등의 말이 이어진다. 움찔하게 하는 말들이다. 바쁜 사람에게는 갈 길을 막는 존재들이고, 겪어본 사람에게는 짜증스러운 일이다. 통상적인 그들만의 행위로 보인다. 특정 단체의 종교적 행위라는 것을 알 만한 사람은 다 안다.

그 단체를 어렴풋이 짐작하는 이들은 사이비라는 단어를 떠올릴 것이다. 사이비 종교는 종교적 가치를 가지지 못하고, 종교로 위장하여 세속적인 목적을 취하는 단체로 이해된다. 종교와 비슷한데 아니라는 말이다. 물론 종교를 진짜와 가짜로 나누는 것은 절대 단순하지 않다. 신이 있느냐 없느냐를 두고도 결론이 없는데, 더구나 종교의 진위를 가리는 일은 가능할지 모르겠다. 다만 사회에 어떤 기능을 하느냐가 판단의 기준이 되기 마련이다. 하여튼 사이비 종교의 목적은 종교적 이상에 있지 않고 세속적 금전에 있다고 여긴다.

간혹 이들의 말에 관심을 가진 사람도 있다. 삶 자체를 고민하는 사람이나 고통 해결의 실마리를 찾지 못한 사람, 그리고 적극적으로 삶의 방법을 찾는 이들이 여기에 해당될 것이다. 아니면 조상 공덕이 많다는 말의 의미를 더 알고자 하여 그럴 수도 있고, 앞날의 예언을 들을 수 있을까 하는 기대감에서 관심을 보일 수 있다. 단순히 마음이 약해서 이끌려가는 이도 있을 것이고, 그들의 정체를 파악해보고 싶은 것도 이유가 된다.

그들은 물음에 관심을 갖는, 곧 '도'를 알고 싶어 하는 사람을 찾는다. 도라는 말이 그들만의 전유물도 아니고, 많은 성현들의 가르침에 빠지지 않는 용어이다. 현재 우리들이 쓰는 말에도 드물게 포함되어있어 어색하지 않다. 그들이 소속된 단체보다 그 말에 관심을 갖는 사람에게는 솔깃한 물음이다.

어떤 이유에서든지 도에 관심을 기울이면 대체로 다음 단계로 이어진다. 많은 얘기를 주고받을 시간이 필요하다. 대화의 자리라고 해도 적극적인 권유와 설득이 주를 이룬다. 어떤 말을 하더라도 결국의 요점은 지금은 도를 닦을 때이고, 먼저 의식 절차에 참여하라는 것이다. 호기심도 커지고 신비한 세계로 접어드는 기분이 든다. 이미 마음을 먹은 뒤에는 다음의 과정이 순조롭다. 약간의 두려움을 떨쳐버리기 어렵지만 호기심이 앞선다. 의례에 대한 얘기를 나누고 실행의 여부를 결정한다. 제사 형식의 입도식이다. 가까운 시기를 잡고, 필요한 비용과 마음의 자세에 대한 말로 마무리를 짓는다. 거리에서 만난 경우라면 이보다 진행의 속도가 빠르다. 당장에 모든 일을 치르려든다. 지방에서는 절에 참배를 간다는 말에 따라 나섰다가 일행들과 같이 입도식을 올리기도 했다.

대개 입도 치성은 작은 공간에서 이루어진다. 비교적 규모가 있으면 회실이고, 연락소라 불리는 곳이다. 일반적인 건물의 한켠이거나 주택가일 수도 있다. 깊은 산속이 아니다. 멀지 않아 다행스럽다는 생각도 든다. 입구에 들어서면 향내가 느껴진다. 절에서나 또는 제사를 지낼 때 접한 냄새이다. 안에 있는 사람들에게서 이상한 점은 발견되지 않지만 향 내음이 특별한 분위기를 만든다. 무당의 신당처럼 요란스러운 장식도 없고, 절의 대웅전처럼 크지도 않고 모셔놓은 상도 없다. 도시 한 가운데에 이러한 공간은 흔하지 않아 낯설기는 하다.

'도'에 다가선 첫 장소가 초라하다. 또 의식의 절차나 규모도 그렇다. 불도를 닦기 위해 출가한 경우에는 머리를 깎고 회색의 옷으로 바꿔 입는 절차가 속세와의 인연을 끊고 대도에 첫걸음을 내딛는 의미를 가지는 만큼 매우 엄숙하게 진행된다. 발심의 정도를 강하게 해야 한다. 앞으로 닥칠 수도의 과정이 예사로운 일이 아니기 때문이다. 첫 절차의 의식에 많은 뜻이 내포되어있다.

갑자기 시작된 '도'에의 참여는 역시 갑작스럽기 짝이 없다. 한복으로 갈아입고, 의식의 절차에 필요한 인사법을 바삐 익힌다. 절의 횟수도 많다. 제사에서처럼 두 번씩 하는 것이 아니다. 십여 번이 넘는 큰 절을 몇 차례 해야 된단다. 서툰 몸짓으로 정신없이 좌우로 발걸음을 옮기며 많은 절을 한다. 공간은 작지만 깔끔하다. 치성물이 차려진 커다란 상이 준비되어있다. 여러 치성물이 정갈하게 올려있다. 제사상과 비슷하다. 의식은 제사보다 약간 번거롭다. 절의 횟수뿐만 아니라 도중에 축문과는 다른 몇 가지의 흥얼거리는 소리가 들린다. 주문을 읽는 것이라고 한다. 의식을 주관하는 이들의 숙련되고 엄숙한 자세가 긴장감을 높인다.

    끝 무렵에 이름을 적은 종이를 태우는 절차가 있다. 하늘에 녹명하는 의식이란다. 하늘에 이름을 기록한다고 하니, 그 의미가 자못 심상치 않다. 입도식을 치렀으니 도에 입문한 것이다. 하나하나의 뜻을 알 수도 없고, 그저 해주는 얘기를 잠자코 들을 뿐이다. 조상과 자신에게 좋은 일이라고 하니 그러기를 바란다. 차린 음식을 나눠먹는 음복이 이어진다. 얘기를 나눌 시간도 더불어 넉넉해진다. 많은 얘기를 듣게 된다. 개운한 기분이 들기도 하고, 어리둥절하다. 미리 얘기를 나누고 치렀으면 한결 편안하다. 자신을 위한 일에 여러 사람이 수고를 아끼지 않은 것이 고맙게 느껴지고, 조상들이 기뻐하는 일이라고 하니 자손으로서 자그마한 일을 해드린 것 같아 마음이 가볍다.

    갑작스럽게 참여했을 때는 약간 다르다. 행사 중에는 거기에 신경을 써서 몰랐으나, 끝나고 나면 의구심이 고개를 든다. 돈의 액수가 만만치 않을 것으로 예상된다. 치성물을 마련하는 데에도 상당한 비용이 들었을 것이고, 왜 이렇게 정성스럽게 하는지 저의가 있을듯하다. 아니나 다를까 돈 얘기가 나온다. 역시 의식에 소요된 비용 얘기이다. 엉겁결에 치른 터라 그 비용의 자세한 내용을 알 리 없다. 흥정이 필요하다. 중요한 의식이라는 설명을 들으면서 마음속으로 금액의 정도를 가늠해야 한다. 정신이 든다. 결국 돈이다. '도'가 결국 돈으로 귀결된다. 몇 시간의 어리둥절한 시간이 지나서 급기야 치러야만 되는 금액을 계산해야 되니 난감하다. 이러려고 집을 나선 것이 아니어서 가진 돈도 많지 않다. 잠시라도 조상을 생각하고 운명을 짐작할 수 있으리라는 기대는 어느새 사라지고, 지극히 현실적인 흥정을 해야 하는 처지에 놓이고 만다.

거의 이 상태에 머문다. 사회에서의 일반적인 인상도 이와 다르지 않다. '도'라는 말은 돈으로 마무리되어버리고, 그 내용과 실체가 무엇인지 알 수가 없다. 좀 더 알기 위해서 응했는데 호기심이 풀리지 않는다. 입도식에서는 예사스럽지 않은 종교적 성격이 강하게 풍긴다. 집안의 제사에 익숙한 사람에게도 마찬가지이다. 제사에서는 특별한 의미부여를 하지 않고, 도와 결부시키지도 않는다. 성격이 다르다.

아직 여러 설명과 모르는 일들이 있을 것으로 짐작된다. 많은 말들이 정리되지 않는다. 갈 길이 아득히 멀게 느껴진다. 확신도 없다. 그들이 말하는 '도'는 정말 무엇이란 말인가. 돈으로 귀결지어버리기에는 너무 빠르다. 말이 가지는 의미는 더 있을 터이고, 몇 푼의 돈으로 바꿔버릴 가치에 그치지 않을 것이다. 복잡한 마음에 머리는 오만 생각으로 가득하고 의문이 가시지 않는다.

왜 도라고 하고, 주문은 무엇인가에 대해서 묻고 싶어도 선뜻 말을 꺼내기 어렵다. 더 큰 부담을 요구할 것으로 생각되어서이다. 입문에 이르기까지도 마음이 수없이 오락가락하는 고통을 겪었는데, 이후는 한층 힘들 것임에 틀림없다. 묻지 않아도 먼저 말을 꺼내기에 익숙한 그들은 언제라도 대답할 준비가 되어있다. 괜한 질문을 했다가 말보따리가 터질 빌미를 주는 것도 부담스럽다.

여기에 머문 사람들을 위해서 그들이 말하는 '도'의 정체를 알아보기로 했다. 본래 도의 가치를 밝히기 위해서라도 반드시 그래야 한다. 가까이 조선시대만 하더라도 도를 절대적 기준으로 삼아 수신의 자세로 평생을 살았던 선비들이 많았고, 불도를 닦으려고 소중한 인연을 끊고 산속으로 들어간 사람들도 꽤 있었다. 도는 몇 푼의 돈을 위한 것이 결코 아니다. 인생을 걸만큼 삶의 길을 가르쳐줄 무게를 지닌다.

그들의 도에도 그럴만한 가치가 있는 것인가를 확인해야 한다. 처음 도를 얘기한 사람들 또한 입도식의 절차를 거쳤을 것이고, 다음의 과정을 앞서 겪은 사람들이다. 말을 들으면 도에 대해서 많이 알고 있을듯하고, 신념에 찬 행동 또한 출가한 사람들과 크게 차이가 없어 보인다. 다만 커다란 사찰과 도시 한 가운데 낡은 건물의 좁은 공간이라는 차이가 있어서 초라하게 보일 뿐이다. 못지않은 내용이 담겨있을 것이라 생각하고, 실체에 접근한다.

도의 일반적 개념

'도(道)'는 무엇인가. 대답하기 쉽지 않다. 늘 사용하는 말인데도 그 말뜻에 주저하게 된다. 옛 종교지도자나 성현들의 말씀들이 한꺼번에 그려지고, 그 폭과 내용을 가늠하기조차 힘들다. 또 수염을 덥수룩하게 기른 채 깊은 산속에서 나름대로 수행을 하는 사람도 연상된다. 거대한 양과 무게에 짓눌린다. 도가 대체로 그들과 관계된다는 것을 어렴풋이 알기 때문에 그러하다.

어렵고 힘들수록 차근차근 접근해야 한다. 도에 관련된 사람들 모두 우리와 같은 사람들이고, 그 생각이 이해할 언어로 표현되어 전혀 불가능하지 않다. 일반적으로 도라는 말은 길, 자연의 법칙, 방법, 윤리도덕 등이라고 해도 크게 틀리지 않다. 단순히 눈에 보이는 길에서부터 천체의 움직임과 관념적인 진리까지 가리켜 그 폭이 넓고 깊게 다가온다.

종교가와 사상가들의 입장과 시각의 차이 때문에 다양한 의미를 가진 것으로 보이고, 그만큼 복잡하고 난해하게 느껴진다. 우주자연의 법칙에 대한 설명이 그렇고, 더욱이 그것을 이해한 바탕에서 삶의 방법을 제시하는 데까지 이르면 법칙과 방법에 대한 말들이 뒤섞여 혼란스럽다. 그 속에 빠져들면 도의 뜻을 이해하기도 전에 거센 소용돌이에 휘말려 갈피를 잡지 못한다.

그래서 '도'라는 글자의 본래 뜻부터 알아보는 데에서부터 시작할 필요가 있다. 도는 길이다. 도가 무엇이냐고 하면 그냥 길이라고 답하면 된다. 가기 위해 나있는 것이 길이다. 이 세상에 길의 가짓수는 헤아릴 수 없이 많다. 오가는 것에 따라 사람이 다니는 인도, 차가 다니는 찻길, 물이 흘러가는 물길 등 예를 다 들기 어렵다. 있는 곳에 따라 산에 있으면 산길, 바다의 바닷길, 항로라 하는 하늘의 길이 있다. 쇠로 길을 만들었다 하여 철길이라 한다. 길의 크기에 따라 작은 길, 큰 길로도 나뉘고, 오솔길, 산책길, 골목길 등 길이라는 말의 앞에 어떤 말이 붙느냐에 따라 그 종류도 수없이 늘어난다. 이 모두가 길이다. 그리고 한자로는 도라고 한다.

열거한 것들은 모두 사람이 오가기 위한 길이기 때문에 사람이 만들었고, 사람의 눈과 머리에 확실하게 보이고 인식된다. 용도는 물론이고 시작과 끝이 가늠된다. 누구라도 목적지를 정하면 길이 예정된다. 어떤 길을 따라 어떻게 가면 된다는 것을 알기 때문에 갈 길을 미리 선택하여 정한다. 길을 나선다는 말에서는 크게 무거움이 느껴지지 않는다. 눈앞의 길이고, 산책처럼 가벼운 목적을 위한 길이기 때문이다.

그런데 이 길이 보이지 않은 데에도 존재한다. 보이지 않는 길도 있다. 사람이 만든 길은 필요에 따라 내면 되는 것이지만, 보이지 않는 길은 앞선 사람이 낸 길을 말하는 것이 아니다. 세상은 한없이 넓고, 한 인간의 감각과 머리로 인식한 길이 전부가 아니라는 것쯤은 다 안다. 사람은 주위의 변화와 동태를 살피며 그 까닭을 알고자 한다. 본능적인 호기심일 수도 있고 생존의 방법을 찾기 위해서이기도 하다. 보이지 않는 길의 목적지도 관념 속에 있다.

'도'라는 말이 '길'이라는 본래의 뜻 이외에 법칙·진리·윤리 등의 뜻을 가지게 된 것은 이 세상이 어떤 체계 또는 질서에 의해 움직인다고 사고하는 데에서 비롯되었다. 마치 눈에 보이는 길을 가는 것과 마찬가지로 정해진 바를 따라 운행되는 해와 달, 계절의 순환 등이 그러하다. 옛 사람들은 그 체계와 질서를 이해하려 했고, 철학적으로 또는 종교적으로 의미가 확대되어 진리 내지 인륜도덕이라는 뜻까지 가지게 되었다.

세상의 모든 것은 그대로 머물러있지 않다. 시간은 흐르고 상황은 바뀐다. 가장 확실한 것이 낮과 밤의 반복이다. 해가 떠오르며 날이 밝고 지면 밤이다. 밤에는 하늘 가득한 별과 밝은 달이 보인다. 해와 달은 항상 가까이에서 본다. 어김없이 동쪽에서 떠서 서쪽으로 기운다. 물론 해는 비교적 일정한 모습으로 아침에 떠서 저녁에 지고, 달은 날마다 모양새가 변하면서 뜨고 지는 시간도 달라 복잡하기는 해도 일정한 주기를 가진다. 해는 계절에 따라 가는 길과 떠있는 시간이 다르고, 달은 날에 따라 시간과 모양이 같지 않다. 그렇지만 일정한 길을 따라 움직인다는 것을 감지하기란 그리 어렵지 않다. 해가 서쪽에서 떠서 동쪽으로 지는 일은 결코 일어나지 않는다.

날마다 변하는 달은 커졌다 작아지기를 반복한다. 다시 제자리로 돌아오기까지 며칠인지를 한동안 관찰하면 주기를 쉽게 헤아릴 수 있다. 사람의 의지와 관계없이 이미 정해진 질서가 있는 것이 확실하다. 크고 넓은 자연에 비하면 한순간을 살다가 사라질 인간은 미미하기 짝이 없다. 그러나 머릿속은 그렇지 않다. 많은 생각을 하고, 거대한 자연 속에서 인간의 의미를 찾았다. 자연이 움직이는 일정한 법칙을 알고자 했다. 지금은 다 알지만 옛날에는 어려운 문제였다. 많은 노력으로 주기가 하루와 계절의 변화, 곧 시간의 흐름과 밀접하게 관련되어있다는 것을 인지하기에 이르렀다. 천체의 움직임과 날과 달의 흐름, 그리고 계절의 변화가 서로 연관되어 움직였던 것이다.

해와 달의 움직임은 하늘을 우러러 살펴보지만 하루와 계절의 변화는 몸으로 직접 체험한다. 해가 뜨면 하루가 시작되고 해가 지면 저녁이다. 달은 제 나름대로 모양을 달리하며 뜨고 지는 시간도 다르다. 보름달은 온밤을 비추는데, 새벽녘의 초승달은 유난히 날카롭고, 한낮에도 희뿌옇게 모습을 드러낸다. 하루와 달이 반복되며 체감하는 온도가 달라지고 식물들로 가득한 세상의 모습도 변한다. 계절이 바뀐다.

계절의 변화는 직접 눈으로 보이지 않으나 시간에 따라 달라지는 기온과 그 작용으로 벌어지는 변화로 똑똑히 안다. 봄이 가면 여름이 오고 가을을 지나 겨울이 온 뒤에 또 다시 봄은 확실하게 다시 온다는 것을 의심하지 않는다. 경험으로 이미 겪은 일이다. 순차가 어긋나는 일은 절대 일어나지 않는다는 것을 잘 안다.

계절의 변화 그리고 해와 달의 움직임에는 일정한 주기가 있다. 한 치의 어긋남이 없이 순환하며 반복된다. 이를 법칙이라고 한다. 자연법칙이라고 부른다. 자연의 변하지 않는 법칙이다. 이 법칙은 땅 위의 길처럼 확연하게 인식된다. 흐트러지지 않는다고 하여 질서라고 한다. 그 법칙과 질서를 바로 도라고 하였다. 천체 운행의 길을 궤도라고 한 것도 가는 길이기 때문이다.

　도의 의미가 땅 위의 길에서 해와 달의 길과 계절의 순환법칙으로까지 확대되었다. 예전에는 해가 동쪽에서 떠서 서쪽으로 진다고 했다. 지구의 자전을 모를 때 쓰던 말을 지금도 쓰고 있다. 지구의 공전에 따라 빚어진 계절에 대해서도 봄이 가면 여름이 오고 여름이 가면 가을이 온다고 한다. 어쨌든 겨울을 지나 다시 봄이 오는 것은 어긋난 적이 없다. 지구의 공전에 의한 결과라고 하더라도, 누구나 직접 겪고 있는지라 돌고 돈다는 데에는 반론의 여지가 없다. 해는 떴다 지고, 계절은 변함없이 돌고 돈다. 그것을 과학적으로 명확하게 밝힐 능력이 없을 때에는 인문학적인 방법으로 접근하였고, 그 결과 새로운 관념세계를 여는 단초가 되었다. 실례로 점성술이나 역(易)을 꼽을 수 있다.

　계절과 달의 모양 변화의 법칙을 이해하는 것은 달력이 발전해온 역사와 맥을 같이 한다. 특히 계절의 변화는 인간의 삶에 직접적으로 연관된 문제라 아주 중요했다. 계절의 변화를 이해해야 생존이 가능했다. 입고 자는 것은 물론이고 매일의 음식을 농사를 통해서 얻어야 했으므로 그렇다. 철을 알지 못하고서는 농사를 지을 수 없다. 씨를 뿌릴 때와 거둘 때를 정확히 알아야 의도한 수확이 가능하다.

그 중요성 때문에 어느 집단에서나 철을 제대로 알기 위해 온힘을 기울였고, 결과적으로 달력의 발전을 가져왔다. 정확한 달력을 만들기 위해서는 해와 달로 대표되는 천체 운행의 법칙을 파악해야 한다. 이로부터 천문학이 발달하였고, 지금은 태양계 전반은 물론이고 우리가 속한 우주와 그밖에 무수한 우주가 있다는 것도 알게 되었다. 달력의 발전 역사는 이제 시시하게 여겨질지 몰라도 아직까지 지구에 살고 있는 우리에게 끼치는 영향력에는 변함이 없다.

인간의 우주관은 계절의 변화와 달 모양의 규칙적 변화로부터 싹트기 시작했다. 어김없이 계절은 봄·여름·가을·겨울로 순환하고, 달은 일정한 주기로 크기를 달리한다. 변함이 없다. 특히 계절의 순환은 모든 생명체의 삶을 규정한다. 식물에서 쉽게 보이는 일반적인 현상이다. 봄에 싹이 트고, 여름내 자라서, 가을이면 열매를 맺고 시든다. 겨울에는 아무런 움직임을 보이지 않는다. 풀도 그렇고 나무도 그렇다. 계절의 순환을 믿기 때문에 농사를 짓는다. 봄에 씨를 뿌리면 자라서 열매를 맺는다. 인간의 힘이 아니라 자연의 힘이다. 인간은 단지 씨를 뿌릴 뿐이고, 기르는 것은 기본적으로 자연이 해준다. 초월적인 법칙의 영역을 인정하지 않을 수 없다. 생명의 일생과 직접 관련되기에 더욱 그렇다.

天地長不沒
山川無改時
草木得常理
霜露榮悴之

> 천지는 오래도록 없어지지 않고,
> 산천은 때에 따라 변함이 없도다.
> 풀과 나무도 자연의 이치를 알아,
> 서리와 이슬에 피었다가 시드는구나.

도연명의 형영신이라는 시의 일부이다. 풀과 나무는 스스로 그렇지만 철을 정확히 안다고 해서 농사를 잘 짓는 것은 아니다. 철 못지않게 중요한 것이 날씨이다. 비가 올 때에 오지 않고 따뜻해야 할 때에도 추위가 닥친다. 많은 비가 한꺼번에 쏟아져서 농사는 말할 것도 없고 사람의 목숨까지 앗아간다. 바람의 세기도 중요하다. 또 서리가 일찍 내리기라도 하면 온전하게 농사를 마무리 짓기 힘들다. 순조로운 날씨가 계절만큼 중요하다.

생명체에게는 목숨이 제일 중요하다. 살아남아야 한다. 사람도 당연히 마찬가지이다. 계절과 기후에 의지해야만 존재가 가능하고, 그것은 인간의 힘으로 조절하지 못한다. 그래서 법칙과 현상을 관장하는 높은 차원의 존재를 그렸다. 바로 신이다. 삶의 본능, 죽음의 공포를 가진 사람에게는 아무런 감정이 없는 법칙보다 사람과 같이 감정을 가진 신이 있을 것으로 믿겨졌다.

어쩌다 나타나는 번개와 천둥은 그 실존의 본보기였다. 또 변화무쌍한 날씨의 변화는 일정한 법칙과는 크게 관계가 없다. 이렇기도 하고 저렇기도 하다. 마치 사람의 감정 변호와 비슷하다. 좋을 때는 한없이 좋다가 갑자기 우울해지고, 조용하다 느닷없이 화를 내기도

한다. 사랑에 겨워 못 견딜 지경에 이르렀다가도 증오의 눈빛을 보인다. 사람의 감정과 꼭 닮은 것이 날씨이다.

　사람에게 육체와 정신이 있는데, 육체는 보고 만질 수 있으나 정신은 그러지 못한다. 그런데 생각의 결과도 있고 감정의 상태도 분명히 있다. 죽으면 육체는 있으나 정신이 없다. 삶과 죽음을 호흡이나 심장의 박동처럼 의학적인 면으로 판단할 수 있지만 정신의 문제는 아직 수수께끼로 남아있다. 어쨌든 온전한 사람은 움직이고 생각하고 느낄 수 있어야 한다.

　사람에게 보이는 몸과 보이지 않는 정신이 있는 것과 마찬가지로, 자연에도 보이는 것이 있고, 있으나 보이지 않는 것이 있다는 생각을 할 수 있다. 자연의 법칙과 현상이 스스로 그러한 것이 아니라 이를 주관하는 신이 있다고 믿으면, 삶을 위협하는 자연의 현상을 그 주관자에게 감정적으로 빌어서 조절할 수 있다고 여기게 된다.

　앞서 자연법칙이 도라고 했는데, 이제 신이 등장하면서 그 작용까지 보태진다. 종교의 시작이다. 인간은 삶의 의욕, 호기심, 존재 의미 파악, 삶의 방법 모색 등 계기는 어떻더라도 본능적으로 지적 활동을 그치지 않았다. 그 결과는 인간 사회에 고스란히 영향을 끼쳤다. 인간의 우주관과 세계관의 형성도 이렇게 이루어졌다. 지금도 마찬가지이다. 모든 학문이 비롯된 바이다.

자연철학과 도

이제는 도의 개념을 알기 위해 인간의 우주관과 세계관의 형성 과정에 접근할 차례이다. 여기에는 자연의 법칙, 그리고 이를 주관하는 신의 존재까지 다뤄져야 한다. 이 둘은 과학과 종교라는 전혀 다른 분야로 분리된다. 학문이 발전하면서 과학·종교·철학·문학 등으로 분야가 나뉘었으나, 사람을 명확하게 주체로 하면 과학과 종교조차 따로 떼어 생각하기 어렵다. 왜냐하면 인간의 지적 활동이 주변 세계와 인간의 본질에 관한 이해이고, 그 결과가 모두 사람에 의한 것이기 때문이다. 분야가 다르다 하더라도 결국 인간에게 귀속된다.

먼저, 자연의 법칙을 인간의 삶에 적용시키려는 시도는 어쩌면 자연스러운 일이다. 인간은 태어나서 자라고 늙어서 죽는다. 이 법칙을 벗어나지 못한다. 누구에게나 적용되는 법칙이다. 몸소 체험하는 자연의 법칙이라 설명하기도 이해하기도 편하다. 자신의 일생 동안 관찰하는 대부분이 그러하다. 주변을 살펴보면 이 법칙이 쉽게 이해된다.

나무의 잎은 봄에 피어나 한껏 푸름을 자랑하다 가을이면 떨어진다. 하찮은 미물조차도 이 과정을 벗어나지 못한다. 한 왕조도 주기만 다를 뿐 그 과정을 밟는다. 주기가 한 인간의 일생보다 길어서 시작과 끝을 다 볼 수 없을 뿐이지 역사인들 이 법칙을 벗어나기 힘들다는 것 또한 거부하지 못한다. 저 하늘의 별도 태어나서 죽는 줄을 알게 되었으니, 인간도 그렇고 세상 모두 그렇다고 해도 아무런 문제가 없다.

日出東方隈
似從地底來
歷天又入海
六龍所舍安在哉
其始與終古不息
人非元氣安得與之久裴徊
草不謝榮於春風
木不怨落於秋天
誰揮鞭策驅四運
萬物興歇皆自然

해가 동쪽 모퉁이에서 도느니,
마치 땅 속에서 솟아오른 것 같구나.
하늘을 가로질러 다시 바다로 들어가니,

(해를 실은 태양신 희화의 수레를 끄는) 여섯 마리의 용이 쉬는 집은 어디인가.

그 시작과 끝이 오래도록 쉬지 않고,

사람은 (해와 같이) 원기가 아닌지라 어찌 해와 더불어 길이 배회하리오.

봄바람에 핀 풀잎은 감사할 줄 모르고, 가을에 잎을 떨구는 나무는 원망하지 않는구나.

그 누가 채찍을 휘둘러 사계절을 몰아대나.

만물이 일어났다 쉬는 것은 모두 자연이라네.

이태백이 지은 일출행의 앞부분이다. 계절을 춘하추동(春夏秋冬)이라 하고, 그 영향을 받아 삶을 영위하는 만물에게는 생장염장(生長斂藏)이라는 단계로 적용시켰다. 봄에는 낳고, 여름에는 길러서, 가을에 거두어, 겨울에는 담아둔다는 뜻이다. 일 년의 사철에는 식물이 해당되고, 일생에는 인간의 삶의 과정이며, 모든 만물이 주기를 달리하더라도 똑같은 순차를 반드시 거친다는 결론에 이른다.

그래서 그 답을 찾는 선각자들에 의해 사상이 나와 발전하였다. 고대 동양에서는 연월일시를 하늘의 법칙으로 규정하고, 혹 이 땅에 네 개의 계절이 있듯이 하늘에도 계절이 있을지도 모른다는 생각에 다다랐다. 인간도 우주만물 가운데 하나이므로 천체 운행의 법칙이 인간의 삶에 긴밀하게 연결된다는 데까지 사고가 닿았다. 그리고 역의 발견과 해석, 음양오행설의 체계화에서부터 무극과 태극의 개념

형성, 우주의 본질과 운동의 원리 등 심오한 철학에 이르기까지 그 폭을 크게 넓혀갔다.

역(易)은 자연의 법칙과 현상을 이해, 예측, 응용하기 위해 만들어졌다. 전설에 따르면, 중국의 신화적인 복희씨가 황하에서 나온 용마의 무늬를 보고 하도(河圖)를 그렸고, 하왕조를 세운 우임금이 낙수에서 나온 거북의 등에 있는 그림에 착안하여 낙서(洛書)를 만들었고, 그 뒤 주왕조의 개창자인 문왕이 낙서를 기본으로 삼아 문왕팔괘(文王八卦)를 지었다고 한다. 모두 신화적인 내용이라 그 사실여부를 정확하게 알기 어려우나, 역이 이렇게 창안되어 전해진다는 것이다.

역에 대한 이론이 분분하고 그 해석도 가지가지인지라 명확하게 그 의미를 정리하기는 쉽지 않다. 다만 역을 통해서 우주자연의 법칙을 이해한 데서 시작되어 우주 본질로서의 태극이 있고, 그것은 음과 양으로 짝을 이루고 있다는 점, 팔괘의 배치와 작용이 우주 운행의 원리를 형상화한다는 데까지 이르렀다. 이 사고는 태극의 의미와 더불어 이 세상은 음과 양의 조화로 움직이고, 그 양태는 괘로 상징된다는 우주관의 기초가 되었다.

우리는 태극과 괘를 이해하는 것이 어렵지 않다. 태극기는 중앙에 태극이 있고, 주위에는 팔괘 가운데 선택된 사괘가 둘려있다. 전통적인 태극의 모습은 중앙에 흑백의 음양이 세로로 나뉘어 원으로 있고, 둘레에 여덟 개의 괘를 둘러 배치하여 이루어졌다. 태극기는 원의 태극을 빨강과 파랑으로 가로로 나누고, 여덟의 괘를 넷으로 줄여 배치한 것이다.

형이상학적인 우주의 원리를 말하지 않더라도, 세상의 모든 것이 음양으로 짝을 이루고 있다는 것은 누구나 안다. 사람은 남과 여로 나눠지고, 곤충과 짐승뿐 아니라 식물도 수컷과 암컷으로 구분되었다. 같은 종인데 그 특성은 전혀 다르다. 하루는 밝음과 어두움으로, 한 해는 추위와 더위로 짜여졌다. 이를 더 많은 것으로 넓혀서도 적용된다. 해는 양이고 달은 음이다. 하늘은 양이고 땅은 음인 것이다.

음과 양이 짝이 되어 하나가 되고, 둘의 조화로 자식을 낳고 알을 낳고 씨앗을 맺는다. 이 원리를 우주에 적용하면 우주도 음과 양으로 짝을 이룬 하나이고, 그 조화로 천지만물이 생겨났다고 여겼다. 가장 근본의 자리, 다른 말로 우주의 본질이 태극인 것이다. 애초부터 이 우주가 태극이기 때문에 그로부터 생겨난 천지만물이 다 그 원리를 지닌 모양새라는 말이 설득력을 갖는다.

여기에 오행설이 추가되면 우주 법칙의 작용 원리가 나온다. 우주는 서로 다른 특성의 오행, 곧 목·화·토·금·수의 상호작용에 따라 움직인다는 것이다. 오행은 각기 본연적 특성을 지니고 있으며, 각 요소에도 음양이 있다. 목에 음목과 양목이 있고, 음화와 양화, 음토와 양토 등이다. 이들 상호간에 상생과 상극 관계를 지어 운행에 작용을 한다는 것이 오행설이다.

오행 각 요소의 특성에 따라 중앙과 동서남북의 방향, 인의예지신의 덕목, 청홍황백흑의 색깔, 동물의 오장, 음률의 궁상각치우 등까지 부류로 지어진다. 방향은 풍수지리와 건물의 배치에, 덕목은 오상이라 하여 도덕적 인격 수양에, 색은 단청과 같은 그림에, 음률은 음악에, 그리고 오행으로의 오장은 육부까지 더해 한의학에 기본 원리로 적용되었다. 전체적인 조화를 으뜸으로 꼽기 때문에 배치와 조절이 매우 중요하다. 태어난 연월일시에 해당되는 육십갑자를 음양오행의 배치로 보고 그 상관관계로 인간의 운명을 감정하는 사주명리학에도 응용되었다.

　태극과 음양오행설 등은 중국 송나라 때 성리학의 사상적 토대가 되었고, 학문의 범위를 넓히는 역할을 했다. 무극과 태극, 이(理)와 기(氣) 등의 개념을 설정하고, 이것이 본체와 작용의 원리를 설명하는 주요 개념으로 활용되었다. 학자들 사이에 수많은 논쟁이 벌어졌고, 이 추세는 조선시대 전반의 학문적 경향으로 이어졌다. 이 과정에서 우주의 본질과 작용의 원리에 대한 이론이 나름대로 체계화되었다. 뭉뚱그려 정리하면 애초에 무극인 본체가 있고, 태극으로 모습을 바꿔 조화하여 우주만물이 만들어졌으며, 원리인 이와 드러나는 기가 작용한다는 것이다. 우주의 피조물인 인간에게도 그 원리가 그대로 담겨있다는 것인데, 이와 기가 성리학의 형이상학적 논리의 개념이고, 인간의 실천적 윤리의 근거가 되었다. 여기에 대해서는 뒤에 이어가고자 한다.

　우주의 본질과 작용의 대한 이론, 이것이 바로 '도'이다. 학문적으로 우주관이 확립된 것이다. 여기에 이르면 도의 개념이 형이상학적으로 표현되어 어렵게 받아들여진다. 도의 의미를 파악하기에 앞서 복잡하게 여겨지는 것이 이 때문이다. 단순히 길이라는 데에서 출발한 도의 의미가 자연철학의 발전을 통해서 우주의 본질과 진리를 뜻하는 데까지 이르렀다.

도와 신

지금까지는 자연법칙, 우주의 본질, 운행의 원리 등을 도의 개념으로 언급하였고, 이제는 우주관과 세계관 형성의 또 다른 하나인 신에 대해 다뤄볼 순서이다. 자연철학의 발전 과정과 달리 순전히 종교적인 입장에 서서 그리 해야 한다. 앞에서 자연의 법칙과 현상을 주관하는 신을 믿게 되었다고 했다. 이번에는 자신의 존재 의미를 중심에 두고 말을 이어가고자 한다.

    사람이 우주와 자연에 관심을 갖는 근본적인 이유는 자신을 알기 위해서이다. 자신은 누구이고, 어떻게 살아야 되는가의 답을 찾고 싶었던 것이다. 돌고 도는 세상에 태어난 자신의 존재 의미는 무엇인가. 하찮은 풀잎처럼 그냥 태어났다가 늙어 죽는 존재인가. 이 결론에 이르면 허망하기 짝이 없다. 삶의 의미를 더 찾고 싶은 것은 당연하다. 혹 어쩔 수 없이 인정한다손 치더라도, 생각하고 탐구할 줄 아는 자신의 존재에 대한 의문은 사라지지 않는다.

    삶은 그냥 산다고 살아지는 것이 아니다. 그렇게 단순하지 않다.

개인적인 것에서 비롯된 여러 문제들도 있고 사회적인 데서 말미암은 것도 많다. 무난히 행복하게 살고 싶은데 그것이 쉽지 않다. 개인적인 삶의 무게감은 대부분 생존에 관련된 배고픔·추위·질병·죽음 등이다. 옛날에는 모든 인간이 이 고통을 안고 살았다. 삶의 의미를 곰곰이 따져볼 여유도 없이 다른 동물들처럼 먹을거리를 찾아 헤매는 것이 생활의 전부였다. 생존이 최고의 목표였다.

역사의 흐름에 따라 사회가 발전되고 문화도 이전과 달라지면서, 삶의 모습과 목표도 변하기 마련이다. 사회가 커짐에 따라 권력과 계급이 생겼다. 틀이 갖춰진 사회 속에서 개인은 구성원의 하나일 뿐이다. 삶의 무게는 단순히 생존의 문제에서뿐 아니라 이제는 사회 속에서 다가온다. 사람은 태어날 때부터 사회 속에 던져졌다. 다른 사람과의 관계는 도저히 피할 수 없다. 사회적 관계에서는 갈등과 경쟁이 필연이다. 삶의 질도 개인적인 생존에 있지 않고 다른 사람과의 상대적 우열에 두어진다. 온갖 감정에 휘말리고 경쟁에서 이기기 위한 몸부림의 정도도 크다. 존재의 의미를 찾는 데에도 사회적 성취감이 중요하게 취급된다. 죽음의 문제는 여전히 버거운 상태에서 사회적 무게감이 더해진다.

누구든지 현재 살아있음은 분명하다. 그러나 스스로 태어난 사람은 아무도 없다. 어느 때인가 자아가 형성되면서 자신을 깨닫게 되지만, 존재 자체는 자신이 선택한 것이 아니다. 누군가가 내주었다. 그 누군가는 말할 것도 없이 부모이다. 당연한 말이지만 그 누구도 부모가 없이는 세상에 존재할 수가 없다. 부모는 또 그 부모로부터 나왔고, 그 부모는 또 위의 부모로부터 나왔고, 계속 더듬어 올라가면 다다르는 곳이 있다. 족보상으로 보아서는 시조가 있고, 생물·인류학적으로 보아서는 태초의 유기물로부터 진화한 유인원에 이르고, 종교적으로는 하늘로부터 창조된 처음의 사람이 등장한다.

이들 중 비교적 명확하기로는 족보상 시조이다. 오스트랄로피테쿠스·호모에렉투스·호모사피엔스 등의 유인원과 시조와의 사이에는 커다란 간극이 있고, 하늘에 의한 창조는 종교적 신심이 전제되기 때문이다. 시조는 성씨가 전해 내려오는 것만 보아도 그렇고 집에 있는 족보를 보아도 가장 확실하다. 물론 기록의 시기나 과정에 석연치 않은 부분이 있다 하더라도, 시조로부터 시작되어 대를 이어오며 지금에 이른다.

그렇다면 그 시조는 홀로 태어난 존재인가. 각 성씨의 시조가 탄생하게 된 설화를 살펴보면 대부분 우리와 마찬가지로 애기로 태어나서 자라는 과정을 거친다. 어떤 시조는 알에서 나오고, 애기의 모습으로 다른 이에게 발각되는 경우도 있다. 이로 보면 우리가 그렇듯이 시조 또한 어디로부터 던져진 존재이다. 모든 인간은 하늘 또는 자연이 던져주어 생긴 것이다. 그래서 인간은 항시 하늘을 생각하고 근원에 대한 마음을 간직해오지 않았나 싶다.

족보나 생물학적인 면으로의 존재의 시원을 찾는 일은 따지고 보면 육신에 국한된 것이다. 정신의 문제는 또 다른 문제이다. 인간의 삶은 전체적으로 단순하게 여겨지나 각 개개인의 정신적인 면에서는 매우 복잡하다. 그냥 세 끼를 먹고 살아 있다가 때가 되어 죽는 생물로서의 존재 이상의 의미를 갖는다고 믿었고, 그 의미를 모색해왔다. 어머니 뱃속에서 나와서 땅으로 돌아간다고 하면 간단한데 그렇게 단순하지 않다.

그래서 자연물로서의 우주가 아니라 생명체를 낳은 어머니 같은 존재를 그렸다. 사람과 닮은 모습으로의 신이다. 하늘에 하느님이 존재하고, 모든 자연 현상과 인간의 길흉화복을 관장한다고 여겼다. 이러한 생각은 우주관과 세계관이 크게 확대된 상태에서 가능하다. 신은 문화 발전의 정도에 따라 다르게 표현되고, 역할의 범위와 기능에 따라 다양하게 나타난다.

신에 대한 인식은 인간의 역사와 함께 시작되었다. 아주 오래 전에는 자연의 현상이 모두 신에 의한 것이라고 생각했다. 특히 삶에 직접 영향을 끼치는 주변의 자연이나 기후 등 모두를 그렇게 보았다. 하늘의 신, 바다의 신, 산의 신, 그리고 바람의 신, 구름과 비의 신 등 수없이 많은 신들이 출현한다.

사회와 문화가 발전되면서 신의 성격도 달라졌다. 계급과 권력이 생기고, 지역에 따라 경제활동의 내용이 달라지고, 인간의 지적 수준이 높아짐에 따라 신의 모습도 다르게 그려졌다. 그 상황에 맞는 새로운 기능을 담당한 신들이 등장하는 것이다. 그 전에는 없던 신들이 새롭게 만들어진다. 문화의 발전은 사람들의 우주관과 세계관의 폭을 넓히고, 그에 따라 신의 종류도 다양해지고, 위상 또한 넓혀진 관념 세계의 주관자 위치에 놓인다. 원시적인 종교가 본격적인 종교로 발전하는 것도 이에 말미암은 바이다.

확대된 우주관에서 세계를 움직이는 질서체계를 새롭게 인식하면 할수록 그것을 주관하는 신의 위상도 높아진다. 자연철학에서 보듯이 우주의 본질을 이해하면 그 본질에 상응한 절대적인 신이 있게 되는 것이다. 이전의 개별적인 자연신들도 통일적으로 체계를 갖춘다. 인간의 지적 능력이 향상됨에 따라 원시적인 종교의 틀이 무너지는 것이 아니라 종교도 덩달아 발전하는 일이 벌어진다.

우주의 질서체계를 인식하면 그에 따른 신들의 모습도 체계를 갖춘다. 그리고 우주의 본질에 해당되는 최고위의 절대적인 신이 상정된다. 우리에게는 하느님, 중국의 상제, 인도의 브라만, 유대의 여호와 등이 그 실례이다. 본연의 자리에서 전체를 관장하는 각 문화권의 최고의 신이다. 종교의 발전 계기가 여기에서 마련된다.

종교는 최고의 신을 중심으로 하여 교리가 갖추어지고 의례를 갖춘 종단으로 발전된다. 최고의 신은 우주 전체는 물론이고 인간 세계의 일체를 관장한다고 믿어진다. 우주의 작은 부분인 인간은 그 신에 의해 태어나서 지배를 받는 존재이므로 그 의도대로 살아야 하는 의무감이 지워진다. 인생관과 가치관이 신의 뜻에 합당해야 하는 것이다.

절대의 신에 의해 이미 설정되었다는 최고의 목표가 생기고, 인간의 역사는 신의 계획대로 진행되어야 하고, 인간은 마땅히 그 목표에 이르기 위해 살아야 한다는 논리가 이루어진다. 종교의 사상과 교리에 의해 우주관과 세계관이 흔들림 없이 정해지고, 더불어 인생관과 가치관도 역시 교리에 의해 확립된다.

종교적으로 정해진 마땅히 가야만 되는 길, 이것이 사람의 도이다. 절대적 신의 뜻에 따라 누구나 이 길을 가야만 한다. 길로서의 도가 비로소 여기에서 제 의미를 찾는다. 미리 확고하게 정해진 목적지에 닿기 위해서는 정해진 길을 가야 한다. 보이는 길과 마찬가지이다. 이럴 경우 길은 수단이나 방법을 뜻한다. 단순히 보이는 길을 말하는 것이 아니다. 보이는 길을 먼저 얘기했던 것은 보이지 않은 길을 이해하기 위해서이다. 길에는 목적이 있다는 전제에서 거기에 도달하기 위한 과정, 수단, 방법, 방향 등이 도가 되겠다.

사람이 무엇인가를 이루기 위해서는 그 방법을 찾아 그대로 수행해야 한다. 이미 방법이 공식처럼 정해진 경우에는 그대로 수행하면 되고, 그렇지 않을 때에는 그 방법과 수단을 강구함이 우선의 순서이다. 무엇이든 목적에 맞는 방법이 있다. 작은 목적에는 방법도 단순하고, 큰 목적에는 방법도 일정한 규모를 갖는다.

목적과 관련해서 가장 커다란 것을 짚어본다면 인류의 역사와 개별적 삶의 목적 등이 꼽힌다. 이는 인간 존재의 이유와 같이 본질적인 물음과 같은 성격을 가진다. 이 세상은 왜 있는 것이며, 인간은 왜 사는 것인가와 같은 의문이다. 철학적인 사고는 여기에서부터 시작되었고 사상의 발전을 가져왔다. 더 나아가서는 종교 사상의 발전으로 이어졌다.

종교와 도

역사에 굵직한 업적을 남긴 사상가·종교가들은 인간의 본원적 존재의 의미, 그리고 삶의 올바른 방향을 찾으려 했고, 그 답을 내놓았다. 많은 사람들이 노력한 결과 학문이 나왔고, 사상이 나왔고, 종교가 시작되었다. 역사 속에서 비교적 분명한 답을 내놓은 이들이 종교가들이다. 이들은 인간의 본질과 삶의 의미에 대해 답을 얻고, 다른 이들에게 삶의 방향과 방법을 분명하게 제시하였다. 바로 보이지 않는 도이다. 도의 개념을 종교 사상에서 찾아야 하는 까닭이다.

그래서 도의 개념을 찾으려는 입장에서는 철학보다 종교로 접근하는 것이 도움이 된다. 불교의 가르침을 불도라 하고, 유교의 가르침을 유도라고 하듯이, 도라는 말이 여기에 붙어야 어울린다. 익숙하게 들어와서 그렇다. 기독교도 마찬가지다. 우리나라에 처음 천주교가 들어왔을 때는 서학이라 하였으나 그 뒤의 개신교를 망라하여 서교 또는 서도라고 불렀다. 역시 어색하지 않다.

불도, 유도, 서도 등의 기원은 인간의 속성과 삶의 올바른 방법을 찾으려는 사람들로부터 비롯되었다. 이들을 구도자라고 불러도 좋다. 바로 본질과 방법으로서의 도를 찾았던 이들이다. 구도의 노력 끝에 얻은 것이 바로 도이다. 여기에서의 도의 의미는 종교적 진리를 지칭하기도 하고, 종교적 목적지에 이르기 위한 과정을 가리키기도 한다.

도의 의미를 더 알기 위해서는 이들 종교의 목적과 방법을 살펴보아야 할 것이다. 종교의 목적에는 전체의 목적과 개인의 목적으로 구분되고, 목적에 도달하는 방법은 종교 활동과 수행이라고 하겠다. 전체의 목적은 이미 초월적인 존재나 법칙에 의해 예정되어있다고 보기 때문에 개개인은 거기에 도달하기 위한 수행이 의무로 지워진다. 따라서 도의 의미도 방법과 수행에서 찾는 것이 적절하다. 도는 목적으로 향하는 길이고, 목적을 달성하려는 방법이다.

: 도교

자연의 법칙과 인간의 존재 의미를 밀접하게 관련지은 종교로는 도교(道敎)가 우선이다. 이름조차 도교이다. 도교는 고대 중국에서 생겨났다. 신선사상을 바탕으로 기복적인 민간신앙을 받아들이고, 음양오행설 · 역리 · 도참 · 점성술 등이 보태지고, 노자와 장자의 사상이 도입되었으며, 또 불교의 영향을 받으며 발전하였다.

도교는 후한 말기 장도릉의 오두미교로부터 시작되었다. 시간에 따라 이름을 달리하며 꾸준히 성장하였고, 불로장생을 목적으로 한 민간신앙의 성격을 강하게 띠었다. 북위 시대 구겸지에 의해 교리의 체계가 갖추어지고 도교라는 이름도 이때부터 쓰이기 시작했다. 당·송 시대에는 황실의 지지를 받아 불교와 어깨를 나란히 할 정도로 크게 성장했다. 경전도 만들어지고, 각지에 도관이 지어졌으며, 여기에 종사하는 도사라고 불리는 전문인도 있었다. 시대에 따라 여러 분파가 생겨나며 명맥을 이어왔다.

다른 종교와 달리 도교는 매우 현실적이어서 민간에 널리 퍼졌다. 무병장수와 복록 등 현실적인 기원을 목적으로 삼았기 때문에 내세성이 강하지 않다. 이상적인 신선도 사람이 죽어서 되는 것이 아니라 살아서 된다는 것으로 무병장수의 본보기이다. 일반적으로 겉모습은 백발노인이나 피부는 어린아이와 같이 표현된다.

사람은 누구나 현실에서의 부귀영화와 긴 수명을 원한다. 이를 가지기 위해서는 인간 이상의 초월적인 존재와 법리의 도움이 있어야 한다고 여겼다. 인간 세상을 관장한다고 믿는 여러 신명들을 신앙의 대상으로 추앙하고, 천체 운행과 같은 자연 법칙을 사람에게 적용시키려는 노력이 기울여졌다. 뒤의 것은 무위자연 사상의 영향으로 보인다.

옥황상제를 비롯하여 오악산왕·사해용왕 등 수많은 이름의 신명들이 받들어진 것은 민간신앙의 전적인 수용에서 말미암은 바이고, 그만큼 원시 종교와 크게 다르지 않은 모습을 띤다. 전설의 시대에 복희·신농·황제 등 훌륭한 통치지도자가 있었고, 나라의 체제가 조직을 갖추었다는 점에서 천상의 신명계를 그처럼 이해하였다. 하늘에도 지상에서와 같이 최고 통치자가 존재하고, 이 관할 밑에 여러 신명들이 있을 것이라고 생각했다. 그렇다보니 위계와 직분을 가진 신명들의 수가 크게 늘어났다. 황제의 권력이 모두에게 미치듯이 신명들의 힘이 인간계에 영향을 줄 것이라고 여겨 이들에게 소망을 기원하였다.

도와 태극, 역리 등도 같은 맥락으로 해석된다. 인간의 의지와 관계없이 계절은 바뀌고 해는 떴다 지는데, 이의 원동력이 본래 자연의 법칙, 원초적인 동력에서 비롯된다고 이해했다. 누가 밀거나 돌리지 않았는데 그냥 움직인다. 본래의 힘이 있다고 할 수밖에 없다. 그 힘으로 움직이는 것이 자연이다. 작용의 원칙을 태극과 음양오행의 원리로 파악하는 데까지 발전하기도 했지만, 자연의 법칙과 원초적인 동력을 인간에게 적용시키는 방법을 통해 소망을 이루려는 쪽으로 흐르기도 했다. 자연의 법칙을 글자 그대로 '본래 그러한 것'으로 규정하고, 이 원리에 따라 생긴 인간도 그 법칙을 따라야 한다고 주장하기에 이른다.

노자와 장자로 대표되는 도가철학이 이에 해당된다. 도교에서는 도가철학도 과감하게 수용하였다. 현실적인 소망의 기원에 머물던 도교가 종교로서의 체계를 갖추기 위해서는 교리의 논리적인 정리가 필요했고, 도가사상이 여기에 적절하였다. 도가철학은 도교가 체계를 갖추는 데 크게 기여했다.

도가 철학의 핵심은 자연스러움 그대로를 중요하게 여긴다는 점이다. 유교에서의 인위적인 것을 철저히 배제하고 아무것도 보태지지 않은 자연 그대로의 무위를 강조하였다. 자연 법칙을 중요하게 여겼던 만큼 우주의 법칙을 파악하려는 방향으로 발전되고, 도교의 교리에 관념적인 폭을 넓혀줄 뿐만 아니라 논리적인 체계를 부여하였다.

그리고 인간이 우주자연의 원동력을 직접 응용하면 무병장수의 희망을 이룰 것으로 믿어 원초적인 자연의 힘을 얻는 방법을 찾았다. 태극의 원리를 적용하여 신선이 되는 약물, 즉 단약을 만드는 방법이 나오게 된 것이 그 가운데 하나이다. 가장 강한 양의 기운을 가졌다는 유황, 강한 음 기운의 수은을 불에 태우는 등의 인위적인 조작으로 결합시키면 강력한 음양결합의 불사약이 된다는 것이다. 독극물이 단약 제조의 원료들이어서 기대했던 결과의 정반대에 이른 경우도 많았다.

또 우주 본래의 운동 원리를 인간의 몸에 직접 적용시키려는 방법으로 수련법이 개발되어 발전했다. 양생술, 단전호흡, 각종 무술이 그것이다. 방법에 따라 여러 가지가 있겠으나 발상의 시작은 자연의 힘을 그대로 적용시키는 훈련을 통해 인간의 한계를 극복하겠다는 것이다. 건강과 장수의 비결이었다. 태극권 등의 무술이 도교를 통해 발전된 것도 이 때문이다.

음양오행설의 원리를 인간에게 적용시켜 운명을 미리 알 수 있다는 사주명리학 등도 도교와 관련이 깊다. 다시 말하면 인간은 자연의 피조물이라 자연의 법칙이 그대로 적용된다고 여겨 생년월일을 근거로 음양오행의 상호작용의 원리로 풀어내어 사람마다의 운명적 특징을 알아내려고 했다.

도교에서의 도는 자연의 법칙과 우주 운행의 원리로 정리된다. 자연과 우주의 범주가 대단히 크고 넓기 때문에 원리 또한 세상의 모든 것이라고 해도 크게 벗어나지 않는다. 그래서 도교에는 많은 것이 받아들여졌고, 이 때문에 도교의 윤곽을 그려내기도 쉽지 않다.

자연의 법칙을 주관하는 존재, 사람과 같이 감정과 능력을 가진 의인화된 신들이 있다고 여기면 법칙과 신이 결합된다. 그래서 도교에는 법칙과 신명이 같이 존재하고, 각 역할에 따라 신명들도 직분이 있다고 믿어 많은 이름이 등장한다. 인간의 희망사항인 부귀영화와 무병장수를 이루기 위한 방법도 두 가지로 구분된다. 자연의 법칙과 원리를 파악하여 그대로 인간에게 적용시키는 방법과 인간계를 주관하는 신명계에 직접 기원하는 방법이 있다.

한편 우리나라에도 예로부터 도교와 비슷한 종교문화가 전해져 왔다. 도교가 원시적인 민간신앙을 바탕으로 형성되었다는 점에서 본다면 당연하다. 우리에게도 무속적 원시 종교가 있었던 만큼 토대는 비슷하다. 다만 중국에서는 체계를 갖춘 종교로 발전되었고, 우리에게는 그 과정이 없었을 뿐이다. 신선도 또는 풍류도라고 하는 사상의 조류를 한국적 도교의 맥락으로 보기도 한다.

문화적으로 중국과 밀접한 관계에 있는 한반도에 중국의 도교가 영향을 끼쳤음은 물론이다. 고구려 말기에 정식으로 도입되었다고 하며, 고려 시대에는 도교적 행사가 치러지고 도관이 지어졌다고 한다. 조선 초기 도교 관련 담당 기구인 소격서가 성리학자인 관료들의 반대로 없어진 뒤에는 이렇다 할 자취가 보이지 않는다. 다만 민간에 신선사상·산신신앙·수련법 등이 전해져왔다. 불교의 사찰에 산신각과 칠성각 등 본래 불교와 관계없는 별도의 시설이 있는 것을 보면 한

국적 도교의 명맥을 짐작할 수 있다.

　　도교는 원시 종교가 체계화되면서 모습을 갖추었다. 교리가 자연철학에 기반을 두고 있기 때문에 다른 종교와 달리 특정 종교가의 영향력이 절대적으로 작용되지 않았다. 물론 교단을 꾸리고 교리를 체계적으로 정리한 인물이 있으나, 초보적 집단의 모습과 자연철학의 범주를 크게 벗어나지 않는다. 목적은 종교적 이상세계가 아니라 개인적이고 현실적인 복록과 장수에 두어졌다. 목적 달성의 방법은 여러 신들에게 직접 기원을 하거나 자연적 원동력을 응용한다는 수행으로 나타난다. 도교에서의 도는 자연법칙이라고 해야 할 것이다.

: 불교

불교에서 부처의 가르침을 법이라 하여 불법이라 하고, 부처가 되는 길이라는 뜻에서 불도라고 한다. 불법은 석가모니가 보리수 아래에서 진리를 깨닫고 부처가 된 뒤 입적할 때까지 수십 년간 여러 지방을 다니며 사람들을 가르친 내용이다. 부처는 진리를 깨달은 사람을 이르는 말이다. 석가모니가 먼저 진리를 깨달았기 때문에 그의 가르침에 따라 수행하면 역시 부처가 될 수 있다는 것이 불도이다.

　　석가는 인생의 여러 고통이 어디에서 비롯된 것인가에 대한 의문을 품고 답을 찾으려고 했다. 누구나 겪어야 하는 질병·이별·죽음 등은 인간을 힘들게 하는 주요인들이다. 오랜 고행과 생각 끝에 윤회와 업의 법리를 깨달았다. 모든 생명체는 삶과 죽음을 반복하는데 삶의 괴로움은 몸소 지은 그 과정에서의 업 때문이라고 결론지었다.

살면서 행한 모든 언행이 업이 되어 다음 삶을 규정한다는 것이다. 그래서 끊임없이 선업을 쌓고 깨달음을 얻어 윤회의 굴레에서 벗어나고자 하는 것이 불도의 수행이다.

뒤에 많은 수행자들에 의해 석가의 가르침이 해석되면서 방대한 양의 불경이 만들어지고 또 그것이 반복되면서 깊이와 의미가 더해졌다 하더라도, 기본적인 가르침의 목적은 업의 굴레에서 벗어나는 해탈에 있다. 궁극적으로는 윤회를 반복하며 더 나은 존재로 발전하여 부처가 되어야 하는 것이다.

끊임없는 수행의 방법과 과정이 바로 불도이다. 곧 부처에 이르는 길이다. 그 방법론이야 이루 헤아리기 어렵다. 가르침을 해석하는 과정에서 철학적인 의미가 덧보태지고 수행의 방법도 다양하게 나타났다. 석가의 탄생 시기에 대해서는 여러 설이 있으나 지금으로부터 3천여 년 이전이다. 그동안 얼마나 많은 이들이 그의 가르침을 접했을지 모른다. 해석의 방법에 따라 종파가 나뉘고 각 언어로 쓰인 경서도 많다. 그렇다 하더라도 결국의 핵심은 수행을 통해 부처가 되어야 한다는 데에는 변함이 없다.

불교는 우리에게 너무 익숙하다. 삼국시대인 4세기 무렵 처음 전해진 이후 지금까지 그 명맥을 유지하고 있다. 고구려 소수림왕 때 중국의 전진으로부터 처음 들어왔다. 전진의 왕이 승려인 순도로 하여금 불상과 불경을 전하게 한 것이 계기이다. 얼마 뒤에 승려 아도가 들어왔는데, 왕은 절을 지어 머물게 했다고 한다.

고구려에 불교가 전해진지 얼마 지나지 않아 백제에도 불교가 전해졌다. 인도의 승려 마라난타가 중국의 동진을 거쳐 백제에 들어왔다. 침류왕은 곧 절을 짓게 하였고, 10여 명의 승려가 출가하였다고 전해진다.

신라에는 조금 늦은 5세기 중엽 고구려의 묵호자에 의해 처음 알려졌다. 당시에는 귀족들의 반대로 자리를 잡지 못했다가 수십여 년이 지나 법흥왕 때 이차돈의 순교를 거치는 등 여러 어려움 끝에 비로소 뿌리를 내리기 시작했다. 비교적 늦게 불교를 받아들인 신라에서는 오히려 더욱 발달하였다. 걸출한 승려들이 배출되고 커다란 규모의 사찰이 많이 지어진 것도 신라에서이다.

고대국가의 틀을 갖춘 각 나라에서는 중앙집권체제를 확립하고 지방통치에 힘을 기울이던 시기에 불교를 받아들여 통치이념으로 삼았다. 한 나라가 하나의 사상으로 통일된다는 것은 정치적으로 매우 중요하다. 왕실에서 불교를 적극적으로 받아들인 까닭이다. 불교 사상은 왕권을 강화시키고 사회의 지도이념으로 작용하였다.

왕실에서 시작된 불교는 귀족 불교로 발전되었고, 나라 전체에 큰 영향을 끼쳤다. 신라의 일부 왕의 시호가 불교식으로 지어지고 호국불교로 자리를 잡는 데까지 이르렀다. 진평왕 때 원광법사의 세속오계가 새로운 사회 윤리로 기능하였음은 잘 알려진 사실이다. 삼국시대의 문화 전반이 불교의 영향으로 이루어졌다고 해도 지나친 말이 아니다.

현재 남아있는 삼국시대와 통일신라시대의 문화재 대부분이 불교와 연관된다는 점을 보더라도 불교의 영향력을 짐작할 수 있다. 불국사·통도사·화엄사·해인사 등 유명 사찰이 지금까지 남아있고, 목조건축물의 거의가 소실되었다 하더라도 곳곳의 석탑은 여전히 그 위용을 자랑한다. 백제의 미소라고 불리는 서산마애불을 비롯하여 수많은 석불들이 어디에나 있고, 석굴암의 불상은 통일신라시대 예술의 백미로 꼽힌다.

고려 시대에 들어와 불교는 발전을 거듭했다. 태조 왕건은 민심을 수습하고 왕권을 강화하기 위해 불교를 적극적으로 받아들였다. 많은 절을 새로 짓고, 팔관회와 연등회 등 큰 규모의 불교 행사를 몸소 주관했다. 그의 유언에 따라 역대 왕들도 불교를 신봉하는 전통을 이어갔다. 계속 사찰이 지어지고 불교 행사가 계속되었음은 물론이다. 승과가 과거제도에 포함되었고 사원경제가 대규모로 발달하였다.

걸출한 승려들이 많이 배출된 것도 이 시대이다. 균여·의천·지눌 등을 꼽을 수 있다. 이들에 의해 불교 교리도 사상적 발전을 거듭했다. 천태종이 새로 생겨났고, 선종과 교종이 체계를 갖추었다. 몽고의 침입에 닥쳐 나라를 지킨다는 목적으로 대규모의 대장경이 조판되었다는 사실을 보아도 불교가 고려 사회에 끼친 영향력의 정도를 알 수 있다.

신흥 유학인 성리학을 공부한 사대부들에 의해 세워진 조선 시대에는 불교가 배척을 받아 더 이상의 발전을 이루지 못했으나 그 명맥은 지금까지 이어지고 있다. 오래전부터 역사에 뿌리를 내려 많은 영향을 끼쳤던 만큼 우리는 불교의 교리에 익숙하다. 주요 용어인 부처, 윤회, 해탈 등의 용어를 모르는 사람이 없다. 불교의 목적에 이르기 위한 불도의 대체적인 내용도 모두 인지하는 바이다.

성불에 이르는 수행의 방법은 크게 참선을 중요하게 여긴 선종과 불경의 공부를 중시한 교종으로 나뉜다. 이에 따라 종파가 나뉘어졌다. 참선은 석가모니가 말이 아닌 마음으로 불교의 진수를 전했다는 데서 유래되었다. 염화미소(拈花微笑)가 이를 말한다. 이에 반해 교종에서는 부처가 남긴 교리와 경전을 꼼꼼히 공부하여 부분적인 지식이 계속 쌓이면 전체의 깨달음에 이른다는 방법을 제시하였다.

선종과 교종은 방법의 차이이긴 해도 구체적인 수행의 과정에서는 어느 하나를 일방적으로 선택하지는 않는다. 두 가지 모두 중요하게 여겨졌다. 현재의 불교는 두 방법을 모두 수용하여 결합된 모습이다. 참선도 중요하고 불경의 연구도 중요하다. 참선의 방법과 의미도 다양하고 불경의 종류도 많다. 그저 깨달음에 이르기 위한 수행의 방법으로 이해하는 데 그치려고 한다.

그래도 구체적인 방법을 몇 가지 열거하면, 우선 팔정도를 들 수 있다. 정견(正見) 정사유(正思惟) 정어(正語) 정업(正業) 정명(正命) 정념(正念) 정정진(正精進) 정정(正定) 등이다. 직역하면 정견은 바른 견해이고, 정사유는 언행 이전의 바른 생각, 정어는 바른 말, 정업은 바른 행동, 정명은 바른 생활, 정념은 바른 의식, 정정진은 바른 노력, 정정은 정신 통일이 되겠다. 굳이 설명할 필요가 없다. 바른 생각과 바른 언행으로 올바르게 수행을 해야 한다는 것으로 정리된다.

팔정도가 바른 언행에 관한 것이라고 한다면, 탐진치(貪瞋癡)는 열반에 이르는 데 장애가 되는 세 가지 번뇌이다. 탐은 그칠 줄 모르는 탐욕, 진은 노여움, 치는 어리석음이다. 세속의 욕망에 휘둘리면 바로 가지 못한다. 세상에는 많은 욕망이 있다. 먹고 입는 데에서부터 이성 사이의 사랑, 사회적 명예와 권력 등이 꼽힌다. 이를 추구하는 데에도 많은 노력이 필요하다. 여기에 심혈을 기울이면 부처의 가르침을 생각할 여력이 생기지 않는 것은 당연하다.

사람의 감정 중에서 가장 격렬한 것이 분노이다. 한번 일어나면 주위를 돌아볼 겨를이 없게 만든다. 제 정신을 차리지 못하고 오직 분노를 삭이려고 조급해질 뿐이다. 가야 될 길이 보이기나 하겠는가. 분노는 바라는 바가 이루어지지 않을 때 폭발한다. 바라는 바가 부처의 가르침을 수행하는 것이라면 좋겠으나 대부분 세속적 욕망과 관련된다. 그래서 욕망을 적게 가지는 것이 분노의 요인을 없애는 방법이다.

어리석다는 것은 멍청하다는 말이다. 분별력이 약하고 상황 파악도 못한다. 왜 사는지, 또 어떻게 살아야 하는지, 어디로 가야 하는지 등을 생각할 능력이 없으니 수행의 길을 갈 수 있으리라곤 기대하지 못한다. 수행도 쉽지 않은데 판단하지도 못한다면 더 말할 나위없다.

삶의 과정에서 깨닫기 위한 적극적인 수도도 중요하지만 윤회의 굴레에서 퇴보되지 않으려는 노력도 무시할 수 없다. 악업을 쌓는 삶보다는 선업을 짓는 삶을 살아야 한다. 악업을 짓지 않으려는 노력은 남을 못되게 하는 등의 죄를 짓지 않는 것이고, 이보다는 모두에게 자비를 베풀어 선업을 쌓는 것이 더욱 적극적이다. 머물거나 뒤로 물러나지 않고 앞으로 나아가는 삶의 자세이다.

불도의 수행 과정을 알기 쉽게 그림으로 표현한 것이 심우도이다. 열 폭으로 되어있어 십우도라고도 부른다. 사찰의 주요 건축물의 벽면에 그려져 있다. 소를 진리 또는 목적에 비유하여 진리를 터득하거나 꾀한 목적에 이르기까지 단계적으로 겪는 과정 하나하나를 그림으로 나타낸다. 차례로 심우, 견적, 견우, 득우, 목우, 기우귀가, 망우존인, 인우구망, 반본환원, 입전수수이다. 소를 찾고자 하는 단계가 첫 번째 심우이고, 발자국을 발견하고, 추적하여 소를 보고, 급기야 소를 얻고, 소를 잘 길들여, 소에 올라 함께 집으로 돌아온다. 그리고 소는 사라지고 사람만 남아있는 것이 망우존인의 단계이고, 이어서 자신마저 잊어버린 경지에 이르고, 원래의 단계로 되돌아왔다가, 세속으로 내려와 손을 내민다는 내용이다.

심우도를 보면 깨달음의 과정이 순탄하지 않다. 그림으로야 자연스럽게 다음의 단계로 이어지도록 배열되었다 하더라도 실제 수행의 과정은 매 과정마다 상상 이상의 어려움이 있을 것이다. 그토록 어렵게 진리를 터득하거나 깨달음의 단계에 이르러서는 자신조차 망각하는 데 이르고, 다시 돌아와서, 속세에 내딛는 늙은이의 발걸음이 무거워 보인다.

깨달음의 무한함을 암시하는 것으로 이해되기도 한다. 깨달음 뒤에는 다시 깨달아야 될 높은 차원의 진리가 또 있다는 의미로 파악된다. 궁극의 진리를 터득하기가 이토록 어렵다. 그래서 윤회와 결부하여 해석할 수밖에 없다. 태어나서 노력하여 깨닫고, 또 환생하여 더 깨닫고, 다시 그 과정을 거듭해야 된다는 말이다. 마지막 그림은 혼자만의 깨달음이 끝이 아니고 계속해서 속세의 중생을 가르쳐 구제해야 된다는 뜻으로 읽힌다.

불교에서의 윤회설이나 깨달음의 단계를 종합해서 인생의 의미를 찾아볼 수 있다. 현실은 깨닫기 위한 배움터이고, 삶은 배우는 과정이라고 해야 할 것이다. 더 높은 차원의 진리를 배우기 위해 상급학교로 진학하듯이 계속적인 수행이 필요하기 때문에 이 세상에 태어나 많은 경험을 쌓는 것이고, 이 과정에서 단계가 상승된다고 하는 것이 아닌가 한다. 삶은 부처가 되기 위한 과정이다.

불교에 본원적 진리의 자리가 있다. 화엄종에서 법신이라고 하는 비로자나불로 상징된다. 법신은 빛이나 모양이 없는 우주의 본체를 의미한다. 우주 전체를 총괄하는 부처로 이해되고 있다. 깨달음을 통해 이를 최고의 경지이다. 석가모니가 그런 존재로 여겨진다.

불교에서는 불성·성품·영 등의 수준에 따른 상하의 차별이 있고, 가장 높은 단계가 부처이며, 인간은 더 높은 단계로 발전하기 위해 윤회의 법칙에 따라 이 세상에 태어나 해탈을 목적으로 그 굴레를 벗어나기 위해 끊임없이 정진해야 하는 의무를 진 존재이다. 방법으로서의 도는 바로 해탈 또는 부처가 되기까지의 수행 과정이다.

: 유교

개인의 완성보다 사회의 질서 유지의 방법을 찾는 데에서 시작된 것이 유도(儒道)이다. 일반적으로 유학이라고 한다. 유학이 중국 춘추시대 공자로부터 비롯되었다는 것을 모르는 사람은 없다. 주지하듯이 춘추시대는 주왕조의 전통적인 지배질서인 봉건제도의 틀이 무너져 왕의 아래 계급인 제후들이 천하의 패권을 두고 끊임없는 전쟁을 벌인 시대이다. 주왕조의 제도에서는 각 신분에 따라 지켜야 될 규칙이 엄격하게 짜여있었다. 왕실에는 왕실의 규범이 있고 제후에게는 제후의 규범이 있었다. 제후는 왕실에 무조건적인 충성을 해야 한다. 그런데 춘추시대의 제후들은 신분의 범위를 넘어 왕실의 권위를 무너뜨렸다.

당시 제후국은 수백을 넘었다. 그 가운데 비교적 강한 힘을 가진 나라만이 살아남았다. 작은 나라들은 큰 나라의 차지가 되었고 큰 나라는 끊임없이 힘을 키워 천하의 패권을 다투었다. 힘이 최고의 가치가 되어버린 시대에 규범과 제도가 무슨 소용이겠는가.

잠시도 쉴 새 없는 전쟁의 소용돌이 속에서 백성들이 안정된 삶을 영위할 수 없었던 것은 당연하다. 전쟁에는 엄청난 경제력과 인력이 소요된다. 경제력은 백성들의 수확물로 충당되었고, 전쟁에 직접 동원된 군사도 백성들이었다. 제후들의 세력 다툼은 결국 백성들을 도탄에 빠뜨리는 결과를 낳았다.

질서는 무너지고 백성들의 불안정한 생활이 이어지는 시대에 태어난 공자는 그 시대를 안정시킬 방법을 찾았다. 그 답이 바로 질서의 회복이었다. 각 신분계층은 정해진 대로 분수를 지키면 되는 것이다. 극기복례(克己復禮)라고 하는 공자의 말이 직접적인 표현이다. 제후들을 포함하여 모두 개인적 욕망을 억누르고 예를 회복한다는 말이다. 예는 곧 질서이다. 임금은 임금답고 신하는 신하답고 아비는 아비답고 자식은 자식다우면 당연히 질서가 회복된다. 패권다툼의 전쟁이 없어지기 마련이다.

그러나 역사의 흐름은 공자의 바람과는 달리 더욱 극단으로 치달았다. 전국시대에 이르면 제후들 사이의 세력 다툼의 정도가 춘추시대에 비할 바 아니었다. 바야흐로 약육강식의 시대였다. 많은 나라들이 큰 나라의 밥이 되어버렸고, 몇 개의 나라만 살아남아 힘을 겨루었다. 제후들은 왕실을 무시해버리고, 급기야는 자신들이 왕이라고 부르기에 이르렀다.

이 시대의 맹자는 왕도정치를 부르짖으며 여러 나라의 제후들을 설득하러 돌아다녔으나 시대의 흐름을 바꾸기에는 역부족이었다. 씨도 먹히지 않았다. 나라의 존망을 걸고 힘을 겨루는 제후들에게 백성들을 어미와 같이 아끼라는 말이 통하기나 하겠는가. 제후들에게는 나라의 힘을 키우는 방법이 우선이었고, 도덕적 가치는 돌아볼 가치를 지니지 못했다.

결국 전국시대는 강력한 법령의 시행으로 국력을 기른 진나라에 의해 통일되었다. 진시황은 유학자들이 세상을 어지럽힌다고 판단했다. 그들을 붙잡아 묻어버리고 책을 불살라버렸다. 이른바 분서갱유이다. 진시황에게는 유학의 서적이 아니라 농사·의학·점에 관계된 책만 유용했다. 일만 세를 가리라던 진나라는 몇 십 년을 버티지 못하고 망하고 말았다.

항우와 천하를 놓고 세력을 다투던 유방의 한나라에 이르러서야 유학은 융숭한 대접을 받았다. 질서를 강조한 공자의 사상이 체제 유지에 적격이었기 때문이다. 오경이라 하는 『시경』『서경』『주역』『예기』『춘추』 등 유학의 경서들이 교과서였고, 제도적으로 이를 연구하고 교육하는 학자들이 양성되었다. 이로부터 유학은 중국 역대 왕조의 국학으로 떠받들어졌다.

성리학이 체계를 갖춘 송나라에 이르는 동안 중국에는 불교가 들어와 발전되고, 도교도 뿌리를 깊게 내렸다. 전국시대에 꽃을 피웠던 제자백가사상도 나름대로 발전을 거듭하였다. 사상계 전반의 발전이 확연하고, 사람들의 관념세계는 더욱 넓어졌다. 전통적인 우주관과 세계관도 크게 달라졌다. 공자와 맹자의 유학사상은 여러 사상의 발전과 궤를 같이 하여 새롭게 재정립되지 않으면 안 되는 상황에 이르렀다. 이의 필요성을 절감하고 전통 유학을 새롭게 집대성한 인물이 주희이다. 그에 의해 이루어졌기에 주자학이라 하고, 우주와 인간의 근본 문제를 다루었다고 해서 성리학이라 불린다.

주희의 성리학이 체계를 갖추기까지 유학사상계에는 변화의 조짐이 있었다. 일반적으로 성리학의 시작을 주돈이의 「태극도설」에서 찾는다. 우주의 본원적 원리를 그림으로 그리고 설명한 글이다. 여기에 무극·태극·음양오행의 개념이 나타난다. 이전의 유학사상에는 보이지 않던 말들이다. 당시 불교와 도교 사상의 영향을 크게 받은 결과이다. 이들 종교사상은 유학 사상의 발전 폭을 우주생성론에서 나아가 인성의 본질 등으로 크게 넓혀주는 작용을 하였다.

소옹의 『황극경세서』도 성리학의 체계화에 영향을 끼쳤다. 주돈이와 같은 시대의 소옹은 도가사상과 주역철학을 바탕으로 그만의 독특한 수리철학을 체계화했다. 천지간의 모든 현상을 법칙적이고 통일적인 수리로 설명하고, 우주의 본원은 통일성을 가지고 있다고 보았다. 이 원리는 우주뿐 아니라 인간의 본성에도 똑같이 적용된다고 이해하였다.

이 발상의 기초는 지구와 달의 움직임으로 빚어진 연월일시의 단위였다. 하루는 12시간, 1달은 30일, 1년은 12달이라는 수열의 법칙을 확대하여 우주 전체의 순환주기를 계산해냈다. 즉 30년은 1세(世), 12세는 1운(運, 360년), 30운이 1회(會, 10,800년), 12회가 가장 큰 단위의 1원(元, 129,600년)이다. 이 우주는 1원 주기로 크게 돌고 있다는 것이다. 이렇게 되면 이 세상은 그 가운데 아주 작은 부분에 지나지 않는다는 결론에 이른다. 우주의 구조가 이렇듯 진리 또한 본 자리가 있다고 파악했다. 소옹의 철학은 당시 사상계의 우주관에 지대한 영향을 끼쳤음은 물론이다.

불교와 도교가 크게 발전되고, 「태극도설」과 『황극경세서』의 경우에서 보는 것처럼, 송나라 초기의 우주관과 세계관은 크게 넓혀졌는데, 이에 비하면 기존의 유학 사상은 낡고 폭이 좁았다. 시대의 사상 조류를 포괄하는 새로운 해석이 요구되었음은 당연하다.

유학의 본격적인 재해석은 정이·정호 형제에 의해 시작되었다. 두 형제는 학문적 내용에 다소 차이가 있다 하더라도, 불교와 도교에서 습득한 사상을 기반으로 유학의 '이(理)' 개념을 확립했다. 이는 모든 존재의 기초로서 움직임의 기본 동력이자 법칙이라고 정리하였다. 이들의 학문을 도학이라고 부르기도 하고 이학이라고도 한다. 두 학자에 의해 이와 기의 개념이 유학에 도입되면서 주자에 이르러 성리학이라는 새로운 유학이 모습을 드러냈다. 도의 개념이 복잡하게 여겨지는 것은 이와 기의 개념 정리가 쉽지 않기 때문이다.

주자는 우주자연의 본질과 인간 내면의 본성을 이와 기의 개념으로 정리했다. 우주 만물은 기에 의해 만들어지는데 각기 특성에 따라 차별이 있고, 이·태극 등은 만물 생성의 정신적 실재이며 기의 존재 근거라고 하였다. 즉 이는 만물 안에 있는 원리이자 기의 운동법칙인 것이다.

이것이 인성에 적용되면, 본연지성과 기질지성으로 구분된다. 본연지성은 인간의 마음에 본래 존재하는 이로서 도덕적 본능이고, 기질지성은 기의 작용으로 비롯된 육체와 감각의 본능을 가리킨다. 본연지성에 따른 행위는 선하고 기질지성에 다른 행위는 인욕에 의해 악으로 기울어질 수 있기 때문에, 사람은 도덕적 실천을 통해 본연지성에 의한 생활방식을 가져야 된다는 것으로 정리된다. 생활방식의 실제 내용은 천리를 이해하려는 학문적 자세와 인욕을 억누르려는 수양이다. 이를 거경궁리(居敬窮理)라고 했다. 경에 머물며 궁극의 이치를 깨닫는다는 뜻이다.

성리학의 사상이 구체적인 실천 윤리로 나타나면 삼강오륜 등의 규범이고, 사회적으로 확대되면 관료체제의 통치 질서, 신분·계급적 사회 질서, 가부장적 가족 질서의 명분이 된다. 성리학의 요점은 명분론적인 질서를 확립하는 것이고, 그에 합당한 생활을 하는 것이 인간의 도덕적 의무라고 귀결된다. 결국 많은 개념이 동원되었다 하더라도 공자의 봉건적 질서체계를 유지하려는 사상과 같은 맥락이다.

유학은 학문적 경향의 특성에 따라 공자의 본원유학, 한·당 시대의 훈고학, 송·명의 성리학, 청나라의 고증학 등으로 불린다. 이는 학문적 경향에 따른 분류이고, 유학의 본래 내용은 깊이와 넓이가 더해졌어도 변함이 없었다. 체제 질서의 유지와 윤리적 도덕규범의 실천에서 벗어나지 않는다.

공자는 역대 왕조 대대로 황제 못지않은 대우를 받아왔다. 체제와 질서를 유지시키기 위한 학문이므로, 지배계층에게는 더할 나위 없이 맞아떨어졌다. 탄생지인 곡부에는 황궁만큼 웅장한 사당이 지어져 지금까지 만인의 숭앙을 받아오고 있다. 공자는 지금까지 역사상 최고의 스승으로 불린다. 그의 사상이 중국은 물론이고 동양의 여러 나라에 끼친 영향이 대단히 컸다는 점은 사실이다.

성리학은 고려 말기의 학자들에 의해 이 땅에 들어왔다. 이를 공부한 이른바 신진사대부들은 기존의 불교와 권문세족을 공격하였다. 신진사대부들이 조선을 건국한 주축이었으며, 조선의 건국이념이 성리학이었다. 나라의 통치이념과 교육제도 등 모두가 여기에 기반을 두었다. 조선은 성리학자들의 나라였다. 이들이 선비였고 관료였고 양반이었다. 학문에 전념할 때에는 선비이고 과거와 정변을 통해 정계에 진출하면 양반 관료였다. 사서삼경이라 불리는 유학의 경서들은 국정교과서였다.

중앙에 최고의 교육기관인 성균관을 두었고, 각 지방에는 향교가 설립되어 온 나라가 성리학을 공부할 수 있도록 제도가 갖추어졌다. 과거의 문제가 성리학에서 출제되었던 만큼 벼슬에 뜻을 둔 젊은 이들은 반드시 공부해야 했다. 시간이 흐르며 학자들 사이에 성리학의 기본 개념에 대한 여러 논의가 이루어졌다. 이기론을 바탕으로 하여 인간의 심성과 관련된 사상적 논쟁이 계속되는 속에서 많은 학자들이 등장하였고, 그 철학적 수준은 성리학의 발상지인 중국을 능가하였다고 평가된다.

여러 학자들은 지역에서의 영향력을 기반으로 성리학적 윤리 규범을 만들어 백성들에게 직접 준수하도록 지도했다. 이른바 향약이 그것이다. 이 때문에 공부를 업으로 삼지 않은 일반 농민들도 성리학적 규범에 익숙해졌음은 물론이다. 조선 시대에 위로부터 아래까지 사회 전반에 성리학적 사상과 규범이 깊숙이 뿌리를 내렸다.

양반 관료의 자제들은 어릴 때부터 성리학을 공부했고, 지연과 학연에 따른 학파 내지 붕당이 형성되었다. 스승을 숭배하기 위한 사당이 규모를 더해 서원으로 발전되었으며, 사설 교육기관으로 기능하면서 학파와 당파 형성의 근거지가 되었다. 이들이 과거를 통해 중앙 관계에 진출해서도 그 당파는 그대로 유지되어 당쟁 또는 붕당정치라는 조선 시대 정치 운영의 특성을 지어냈다.

붕당정치는 밑바탕에 벼슬자리와 국가권력을 차지하려는 목적이 깔려있으나, 학자들의 학문적 인맥으로 결성된 당파에 의해 펼쳐졌다. 통치와 지배 이념이 성리학인 사회에서 그 사상과 규범은 절대성을 가졌다. 학자들이 제 학통을 정통이라 하고 학문적 견해가 절대적 진리라고 주장하면, 다른 학파의 학자와 입장은 자연스럽게 이단이 되는 것이다.

같은 당파나 학파에서는 자신들을 군자라고 자칭했고 상대를 소인으로 비하했다. 군자나 소인배의 용어가 흔하게 쓰였던 시대도 이 때이다. 군자는 성리학적 천리를 올바로 깨닫고 그 도덕규범을 몸소 실천할 뿐만 아니라 나아가서는 백성들을 올바르게 다스려 계도하는 역할을 하는 인격완성자이다. 소인은 계도의 대상에 지나지 않았다.

성리학의 궁극적인 목적은 군자를 양성하여 그들에 의해 다스려지는 세상을 만드는 것이다. 본보기를 중국의 옛 통치자와 이른바 태평성대라고 하는 사회에서 찾았다. 바로 성군이라고 불리는 요·순 임금, 문·무·주공 등이고, 이상사회는 이들이 다스린 세상이다.

사서삼경 중 『대학』은 군자에 이르기까지의 발전 단계를 정리한 경서이다. 대학의 내용은 군자가 되기 위한 8단계를 차례로 나열하여 편집되었다. 익히 알고 있듯이, 격물(格物) 치지(致知) 성의(誠意) 정심(正心) 수신(修身) 제가(齊家) 치국(治國) 평천하(平天下)이다. 격물은 사물을 제대로 보는 단계, 즉 '산은 산이요 물은 물이다'라고 말할 단계이다. 치지는 지식의 끝을 말한다. 다 아는 단계이다. 사람이 다 알고 나면 완성된 것이 아니다. 아는 대로 행해야 한다. 그래서 뜻을 지성껏 하고, 다음으로는 마음을 바로 해야 한다. 그리고 몸을 바르게 닦고, 집안을 가지런히 하고, 나아가 나라를 다스리며, 천하를 평정하는 데까지 이르러야 한다. 이 과정을 거쳐 평천하 단계에 이르러서야 군자가 되는 것이다. 평천하를 이룰 능력과 역량을 갖춘 군자의 양성이 성리학의 목적이다.

성리학적 이상사회는 평천하의 역량을 갖춘 인격자가 통치하고, 천리를 깨달은 학자가 스승이 되어 그렇지 못한 백성들을 도덕적 인격체로 성장하도록 다스리고 가르치는 세상이다. 대동세계라고 부르기도 한다. 모두 제 분수를 알기 때문에 직분에 충실하여 사회가 지극히 안정될 수 있다. 일반 사람들이 하늘로부터 부여받은 품성을 깨닫도록 이끌고 다스리는 것이 군자의 역할이다.

불교가 개인적인 깨달음에 무게를 두고 있다고 한다면, 유교는 사회적이고 정치적인 성격을 지닌다. 사회의 질서 유지의 방법을 찾기 위한 데서 출발했기 때문이다. 유교가 갖는 특징이다. 유교에서의 이상적인 정치는 현실 세계에 펼쳐져야 한다. 하늘나라, 피안의 세계 등과 같이 종교적 이상이 드러나지 않아 종교의 범주에 넣지 말아야 한다고 주장하는 이들이 많다. 유교는 개인적으로 하늘이 부여해준 본래의 품성을 온전히 깨달아 군자의 자질을 갖추도록 수양하고, 사회적으로는 이상적인 정치의 실현을 목적으로 삼는다.

: 기독교

이상의 종교 사상은 우리 역사에 깊이 뿌리를 내렸지만, 전혀 새로운 도가 조선 후기에 들어왔다. 바로 서학, 천주교이다. 지금 기독교는 바로 우리들의 옆에서 왕성하게 활동하고 있다. 누구라도 언제든지 접근할 수 있고, 그 교리의 내용을 대부분이 다 알 정도가 되었다. 익숙한 종교의 하나로 자리를 잡았다.

천주교는 17세기 무렵 청나라를 통해 처음 조선에 들어왔다. 초창기에는 서학, 즉 서양의 학문으로 소개되었다. 사회 변혁기에 새로운 학문에 목말라 하던 학자들의 관심을 받았다. 특히 자명종·망원경 같은 서양의 기구는 서학의 높은 수준을 가늠할 실물들로 여겨져 서학에 대한 관심을 높였다. 이러한 기기를 만들어낼 정도의 학문이라면 대단히 높은 경지에 이르렀을 것이라고 판단했다.

학문으로 여겨진 서학은 점점 많은 사람들에게 알려져 학문의 범위를 넘어 신앙의 교리로 받아들여졌다. 천주교는 사회의 변혁기에 일반인에게까지 널리 퍼져나갔다. 청나라를 통해 들어온 서양 선교사들의 적극적인 포교활동이 이어졌고, 세례를 받은 조선인들이 늘어났다. 전래 초기 외국 선교사의 활동이 없이 받아들여져 뿌리를 내린 경우는 조선이 유일하다고 알려진다.

서학의 교리는 전통적인 조선의 성리학적 입장에서는 당연히 이단으로 취급되었다. 18세기 말부터 19세기 초에 이른 시기에 나라 차원의 대대적인 박해가 가해져 많은 순교자를 낳았다. 그럼에도 불구하고 전파는 꾸준히 이어졌다. 19세기 후반 강화도조약으로 조선은 세계에 문호를 개방하였다. 서양의 문물이 물밀듯 밀려들어오는 가운데 개신교 선교사들의 활동도 왕성하게 벌어졌다. 이들이 조선 근대화의 물결을 주도할 정도였다. 천주교와 개신교를 아우른 기독교는 식민지 시기에도 발전을 거듭하였고, 현재는 우리에게 낯익은 종교가 되었다.

기독교는 예수로부터 비롯된다. 기독교인들은 예수가 하늘의 아들이고 구약성서에 예언된 구원자라는 의미의 메시아로서 인류를 구원하기 위해 이 땅에 왔다고 믿는다. 그의 행적과 가르침을 기록한 것이 신약성서이다. 예수는 인류에 대한 보편적인 사랑을 가르쳤다. 기존 유대교의 가치 기준이 예수에 의해 크게 확대되었다.

기독교는 예수의 죽음 이후인 1세기 무렵 로마 제국의 지배를 받던 유대 지방에서 유대교의 한 종파로 시작되었다. 기독교인들의 희생적인 활동으로 확산의 세는 거세어 인근의 다른 종족으로 번져나갔다. 전통적인 유대교와는 점점 멀어졌다. 4세기 초 로마 황제 콘스탄티누스 1세가 기독교 탄압을 중지시키고 신자가 된 뒤부터 기독교는 안정적인 발전의 토대를 마련하였고, 테오도시우스 1세 황제에 의해 로마 국교로 공인되기에 이르렀다. 이로부터 기독교는 전 유럽 사회를 수백 년 동안 지배했다. 기독교는 청나라를 통해 조선에 전해졌고 지금 우리 곁에 있다.

기독교는 천지를 창조한 하느님의 존재와 하느님의 명을 거역한 조상의 후예인 인간의 삶의 방법을 가르쳤다. 하느님에 대한 절대적인 복종, 원죄와 자신의 잘못에 대한 회개, 신앙심을 잊지 않기 위한 항상적인 기도, 그리고 무조건적인 사랑 등이 요체이다. 이를 실천하지 않을 경우에는 하느님의 엄격한 심판을 받아 천국에 들어가지 못한다. 주어진 인간의 의무를 다해야 원죄로부터 벗어나 구원을 받는다. 삶의 과정에서 이를 실천해야 한다.

인간에게 하늘의 심판이 이루어진다는 것은 다름이 아니라 인간은 하늘의 뜻을 벗어나서는 절대 안 된다는 강력한 경고이다. 선택의 여지가 없다. 하느님의 존재, 그에 의한 심판이 기독교에서 보이는 특징이다. 이상적인 천국이 도의 본체이고, 여기에 들기 위한 믿음·박애·회개 등이 방법으로서의 도이다.

도와 인간

이상에서 각 종교를 살펴보는 가운데 인간의 존재 의미, 나아가서는 도의 개념을 파악할 실마리를 찾았다고 하겠다. 인간은 현실적인 인간 이상의 의미를 가지고 있다는 점을 꼽을 수 있다. 그저 이 세상에 자연스럽게 내던져진 것이 아니라 다다라야 할 더 높은 차원의 단계에 이르러야만 하는 무거운 의무감을 짊어진 존재이다. 인간의 한계를 넘어선 불로장생의 신선이 있고, 또 인간의 길흉화복을 주관하는 신명계가 있다는 것은 도교에서 보았다. 불교에서는 인간이 무한히 진화하고 발전되어야 하는 존재이다. 윤회와 깨달음을 반복해서 부처와 같은 높은 경지에 이르러야 한다. 유교에서는 천부적 품성을 깨닫고, 지도자로서 군자의 역량을 갖춰야 하는 과제를 안고 있다. 기독교의 측면에서는 이 세상의 창조 주체인 하느님의 심판을 마땅히 받아야 하고, 심판의 결과에 따라 천국에 갈 수도 또 못 갈 수도 있다는 점이 부각되었다.

각 종교에 나타난 도의 의미는 절대적인 우주의 본모습이라 하겠다. 인간이 궁극적으로 이르러야 할 목적지 또는 본래의 자리가 바로 도이다. 방법으로서 도는 그 목적지에 이르기 위한 과정을 가리킨다. 기도와 수련, 참선과 공부, 참회 등등이다. 각 종교의 실천덕목이다. 죄를 짓지 말고, 남을 사랑하고, 하늘의 이치를 깨닫기 위해 끊임없이 공부하고, 목적을 달성하기 위해 모범적으로 사는지를 되돌아보는 참회와 성찰을 계속해야 된다는 내용이다. 더욱 세세한 덕목은 큰 덕목의 실천을 위한 것들이다. 일일이 열거하지 않더라도 결국 같은 뜻으로 이해해도 괜찮을 것이다. 인간은 각 종교에서 제시한 하나하나의 덕목을 몸소 실천해서 목적에 이르러야 하는 존재이다.

흔히 구도와 득도라는 말을 쓴다. 도가 우주의 본질 또는 가야 할 길을 의미하기 때문에, 구도는 우주의 본질을 깨닫고 거기에 도달할 삶의 방법을 찾는다는 뜻이다. 막연하나마 목적이 있을 터인데 그 실체와 방법을 몰라서 애써 찾는다. 목적이라면 우주 본래의 진리, 참된 삶, 인격의 완성, 또는 종교적 이상사회이다. 거기에 이르기 위한 방법을 찾는다는 것이 구도의 단계이다.

구도의 과정이 그렇게 만만하지 않다. 그 말에 엄청난 고난이 포함된 것으로 이해되는 까닭이다. 세상에 묻혀 보통의 삶을 살면서는 그 길을 찾지 못할 것으로 여겨 특별한 방법을 선택한 이들이 많았다. 종교지도자들 대부분이 여기에 속한다. 산속에서 홀로 지내며 생각에 골몰하고, 잡념을 없애려고 의식주에 필요한 것을 최소한으로 줄이고, 산더미 같은 책 속에 파묻힌 이도 있다. 이들은 나름대로의 우주관에서 목적에 닿기 위한 방법을 구했다.

또 어떤 이는 비결에서 그 길을 찾고자 한다. 비결이란 하늘의 뜻을 먼저 알았다는 선지자들이 모든 사람이 쉽게 알 수 없도록 한자를 조합하거나 비유를 써서 수수께끼와 같은 답을 숨겨 놓았다는 기록물이다. 온전한 한자를 부수별로 분리하거나 조합해야 그 뜻을 짐작하고, 상상력을 모두 동원하여도 명쾌하게 답을 얻기 힘들다. 그 답을 찾으려는 사람 또한 길을 찾는 범주에 있다.

종교는 이미 선지자 또는 선각자가 찾았다는 길을 제시한다. 그들이 구도에 일생을 바쳐서 얻은 결과이다. 그래서 종교에서는 그 길에 대한 믿음이 당연한 전제가 된다. 목표점이 종교에 따라서 또 구도자에 따라서 달리 표현되지만 궁극적으로는 같은 것이라고 이해된다. 개인적으로는 인간의 완성이라고 해도 될 것이다.

구도의 다음 단계는 득도이다. 길을 찾았다는 뜻이다. 그 길을 걸으면 목적지에 닿는다. 걷는 일만 남았다. 길을 따라 걷는 것이 바로 수도이다. 덕목을 몸소 실천해야 한다. 과정에서 과연 이 길이 맞는지 저 길이 맞는지 확신이 서지 않으면 발을 내딛지 못한다. 실천이 어려우면 어려울수록 의구심의 정도는 더욱 크다. 여러 어려움을 극복하고 목적을 향해서 꿋꿋이 길을 가는 행위가 수도이다. 구도도 어렵고 수도는 더욱 힘들다.

개인적인 수도 끝에 닿는 곳이 완전한 깨달음의 단계이고, 천국에 이름이고, 신선이 되는 것이다. 이상적인 세계는 무릉도원, 극락, 대동세계, 천국으로 표현된다. 도의 실체, 곧 궁극적인 목적지는 인간의 인위적인 행위로 바꿀 수 있는 것이 아니라 이미 정해져있다.

다만 인간에게는 거기에 닿는 과정으로서의 길이 의무로 주어졌을 뿐이다. 그것이 바로 도이고, 도는 삶의 과정에서 마땅히 가야만 하는 길이다.

제2장

그들의
도는

우주의 계절과 인간

도를 아느냐고 묻는 그들의 도는 무엇인가. 대부분 여기에 관심을 가지지 않는다. 그래서 일반적인 도의 개념에 대해서 먼저 살펴보았다. 도의 개념을 완벽하게 정리한 것이라고 할 수 없으나 대체적인 윤곽을 잡는 데는 도움이 되리라고 생각한다. 도는 길이라는 본래적인 의미에서 우주자연의 본질과 이치로까지 확대되었고, 종교에서 설정된 목적지에 이르는 과정, 또는 방법까지 포괄되는 것으로 정리했다.

    도라는 말을 일상적인 용어라고 하는 데는 다소 무리가 따른다. 종교적인 의미가 담겨있어서 그렇다. 물론 어떤 일에 대해 전부를 파악했을 때 '도통했다'는 표현을 쓰곤 한다. 대상의 상태, 처리할 방법 등을 모두 파악하여 능수능란하게 처리할 경지에 이르렀을 때 그렇게 말한다. 이것이 도의 개념과 크게 다르지 않다. 그럼에도 도라는 말은 무언가 현실을 넘은 높은 차원과 연관된다고 여기는 것이 당연하다. 이미 살펴본 바와 같이 형이상학적인 철학이나 종교와 관련되기 때문이다.

그렇다면 그들의 도에 대해서 알아볼 차례다. 사실 접근하기는 쉽지 않다. 거기에 궁금증을 가지기 전에 이미 잘 알고 있다고 여긴다. 선입관은 도에 대한 내용보다 그들의 정체에 한정된다. 대부분의 경우 단체를 안다는 데 그친다. 더 알 필요를 느끼지 못한다. 어지간한 관심과 노력으로는 접근할 기회가 닿지 않는다.

그들의 말에 관심을 가지고 접근하면 설명이 끝이 없다. 조상 공덕, 얼굴에 나타난 기운 등에서 출발하여, 생소한 종교적 의식을 치르고, 호기심의 강도를 높여야 조금 다가선다. 처음 관심을 끌기 위한 내용이 대부분이고, 여러 얘기도 정리되지 않은 것 같아 대체적인 것을 알기까지는 시간이 필요하다. 그래서 개략적으로라도 그 도의 실체를 알아보려는 것이다. 여기로부터는 다소 주관적인 견해가 개입되어 이야기가 펼쳐진다. 첫머리에서 밝힌 대로 경험을 한 입장에서 파악한 내용들이기 때문이다. 그렇다 하더라도 '도'의 실체를 파악하는 데는 큰 문제가 없을 것이다.

미리 말하면 그들의 도는 '대순진리'이다. 소속 단체는 대순진리회이다. 종교의 체계를 갖추어 사회에 자리를 잡은 종단이다. 종교의 시설로 각지에 대규모의 도장이 있고, 대학과 여럿의 고등학교, 또 큼직한 병원과 많은 사회복지시설이 운영되고 있다. 종교단체의 학교와 병원이라고 해도 종교성이 두드러지지 않은 일반 종합대학이고, 학군에 소속된 일반 고등학교이며, 병원 또한 여느 병원과 다르지 않다. 종단의 규모가 상당하다.

거리에서 알게 되어 가진 선입관으로는 대순진리는 물론이고 드러난 종단의 규모를 짐작하기조차 힘들다. 역시 수수께끼 같은 종단이다. 전체의 규모와 도를 전하는 사람들의 언행이 자연스럽게 연결되지 않는다. 그렇다고 종단의 규모가 도의 실체를 알려주지는 않는다. 그 도가 무엇인지, 왜 굳이 도라고 하는지 등의 궁금증을 풀기 위해서는 종단과 교리를 들여다보아야 할 것이다. 당연히 종단의 역사와 교리의 성립 과정이 어느 정도 밝혀져야 한다.

대순진리와 종단을 이해하기 위해서는 19세기 말로 거슬러 올라간다. 기존 종교의 역사와는 수천 년의 시차가 있다. 학계에서는 새로 생긴 종교라고 해서 신흥종교의 하나로 여기고, 한국에서 생겼고 또 교리에 민족의식이 담겨있기 때문에 민족종교의 범주에 넣는다.

19세기 말의 역사적 배경은 기존 종교의 탄생 시기와 너무 다르다. 문명의 발전 정도는 비교가 안 된다. 특히 확연히 발전된 문명의 배경에서 인간의 우주관이 크게 달라졌다. 그만큼 종교의 교리에도 시대의 상황이 반영되었음은 당연하다.

우선 대순진리의 우주관은 도교의 자연철학과 성리학에 바탕을 두고 있다고 해야겠다. 도교의 자연철학은 성리학에 수용되어 철학적으로 더욱 범위가 넓어지고 체계를 갖추었음은 앞에서 간단히 살펴보았다. 자연철학에서는 사계절의 순환이 매우 중요하게 여겨졌다. 송나라의 소옹은 하루와 일 년의 순환 법칙을 우주 전체로 확대하여 그 주기를 계산하였다. 주기의 정확성은 놔두더라도 순환의 차례는 일반적으로 범위의 크고 작음을 넘어 변화지 않는 자연의 법칙으로 인식되었다. 하루의 아침·낮·저녁·밤은 일 년의 봄·여름·가을·

겨울의 순환 이치와 같고, 그 이상도 마찬가지라는 말이다. 소옹의 계산대로 사람이 감지하지 못하는 더욱 커다란 차원의 순환 주기가 있더라도 그 순환의 순서 역시 봄, 여름, 가을, 겨울이다.

우주에 속한 지구는 우주의 계절 변화에 직접 영향을 받을 수밖에 없다는 점에서 인간의 긴 역사를 그 작용으로 이해하려는 역사관이 형성되었다. 만물이 봄에 싹을 틔우고, 여름에 자라서, 가을에 걷히고, 겨울에 저장되는 이치와 마찬가지로, 인간의 역사 또한 우주 사계절의 영향으로 싹을 틔우는 봄이 있고, 자라는 여름이 있으며, 걷히는 가을, 저장되는 겨울의 단계가 있다고 이해한다. 인간 역사의 초창기는 봄이고, 그 다음 여름이며, 가을과 겨울로 넘어간다고 하는 것이다.

대순진리가 형성되기 시작한 19세기 말엽은 어느 계절에 해당된다고 하는지를 아는 것이 교리 이해의 관건이다. 주기의 기간이 얼마인지는 좀 뒤에 살펴보도록 하고, 대순진리에서는 그때를 우주의 가을이 시작되는 시기로 여겼다. 당시의 모든 역사적 상황을 우주의 여름에서 가을로 접어드는 과도기의 영향으로 이해했다는 말이다. 그들의 '도'를 알기 위한 중요한 전제이다.

그 당시 창도된 동학에서는 상원갑과 하원갑이라는 용어를 써서 새로운 세상이 시작되는 변화의 시점이라고 한 바 있다. 대순진리가 동학과 일정 정도 연결 관계에 있으므로 미리 간단하게 동학에 대해 언급하고자 한다. 19세기는 세계의 정세뿐 아니라 조선의 내부 상황도 커다란 위기의식을 불러일으킨 시기였다. 세계의 중심으로 여겼던 중국이 서양 열강들에게 무참히 짓밟히고, 조선은 특정 가문이 국가의 권력을 독점한 세도정치 아래에서 국가의 운영이 제대로 이루어지지 않았다. 특히 삼정문란이라는 수취제도의 운영상에서 빚어진 여러 폐단은 일반 농민을 질곡으로 밀어 넣었다. 말세라는 말이 나돌고, 『정감록』을 비롯한 도참예언서들이 민심을 더욱 흉흉하게 만들었다. 동학은 이러한 위기의식이 팽배된 상황에서 만들어져 발전되었다.

잘 알다시피 동학은 수운 최제우가 하늘의 계시를 받은 것을 계기로 시작되었다. 그는 상제 또는 하느님과 직접 대화를 나누는 종교 체험을 한 뒤에 하늘로부터 받았다는 무극대도를 세상에 내놓았다. 서양 제국주의의 군사력이 동양으로 밀고 들어오는 위기 상황에서 그 원동력을 서학(천주교)으로 판단한 수운은 그 힘에 맞설 대응력을 가진 학문이라는 의미로 서학의 상대어인 동학이라고 불렀다.

수운의 종교 체험의 내용은 우주의 주관자인 하느님이 세상이 생긴 이래 처음 인간 세상에 나타났고, 수운과 대화를 나누었으며, 그를 통해 성공하기 위해 모습을 드러냈다고 이유를 밝히고, 무궁한 도를 줄 것이니 잘 수련하고, 글을 지어 사람들을 가르치고, 법을 정해서 널리 펴라고 했다는 것이다. 그러면 그 도가 온 세상에 퍼질 것이고, 모든 사람들이 군자가 되고 신선이 될 것이라는 내용이다. 수운은 세상 사람들 중 처음으로 하느님을 접한 인물이고, 모든 사람들을 군자와 신선으로 만드는 특별한 역할을 맡았으므로 자부심이 대단했다.

동학이 빠르게 퍼져나가자 집권층은 이를 이단으로 취급하였고,

수운은 혹세무민의 죄목으로 처형되었다. 교단은 해월 최시형에게 계승되었다. 그는 교단을 추스르고 경전을 출간하는 등 교단 부흥에 힘을 기울였다. 그 과정에서 중요한 것이 이단이라는 누명을 벗는 일이었다. 그래서 최제우의 죄목을 벗기려는 집단적 움직임인 교조신원운동이 이어졌다. 이것이 동학농민전쟁을 일으키는 계기가 되었음은 주지하는 바이다.

동학에서는 당시를 큰 변화가 일어날 하원갑으로 보았다. 수운은 큰 변환의 시대를 맞이하여 새 시대를 주도할 인물로 자부했고, 교도들 또한 그렇게 믿었다. 새로운 세상이 당연히 올 것으로 여겼다. 19세기 말엽은 우주적 변환 시기이기 때문에 인류 역사도 위기적 상황으로 내몰린 것으로 이해하고 믿었다.

대순진리에서도 인간의 역사를 우주 계절의 변화에 따른 전개 과정으로 이해한다. 계절 변화의 단초나 계기는 역의 발전 단계로 해석하고 있다. 우선 복희역과 문왕역이다. 복희는 중국 고대의 신화적인 존재이다. 태호복희라고도 부른다. 뱀의 몸을 가지고 태어났다고 한다. 인간 세상에 짐승을 길들이고 사냥하고 낚시하는 방법과 음식을 익혀 먹는 법을 가르쳤고, 결혼제도를 만들었다고 전해진다. 황하에서 나온 용마를 보고 팔괘를 만들었다고 전하며, 이를 하도(河圖)라고 부른다.

문왕은 주문왕을 가리킨다. 기원전 12세기 말에서 11세기 초에 이르는 시기에 활동했다. 중국 고대 하·은·주 삼왕조 가운데 강태공의 도움을 받아 주왕조를 연 인물이다. 그의 아들 주무왕에 이르러

주왕조가 세워졌다. 주문왕이 하도를 참고하고 우임금의 낙서(洛書)를 바탕으로 주역의 기본이 되는 문왕역을 창안하였다고 전해내려온다.

복희역은 선천의 역으로, 문왕역은 후천의 역으로 불렸다. 대순진리에서는 이 역을 우주 계절을 구분하는 기준점으로 삼는다. 복희역이 만들어졌던 때부터 문왕역이 나올 때까지가 인류 역사의 봄이고, 문왕역이 나온 뒤로부터 여름이라는 것이다. 그렇다면 가을의 기점이 되는 역이 있을 터이다.

바로 정역(正易)이다. 널리 알려진 얘기지만, 1885년에 충청도의 일부 김항이 정역을 창안하였다. 일부는 문왕역이 괘의 위치나 수리로 보아 완전하지 못하다고 판단했다. 불완전한 역이 상징하듯이 문왕역이 나온 시기부터 세상의 모든 일이 불완전하고 온갖 문제가 파생된다고 해석하고, 완전한 역을 창안하는 데 골몰하였다. 그 끝에 나온 것이 정역이다.

역의 해석상 전혀 이지러짐이 없이 완벽하다는 정역의 출현은 곧 완벽한 세상이 도래할 조짐으로 받아들여졌다. 복희역에는 그 이후의 시대를 움직이는 원리가 담겨있고, 문왕의 역이 또 그렇게 이해되었으며, 정역이 나온 것은 바야흐로 그러한 세상이 도래하기 때문이라고 일부는 확신했다.

일부는 공자가 하지 못한 일을 자신이 해냈다고 할 정도로 대단한 자부심을 가졌다. 천지의 말과 자신의 말이 일치된다고 하는가 하면, 완전한 세상이 올 것을 성인들은 알고서도 말하지 않았는데 자신이 말하게 된 것은 당시가 그때이기 때문이라고 하였다. 곧 천지운행의 변화 시점에 자신의 정역이 나온 것이고, 정역이 나온 것으로 볼 때 이제 천지도 이지러짐이 없이 완전하게 운행될 것이라고 주장하기에 이르렀다.

대순진리에서는 일부의 신념대로 정역의 창안을 우주 가을의 시작으로 받아들인다. 19세기 말엽이 우주적으로는 가을의 시작인 것이다. 앞의 복희 시대는 하도가 상징하는 이치대로 봄에 해당되는 이치가 적용되었고, 문왕역으로부터는 역시 마찬가지로 여름의 이치였으며, 바야흐로 정역으로부터는 가을의 이치가 천지에 작용된다는 것이다.

계절은 생물의 삶을 규정한다. 우주의 계절이 인류 역사에 영향을 끼친다고 하면 역의 이치에 따른 전혀 새로운 역사관이 정립된다. 계절의 순서로 인류 역사의 과정을 구분하여 이해하는 것이다. 즉 복희씨 시대로부터는 봄의 역사이고, 주문왕 이후는 여름의 역사이며, 정역 이후로는 가을의 역사이다. 복희역 이전의 시대는 어떻게 해석되어야 하는지에 대해서는 기록이 없어서 짐작하기 어렵지만, 본격적인 인류 역사의 시작은 복희 시대부터라고 본다.

동양의 책력에서 음력 1·2·3월이 봄이고, 4·5·6월은 여름, 7·8·9월은 가을, 10·11·12월이 겨울이다. 양력의 한 달 가운데 입춘·우수 등 2번의 절기가 있고, 일 년은 360일 24절기 12달 그리고 4계절로 이루어진다. 24절기는 동지로부터 시작되어 입춘·춘분, 입하·하지, 입추·추분 등을 거쳐 대설에 이르기까지이다. 4계절이야

봄·여름·가을·겨울이다. 이렇게 순차적으로 순환하는 질서를 대순진리에서 우주자연의 도라고 하고, 지구에서의 순환이치와 우주의 순환이치를 같은 맥락으로 이해한다.

역의 이치가 종교적 의미를 가졌는데, 더욱 그 의미를 보태 인류역사를 관장한다는 신이 상정된다. 도교에서처럼 자연법칙을 주관하는 신이 있다는 것과 같다. 모든 현상에는 관장하는 신이 있다고 믿는다. 가장 상위의 신으로 우주를 주관하는 하느님을 떠올리면, 인간은 물론이고 인간의 역사는 하느님의 영향 아래 있게 된다.

우주의 계절 변화에 따른 이 세상의 상황 변화를 농사에 비유하여 이해하면 도움이 될 것이다. 농부가 지구 사계절의 변화에 따라 농사를 짓듯이 하느님 또한 우주의 계절에 따라 만물을 농사짓고 있다는 유추가 가능하다. 인간은 만물 가운데 하나이므로 하느님의 농작물로 비유되는 것이다.

인간의 존재 의미가 하느님의 농작물이다. 물론 종교적인 해석이다. '농자천하지대본(農者天下之大本)'이라는 구절이 더욱 큰 의미를 갖는 것도 여기에 있다. 농사는 천하의 근본이라는 말이다. 근본 원리라고 했으니 모든 일에 적용된다. 자식농사니 인간농사니 하는 말이 있듯이 종교적으로는 인간이 농사의 대상이라고 해도 크게 무리는 없어 보인다. 그래서 농사의 이치로 인간의 존재 의미를 찾아보려고 한다.

농사의 목적은 적은 양의 씨를 뿌려서 많은 양의 수확물을 거두기 위함이다. 농사를 지으면 남는 것이 있어야 한다. 그 잉여량이 삶을 유지하기 위한 식량으로 쓰인다. 농사는 생존과 직결된다. 인간이 농사를 짓지 않았더라면 많은 사람이 먹고살지 못했고, 발전된 문화의 혜택을 누릴 수도 없었다. 오늘도 마찬가지이다.

인간이 먹고 살기 위해서 농사를 짓는다는 이치를 하늘에 적용시켜 보면, 하늘의 인간 농사 역시 존재에 관련된다고 여겨진다. 하늘이 인간을 이 세상에 내놓은 것은 농부가 곡식의 씨앗을 밭에 뿌린 것과 같다고 본다. 인간이 농사를 지어 곡식 그 자체를 먹는다고 하면, 하늘은 인간을 길러서 무엇을 취하려 하는가에 대해서는 설명이 필요하다. 인간이 동물을 길러 고기를 취하듯이 하늘은 인간을 길러 그 몸을 취하지는 않는다. 사람의 몸은 죽으면 곧 썩어버린다. 하늘은 바로 인간의 맑고 바른 심성과 하늘을 이해하는 능력을 필요로 한다고 추측된다. 인간의 바른 성품과 역량이다.

인간은 만물의 영장이라고 한다. 만물 가운데 하늘을 이해할 위치에 있다는 말이다. 신과 동물의 사이에 처해있다고 한 옛 성현의 말처럼 중간적 상태에 놓인 존재이다. 인간이 하늘로부터 나왔을 때의 본래 심성을 온전히 회복하고 넓고 깊은 하늘의 이치를 이해할 능력을 가졌을 때 여물었다고 하겠다. 이에 대해서는 종교에 따라 표현이 다를 것이다. 불교의 깨달음이나 기독교의 천국에 들 자격과 같은 의미로 해석해도 무리는 없을듯하다.

곡식은 뿌릴 때의 씨앗처럼 단단하고 알이 굵어야 잘 여물었다고 하고, 인간은 하늘이 준 천부적인 천품성과 삶의 과정에서 터득한 역량을 갖추었을 때 여물었다고 할 것인데, 여기에 이르지 못하고 동물과 같은 사고와 행동을 한다면 알맹이가 없는 껍데기뿐인 곡식과 다름이 없다. 하늘도 농부도 익지 않은 것은 취해가지 않는다. 하늘은 인간을 길러서 결국 우주의 존재와 운행의 힘으로 쓰는 것이 아닐까 하고 짐작해본다. 한해의 농사가 풍년이 되어야 배를 주리지 않고 살 수 있듯이, 하늘이 기대하는 사람이 많아야 우주가 건강하게 존재하고 운행되지 않겠느냐고 헤아려본다.

그만큼 중요한 일이라 하늘도 인간을 농사짓는 데 심혈을 기울일 것이다. 하늘을 충분히 이해할 정도의 역량을 갖춘 인물이 많아야 우주가 계속 운행되는 데 지장이 없을 것으로 보기 때문이다. 농부는 씨앗을 뿌리고 여물 때까지 온갖 정성을 다 쏟는다. 행여 거름이나 물이 부족하지나 않은지, 해충에 시달리지나 않는지, 잡초에 뒤엉켜 제대로 성장하지 못하는지를 세세히 살피며 돌본다. 하물며 하늘이 인간 농사를 짓는 데 이보다 못하지 않을 것이다. 하늘이 인간에게 쏟은 정성의 증거를 찾을 수 있으리라고 생각된다.

인간이 누리는 모든 환경과 문화가 그 증거라고 여겨진다. 특히 문화는 하늘이 인간을 기르는 데 쏟는 정성의 손길이라는 해석이 가능하다. 환경은 인간이 생활하기에 적절하게 유지되었고, 모든 문화의 발전은 인간 육성의 목적에 초점이 맞추어졌다. 인간 사회의 모든 제도와 문화는 성현으로부터 시작되었다. 동양 고대의 전설적인 지도자가 여기에 해당된다. 예부터 성현은 하늘이 낸 인물이라고 하였으니, 성현은 곧 하늘이 인간을 기르기 위해서 파견한 일꾼이다.

『대학』의 서문에, "하늘이 인간을 낼 때 인의예지의 성품을 부여하지 않은 사람이 없건마는, 사람마다 기질에 따라 그 천부의 성품을 온전하게 하지 못하므로, 그 가운데 천부의 성품을 온전히 한 사람이 출현하면 하늘은 반드시 그를 임금과 스승으로 삼아, 다른 사람을 다스리고 가르쳐 그렇게 되도록 계도하게 한다"고 했다. 즉 성인으로 추존되는 이들은 인간을 완성시키기 위해 일정한 역할을 하였고, 천명에 의해 그 일을 맡게 된 것으로 보아도 괜찮을듯하다. 물론 성리학적 견해에 따른 것이다.

성인에 의해 갖추어진 제도와 문화는 인간을 올바로 기르고 이끌기 위함이고, 종교의 가르침은 삶의 자세와 목적에 이르기까지의 방법 등을 가르쳤다고 하겠다. 종교에서는 이상세계의 실현이 목적이다. 이상세계는 도원경·극락·대동세계·천국 등으로 표현만 다를 뿐이지 그 내용은 같다. 이상세계에 들기 위해서는 일정한 자격이 요구된다. 의무로 주어진 여러 방법을 몸소 실천하여, 설정되었을 기준을 통과해야 완성된 인간이다. 기나긴 역사를 지내오며 인간은 완성되기 위해, 그리고 이상세계에 이르기 위해 노력해왔다.

인간은 우연히 이 세상에 나타난 것이 아니라 하늘의 계획된 뜻에 의한 필연적 존재이다. 주어진 존재이자 피조물이며, 내놓은 하늘의 뜻에 따라 살아야 되는 과정과 다다라야 할 목적을 존재 자체에 안고 있다. 목적지가 바로 인간완성의 경지이며, 거기에 이르는 전 과정이 방법과 과정으로서의 도, 즉 길이다.

씨앗이 봄에 뿌려져 여름을 거쳐 가을에 이르면 숙성되어야 하는 것과 마찬가지로, 인간도 봄에 뿌려져 성장하여 완성되어야 하는 과정이 있는데 이것이 방법으로서의 도이다. 우주자연의 운행 원리와 함께 이 또한 도의 범주에 포함된다. 우주자연의 본질과 운행 원리는 그 자체로 도이고, 길로서의 도는 인간에게 부여된 인륜도덕으로서의 도이다. 인륜도덕이 인간이면 마땅히 실천해야 되는 것이고, 완성에 이르는 길이다.

따라서 목적지를 인식하고, 거기에 이르기 위해 길을 간다는 의미의 수도는 인간의 선택사항이 아니다. 마땅히 해야만 되는 의무이다. 힘들다고 아니 하고 할만 해서 하는 것이 아니라 인간이면 누구나 따라야만 되는 규범·규칙이므로 인륜도덕이다. 인간은 여물어야 하고 여물기 위해서는 그 길을 따라가야 한다.

여문다는 것은 하늘에 대한 일방적인 의무일 뿐만 아니라 자신의 존재를 위해서도 절대적이다. 익지 않으면 걷히지 않는다. 익지 않은 인간은 가을이 되어도 논밭에 버려진 곡식과 다름없다. 자신을 위해서도 수도를 해야 하고, 이것이 하늘에 대한 보은으로 귀결된다. 하늘에 대한 커다란 은혜갚음이다. 부모는 자식이 잘 되기를 바라므로 잘 되는 것이 가장 큰 효도라고 했다. 종교다다 효도를 강조하고, 기독교에서 심판을 강조하는 이유일 수도 있다. 부모에 대한 효가 하늘에 대한 효로 이어진다. 부모의 은혜에 보답하기 위해 자식은 마땅히 효도를 해야 한다는 가르침이 하늘까지 연결되어 닿는다.

농부가 씨를 뿌려서 여름내 길러 가을이 되어 추수할 때는 익은 것만 거두어간다. 익지 않은 것은 쓸 데가 없으니, 인간도 무조건 익어야 한다. 그래야 자신의 존재를 이어가고, 하늘에는 의무를 다한 것이

된다. 두 가지 모두가 인간의 완성으로 충족된다. 누구나 법칙으로 정해진 궤도에 들어서야 한다. 이것이 수도이다.

결국 대순진리회에서 '도를 닦는다'는 표현은 인간이면 누구나 하늘의 뜻을 헤아려 이치를 이해하고, 인간 완성의 경지에 도달하기 위한 과정에서 노력해야 된다는 말이다. 대순진리의 '도'는 우주자연의 본질과 원리인 하늘의 뜻과 인간이 지켜야만 되는 인륜도덕을 모두 포함한다.

목적지로 향하는 길은 여러 가지가 있다. 불교에서 가리키는 길, 유교에서 말하는 길, 기독교의 길 등 표현과 방법은 다르지만 목적지는 인간의 완성이다. 그러면 이들의 도와 대순진리회의 도와는 어떤 차이가 있는가. 그 차별성을 알아야 대순진리의 특성이 드러난다. 그것은 우주의 계절과 관련되어있다.

농사에서 봄과 여름에 하는 일과 가을에 하는 일이 다르다. 봄·여름에는 뿌리고 기르지만, 가을에는 베는 것이 농사일이다. 정반대이다. 기르는 것이나 베는 것이나 모두 농사의 절차에 따른 방법이고 일의 내용이다. 그러나 바뀌면 안 된다. 봄과 여름에 베어서는 아니 되고, 가을에 거름을 주면 어리석다. 당연히 때에 맞게 방법을 써야 올바른 농사이다.

일찍이 시작된 종교의 도가 기르는 데 중점을 두었다면, 기르는 것과 베는 것이 다르듯, 이제는 가을이 되었으므로, 가을에 맞는 도가 필요하다. 대순진리의 도는 가을에 즈음하여 나왔고, 베어 거두는 추수의 이치를 담고 있다. 다른 종교와 마찬가지로 목적은 같지만, 때에 따른 방법이 다른 것이다.

　현재는 우주의 가을에 접어드는 시기라고 했다. 농사로 보면 가을은 추수의 계절이다. 씨를 뿌린 이가 농부이고, 지어 거두는 이도 농부이다. 농부가 주인이다. 그렇듯이 인간의 씨를 뿌린 존재가 바로 하느님 또는 상제님이니, 역시 거두는 일도 하느님이어야 하는 것은 당연하다. 하느님을 한자어로 상제(上帝)라고 불렀다. 하느님이나 상제나 같은 말이다.

　하느님은 신명계의 조직 체계에서 최고위에 자리한다. 동양의 상제 또는 하느님, 불교의 비로자나불, 기독교의 여호와로 이해해도 될 것이다. 도교의 신명관에 의하면, 정부에 최고 통치자가 있고 그 아래 담당 분야가 나뉘고, 큰 분야 안에서 또 그렇게 체계가 갖추어져있듯이, 하늘에도 최고위에 하느님이 자리하고, 그 아래에 조직의 체계가 분야별로 짜여있다. 그 규모는 인간 세상의 것보다 훨씬 크고 범위도 매우 넓을 것이다. 이 모두를 관장하는 존재가 하느님 또는 상제이다.

하느님의 강세

우주의 최고 자리에는 하느님이 계시는데 바로 인간계를 관장하는 최고 통치자이며 인간 농사의 주인이다. 바야흐로 거두어들일 가을이 되어 하느님이 직접 이 세상에 내려오셨다고 한다. 이로부터 대순진리라는 교리가 형성되고, 종단의 역사가 시작된다. 하느님의 강세로부터 대순진리가 모습을 드러낸다.

하느님 또는 상제님이 직접 이 땅에 내려오셨다는데, 사실이라면 엄청난 사건이다. 그러나 아무 일도 없는 것처럼 조용히 와서 할 일을 마치고 돌아가셨단다. 어쩌면 성경의 구절처럼 그러한 모습이었을지 모른다. 예수는 주인이 돌아와 문을 두드리면 곧 열어주려고 기다리는 사람과 같이 되라고 하며, 생각하지 않은 때에 또는 한밤중에도 인자가 오리니 준비하고 있으면, 주인이 이르러 그 모든 소유를 맡겨준다고 했다. 불교에서도 미륵불이 올 것이라는 말이 있는 것을 보면, 어느 종교에서나 미래의 어느 시기에 주인이 올 것이라고 기대하고 있다. 그 주인이 한밤중에 또는 생각하지 않은 때에 이미 오셨다가 가셨다.

대순진리회에서 상제님 또는 하느님이라고 신앙하는 이가 바로 증산(甑山) 강일순(姜一淳)이다. 지금은 제법 널리 알려졌다. 증산은 1871년 9월 19일 호남의 고부에서 태어났다. 조선 내부에 많은 문제가 누적되어있는데다가 외부로부터의 침략이 밀어닥친 시기이다. 대순진리의 시원을 19세기 말로 잡은 것은 바로 증산의 탄생으로부터 시작되기 때문이다.

우주는 한없이 넓고 그 가운데 먼지에 불과한 지구 위에도 많은 나라들이 있다. 조선은 그 중에서도 미미하기 짝이 없다. 더욱이 19세기 말의 조선은 이름조차 알려지지 않은 나라였다. 그런데 우주의 주재자인 하느님이 조선에 오셨다고 하면 믿겨지지 않는다. 한국에 살고 있기 때문에 자의적으로 확대 해석하는 것쯤으로 치부해버리기 십상이다. 사실이라면 엄청난 충격이다. 인간은 너무 크거나 작은 파동은 듣지도 보지도 못한다. 제 눈에 보이고 들리는 것이 전부라고 생각하지만, 극히 부분에 지나지 않는다. 하느님이 오셨다는 얘기도 그러하다.

증산은 조선으로 온 까닭을 직접 밝혀주었다. 조선의 문화·역사적 특징이 배경이었다. 우선 문화적으로 조선과 같이 신명을 잘 대접하는 곳이 이 세상에 없기 때문이라고 했다. 종교적 심성을 가진 사람들이 살아온 곳이고, 그로 인한 종교적 문화의 풍토가 자리 잡은 곳이란 뜻으로 이해된다. 신명의 존재를 알고 대접해온 민족이라야 하느님을 알아볼 수 있는 것은 지극히 당연하다.

그래서 그런지 조선은 모든 것을 받아들이는 어머니의 마음을 가진 면이 있다. 지금까지 이 땅에 들어온 종교는 모두 뿌리를 내렸다. 도교는 원시적인 종교가 진화한 것이라 우리의 전통적인 종교와 크게 차이가 없어서 굳이 중국에서 들어왔다라고 하는 데는 무리가 있지만, 불교가 들어와 우리 문화에 깊숙이 자리를 잡았고, 유교 사상은 조선 시대 전반을 지배했다. 17세기 무렵에 들어오기 시작한 천주교는 많은 어려움을 겪었으나 민간에 널리 퍼졌다. 19세기 말 서양의 문물과 함께 들어온 개신교의 발전상은 당장 눈앞에서 본다. 유불선 모든 종교적 요소들이 문화 속에 녹아있어서, 여기서 살아온 민족이라야 하느님을 알아본다는 것이 선택의 배경일 것이다. 자식들에게 어머니만이 아버지를 정확하게 짚어줄 수 있다.

조상숭배의 전통 또한 배경의 하나가 될 것이다. 우리 문화에는 오랫동안 조상과 관련된 전통이 유지되어왔다. 국가 차원의 제례뿐 아니라 각 가문에서도 제사를 아주 중요한 연중행사로 치러왔고, 일반인들도 제사를 빼놓지 않았다. 좋은 자리에 산소를 쓰고, 주요 절기의 성묘를 당연하게 여겼다. 조상은 뿌리이므로, 근원에 대한 마음을 잊지 않고 살아왔다는 의미이다. 최종적인 근원은 하늘이다. 하늘을 잊지 않고 살아온 민족이다. 하느님이 오실 곳으로 적절하다.

우리 문화에는 유난히 신에 관련된 내용이 많다. 산과 나무에도 신이 있고, 하물며 부엌과 장독대에도 신이 있다고 여겨 정성을 드렸다. 들판에서 음식을 먹기 전에도 그곳을 지키는 신에게 먼저 주었다. 산신령, 성황당, 조왕신, 삼신할머니 등 일일이 열거하기 힘들다. 지역에 따라서는 더욱 많은 신들이 민간 풍습에 존재한다. 조선은 유불선의 종교 문화가 녹아있고, 뿌리를 잊지 않고 또 여러 신들을 잘 모셔온 사람들이 살아왔기에, 그 위의 최고신인 하느님을 알아볼 문화적 풍토를 갖춘 곳이다.

그리고 하느님이 이 땅을 선택한 이유로 조선이 역사적으로 깊은 한을 가졌다는 점을 들었다. 조선은 주변의 끊임없는 침략을 받아왔다. 굵직한 기록만 보더라도, 중국의 수나라와 당나라, 거란족, 몽고족, 왜, 여진족 등 옆에서 힘을 갖기만 하면 한반도로 쳐들어왔다. 동원된 군사의 규모도 모두 수십 만 이상이다. 이때마다 나라의 명운이 흔들렸고 백성들은 사지로 내몰렸다. 왜구들은 쉴 새 없이 해안가에 침범하여 노략질을 일삼았다. 그럼에도 다른 민족이나 나라를 한 번도 침략하지 않았다. 못했다고 해도 틀린 말은 아니겠으나, 오로지 당하기만 한 역사를 가졌다. 전쟁이 없던 시기에도 명분으로나 실제로나 오랜 기간 중국의 영향 아래 있었다. 하느님이 역사에 맺힌 원한을 풀어주기 위해 힘없고 이름 없는 이 땅을 골랐다고 한다.

우리 문화에는 유독 한이 깊게 배어 있다. 역사의 과정이 그래서인지 모르겠으나 민요에도 한이 가득 서려있고, 사랑을 받는 문학에도 한이 주제인 경우가 많다. 하고픈 것을 이루기 위해 적극적으로 덤비지 않고, 마음속의 감정을 한꺼번에 쏟아버리기보다는 아쉬운 듯 담아두는 것이 한이다. 억지로 하지 않고 상황에 맡긴 채 결과를 묵묵히 받아들인다. 한을 가슴에 안은 사람들이 살아온 땅이다.

증산은 이 땅에 모습을 드러내기 전에 널리 세상을 돌아보다 여기 동방의 조선에 그쳤다고 했다. 가을을 담당한 주재자로서 오랫동안 쌓인 한을 풀어주면서 시기에 맞는 일을 하려고 몸소 내려왔다. 해가 뜨는 동쪽의 조선이 새로운 역사를 시작하기에 적절했다고 해도 되겠다. 새 세상의 새 가치가 싹을 틔울 곳이 조선이었다.

오랫동안 숱한 외침에 시달려왔고, 어머니의 마음을 지닌 채 한을 안고 살아온 사람들이 지어낸 문화 풍토의 땅, 신명에 대한 대우가 각별하고 유불선의 모든 종교를 이해하여 하느님을 알아볼 사람들이 살고 있는 해가 떠오르는 동쪽의 끝 여기에, 하느님이 오실 때가 되어 이 땅에 오셨다. 세상 모든 일이 있다면 있고 없다면 없다. 사실 여부가 아니라 나름대로의 판단이 그렇다. 싹이 틀 무렵과 이삭이 고개를 내밀 때면 씨와 풀이 다 하나라는 것을 인지한다. 그러나 한여름에는 풀만 보인다. 그저 풀일 뿐이고 씨를 보지 못한다.

증산은 타고난 천재성과 덕스러운 품성을 지녔고, 서당에서 공부하고 집안일을 돕는 등 여느 아이들과 다름없이 성장했다. 널리 세상을 구하겠다는 뜻을 품고 본격적인 종교 활동에 나선 것은 1894년 고향에서 터진 동학농민전쟁 때부터이다. 24세의 증산은 전쟁의 전 과정을 직접 지켜보았고, 이로부터 널리 세상을 구하겠다는 활동에 나선다.

주지하듯이, 1894년 초 전봉준이 중심이 된 고부민란이 일어났고, 봄에는 인근 지역으로 확산되어 관군과 직접 대결하는 전쟁으로 발전되었다. 관군에 승리를 거둔 농민군의 기세는 하늘을 찌를 듯하여 요원의 불길처럼 호남 일대를 휩쓸었다. 조선에 들어올 기회만 엿

보고 있던 일본과 기득권을 유지하려는 청나라의 움직임이 심상치 않았다. 긴급한 상황에서 관과 농민군 사이에 화약이 맺어지고, 집강소가 설치되어 농민이 직접 지역을 통치하는 상황에까지 이르렀으니 전에 없던 일이었다.

그러나 조선 집권자들의 요청에 따라 청나라 군대가 농민군을 진압하러 들어오자, 일본은 이를 핑계로 군대를 끌고 들어와 경복궁을 점령하고 구미에 맞는 새로운 정부를 꾸렸다. 조선의 지배권을 두고 청일의 직접적인 충돌이 불가피했다. 곧이어 벌어진 청일전쟁에서 승리한 일본은 조선을 실제적인 영향력 아래에 두었다. 농민군의 진압은 필연적인 그 다음의 순서였다. 농민군에게는 예기치 않은 불안감이 조성되었다.

이즈음 증산은 농민의 힘으로 전쟁을 계속하는 것은 무고한 희생만 낳게 될 것이라고 농민들을 설득하였다. 결과적으로 동학농민전쟁은 1894년 12월 우금치 전투를 마지막으로 비참하게 끝나고 말았다. 새 세상을 바라며 전쟁에 나섰던 수많은 농민들이 무참히 희생당한 전쟁의 실상을 몸소 지켜본 증산은 매우 커다란 충격을 받았다.

세상의 근본적인 문제 해결에 대한 고민 끝에 본격적인 활동이 시작되었다. 1897년 세태와 인정을 살펴보기 위해 길을 나섰고, 충청도에 들러 정역을 창안한 일부를 만난 것도 이때이다. 일부는 45세나 연하인 젊은 증산을 매우 경대하였다고 한다. 세상을 구할 방법을 찾으려는 증산에게 정역의 사상은 적지 않은 영향을 끼쳤을 것으로 보인다.

3년 만에 고향에 돌아온 증산은 본격적인 구도의 길로 접어들었다. 당시 쓸 수 있는 법술로는 극단의 혼란에 빠진 세상을 구할 수 없다고 판단하고, 그 이상의 방법을 찾기 위해서였다. 31세 때인 1901년 전주 모악산 대원사에 들어가 공부에 전념하였고, 7월에 천지대도를 깨닫는 대오각성의 단계에 이르렀다. 혼란스러운 세상을 바로잡을 방법을 찾았다는 의미이다. 인간의 몸으로 왔기에 그에 따른 절차가 필요했던 것으로 보인다.

증산은 지금까지 없었던 새로운 방법으로 천지를 개벽하려 한다고 하며, 그 능력과 권한이 자신에게 있다고 선언했다. 천지의 도수를 정리하고 신명을 조화시켜 그 결과가 세상에 드러나게 하는 방법으로 세상을 구하겠다고 했다. 요컨대 증산 자신은 삼계의 대권을 가진 존재로서 도수의 정리와 신명의 조화를 통해 천지를 개벽하여 불로불사의 신선세계를 열어 고해에 빠져있는 중생을 건져내겠다는 것이다.

삼계대권은 천지인의 세계, 즉 우주의 최고 권한을 말한다. 삼계대권은 상제님 또는 하느님만의 권한이다. 증산은 동학을 창도한 수운의 말과 연관을 지어 상제 또는 하느님이라고 직접 밝혔다. 즉 서양 대법국 천계탑에 내려와 천하를 돌아보고, 모악산 금산사 미륵불에 30년을 머물면서 1860년 음력 4월 5일 수운에게 천명과 신도를 내려 세상을 구할 대도를 펼치게 하였으나, 역할을 다하지 못하여 몸소 세상에 나왔다고 했다.

이것은 신명계의 종합된 의견에 따라서라고 한다. 당시의 상황을 그대로 두면 모두 없어질 위기에 닥쳐, 신명계에서 인간계를 살피던 여러 신명·성인·부처·보살 등이 해결 방안을 모색하였으나 그들의 능력으로는 도저히 감당할 수 없어서, 구천에 하소연하여 어쩔 수 없이 세상에 왔다고 했다. 이 과정에서 겪은 고통과 괴로움은 이루 말할 수 없이 컸다고 한다.

한편 증산은 자신을 당시의 어려운 현실을 극복하기 위해 태어난 개벽장이라고 하는가 하면, 모악산 금산사의 미륵불과 관련지어 미륵이라고도 했다. 증산은 상제 또는 하느님일 뿐만 아니라 개벽장이고 미륵이었다. 세상을 근본적으로 바꿀 권한과 능력을 가지고 고통에 처해있는 중생들을 구할 구세주였다.

불교와 예수교, 동학신도들도 자신을 따를 것이라고 하여, 인류에 존재해온 모든 종교의 예언을 자신에게 적용시켰고, 그 모든 것이 이루어졌다고 하였다. 이상세계를 추구하는 모든 종교의 희망과 기대가 자신의 출현으로 이루어졌다는 것이며, 전혀 새롭고 구체적인 방법이 제시될 것이라는 선언이었다.

증산의 행적에 대한 기록은 1920년대 이상호·이정립 형제에 의해 본격적으로 시작되었다. 일찍이 증산교단에서 활동한 바 있는 이들은 증산의 활동 내용을 수집·정리하는 것이 무엇보다 중요하다는 것을 절감하고 온힘을 기울였다. 증산의 활동 지역을 둘러보고, 종도들을 만나 자료를 수집하였다.

1923년 10월 『普光(보광)』이라는 잡지 창간호가 간행되었는데, 증산에 대한 첫 번째 발행물이다. 잡지 발행은 4호를 내는 데 그쳤으나, 두 형제의 노력은 계속되었다. 본격적으로 더욱 치밀한 자료 수집에 나섰고, 1926년 7월에 증산 행적을 담은 본격적인 기록물이 모습을 드러냈다. 『甑山天師公事記(증산천사공사기)』이다. 증산이 모습을 감춘 지 17년만의 일이다.

둘은 책의 서문에서, 증산을 믿는 신도가 수백만에 이르도록 증산의 말이 제대로 전해지지 않고, 그 행적에 대한 기록이 없어 의지할 바가 없고, 다만 몇 마디만 전해져 미신과 사설에 뒤섞여 대도를 모독하는 데 이르렀다고 개탄하였다.

형제는 여기에 머물지 않았다. 체제를 갖춘 경전다운 경전의 발행을 목표로 삼았다. 광범위한 자료수집과 체계적인 정리 작업에 몰두하였다. 그렇게 해서 나온 첫 경전이 1929년 음력 6월 24일 발행된 『大巡典經(대순전경)』 초판이다. 식민지 시대인지라 민족의식과 관련된 구절이 강제 삭제당하는 등 여러 어려움이 따랐다. 종도들의 증언을 종합하였지만, 종도들은 내용을 모른 채 지켜보기만 한 경우도 많아 속속들이 모든 것을 기록하는 데는 한계가 있었다. 그렇지만 『대순전경』은 그때뿐 아니라 지금까지 증산의 행적을 파악하는 데 중요한 자료임에는 틀림없다. 이들의 노력이 없었다면 지금과 같이 증산에 관련된 내용을 알 수 없었을 것이다.

해방 뒤인 1947년 싣기 어려웠던 내용들이 추가되고 표기법을 일부 고친 『대순전경』 3판이 출판되었다. 완결판이라 해도 좋을 것이다. 뒤에 증산교계 종단의 여러 경전은 이를 기초로 하여 출판되었다. 여기의 증산에 관한 내용 역시 이를 기본 자료로 삼았다.

천지공사

: 도수의 정리와 신명의 해원

상제님이자 하느님이라고 밝힌 증산의 역할은 묵은 질서 체계를 뜯어고치고 새로운 체계를 세워 널리 창생을 건지는 것이었다. 이를 위한 종교 활동을 '천지공사(天地公事)'라고 불렀다. 앞으로 닥칠 이상적 세계의 기본적인 설계를 하는 일이다. 천지공사는 그의 종교 활동 전체를 아우르는 말이다.

천지공사에 대해 증산은 천지의 도수(度數)를 새롭게 정리하고, 오랫동안 누적되어온 원(寃)을 풀어서 신명들의 조화를 꾀하며, 상생의 원리가 통용되도록 하여 후천선경을 열고, 조화정부를 세운다는 것으로 정리된다. 도수는 시간과 상황에 따라 전개되는 예정된 계획표이다. 프로그램이라고 이해하면 되겠다. 세상의 모든 일은 신명의 영향을 받아 움직이기 때문에 그것을 조화시키고 도수를 정하게 되면 효험이 드러나는데, 이 작업이 천지공사였다. 곧 신명계를 조화시키고 도수를 정리하는 것이다.

도수를 정리한다는 것은 기존의 프로그램을 바른 방향으로 진행되도록 수정한다는 것이고, 신명을 조화한다는 것은 신명에게 맺힌 원을 풀어주어 신명들 사이에 얽힌 갈등 요소를 없앤다는 것이다. 이전에는 이 두 가지 이유로 세상이 진멸할 지경으로 내몰렸다고 보았다. 다시 말하면 신명계에 쌓인 원한으로 말미암아 천지 운행의 프로그램인 도수가 상극적으로 운행되었으므로, 그 원한을 풀면 도수 또한 상생으로 바로잡힌다는 것이다.

증산은 당시를 혼란에 휩싸인 말대라고 했다. 상극적 도수의 결과 모든 질서가 무너지고, 인륜도덕이 무너져버린 상황이다. 세상이 회복하기 힘든 중병에 걸렸다는 뜻이다. 인륜의 근본인 충·효·열이 모두 사라진 것이 병인이었다. 충은 임금에 대한 충성이고, 효는 부모에 대한 효도, 열은 배우자 사이의 지조이다. 인간 사회의 기본적인 도덕률이다. 도덕이 모두 무너진 세상이 말대의 병든 세상이었다.

大病出於無道 小病出於無道
得其有道 則大病勿藥自效 小病勿藥自效
世無忠 世無孝 世無烈 是故天下皆病
有天下之病者 用天下之藥 厥病乃愈

큰 병은 도가 없어진 데서 생기고, 작은 병도 무도에서 생긴다.
그 도를 세우면 큰 병이 약 없이도 스스로 나아지고,
                 작은 병도 약 없이 스스로 나아진다.

세상에 충이 없어지고, 세상에 효가 없어지고,
　　　세상에 열이 없어져서 천하가 다 병이 들었다.

천하의 병에는 천하의 약을 쓰면 그 병이 곧 낫는다.

　말대의 병든 천하를 고치는 증산의 방법이다.
　지금까지 인간을 비롯한 모든 사물이 말대의 현상에 파묻혀 멸망할 지경에 이르렀다고 하고, 이렇게 된 까닭은 운영 전반이 상극에 기반을 두고 있기 때문이라고 진단했다. 상극은 오행설에서 상생의 반대개념으로 서로 이기려는 배타적 대치상태를 말한다. 상생이 서로 돕는 관계이고, 상극은 서로 이기려고 다투는 관계이다. 지금까지는 기반이 상극이어서 모든 일이 이지러지고 다투는 악순환이 계속되어 진멸의 상황에 이르렀다고 파악했다.
　병을 치료하기 위해서는 먼저 진단하여 원인을 찾고 치료의 방법을 찾아 시행하면 된다. 세상의 중병은 상극이 원인이므로 상생으로 바꾸면 되는 것이다. 간단한 논리이다. 상생이 치료의 방법이었다. 상극의 도수를 상생의 도수로 바꾸는 것이 도수의 정리이다. 서로 돕고 이해하는 상생의 프로그램에 의해 전개되는 세상은 당연히 상생의 세상이다.
　천지공사에서 신명의 조화는 매우 중요하게 다루어졌다. 신명계는 상제를 중심으로 관료에 해당되는 신명들이 각 소임을 맡고 있는데, 이들이 원에 휩싸인 상극적 바탕에서 일을 해옴에 따라 온 세상이 망할 지경에 이르렀다고 본 증산은 상생에 의한 도수로 돌려 잡기 위해서는 먼저 신명들의 원을 풀어주어 조화시키는 것이 무엇보다 중요하다고 여겼다. 공사가 반드시 필요한 까닭은 말대에 이르러 질서가 낡았을 뿐만 아니라, 신명계가 원으로 휩싸여 공정성을 잃었다는 데에서 찾았다. 새로운 세상을 위해서는 누적된 원을 풀어 낡은 질서를 새 질서로 바꾸고, 담당 신명을 교체하는 것이 천지공사의 주요 내용이다.

천지공사의 내용과 방법은 증산의 단편적인 설명을 통해 추측될 뿐이고, 전반적인 의미의 구체적 파악은 어려운 것이 사실이다. 완전하지는 않더라도 그 내용을 몇 가지로 정리할 수 있다. 천지공사는 명부의 만고원신과 만고역신의 신명 해원공사, 각 지역과 문명을 담당한 지방신과 문명신의 통일공사, 그리고 각 지역의 서로 다른 지기의 통일공사 등으로 분류할 수 있다. 만고원신은 오랜 세월 동안 원한을 가진 신명, 만고역신은 만고에 역적으로 몰린 신명, 지방신과 문명신은 각 지역과 문화를 담당한 신명이고, 지기는 풍수지리에서 말하는 땅의 기운이다. 해원과 조화의 구체적인 요소들이다.

신명은 인간계에 직접 영향을 끼치고, 이들이 원한을 가졌으면 그 악영향이 이 세상에 미치게 되므로, 상생의 세상을 위해서는 그 신명들의 원한을 먼저 풀어줘야 했다. 이것이 신명 해원공사이다. 원을 푼다는 해원(解冤)은 증산 사상의 핵심적인 용어이다. 다음 세상으로 넘어가기 위한 필수적 절차이자 전제이다.

신명계의 원한을 풀기 위해서 원이 맺히기 시작한 단초를 찾았다. 그 결과 요임금의 아들인 단주(丹朱)를 지목했다. 단주는 요임금의 장자로 자리 계승의 뜻을 가졌으나 불초하다는 이유로 이루지 못했다. 그 자리는 요와 혈연관계가 없는 순임금에게 넘어갔다. 원한은 하고픈 일을 이루지 못해 생긴다고 했으니, 자리를 물려받지 못한 단주는 이 때문에 커다란 원한을 품었고, 이것이 씨앗이 되어 세월이 흐르면서 계속 증폭되고, 더 큰 원한을 낳아 키우는 악순환이 계속되었다고 판단하기에 이른다.

따라서 신명계의 해원은 원의 시초인 단주로부터 시작되었다. 머리를 긁으면 몸이 움직이는 것과 같이, 그의 원을 풀게 되면 이후의 모든 원이 풀린다는 것이다. 고를 푸는 것이 먼저였다. 내용은 구체적으로 알려져 있지 않다. 그를 임금이 되게 하는 것이 증산의 논리에 부합되는 해결책이나 명확하게 드러나지는 않는다. 다만 짐작되는 바가 있는데, 후술할 것이다.

단주의 해원에 이어 다음의 대상이 만고의 역신이었다. 정치적인 꿈을 펼치려다 성공하지 못하고 역적으로 몰려 죽은 이들의 원한이 하늘을 찌른다고 했다. 좋은 의도로 정치적인 행동을 감행하였으나 시대와 기회를 잡지 못하여 실패한 이들은 정치적 꿈의 좌절뿐만 아니라 가족친지들과 함께 비참하게 죽음을 당했으며, 반대의 입장에 선 이들과 뒷사람들에게 역적이라는 모함과 비난을 받았고, 후손이 없으니 제사도 받지 못하여 구천을 떠돌 수밖에 없었으니, 그 원한의 정도가 짐작된다. 그래서 이들의 원한을 풀어주는 것이 매우 비중 있게 취급되었다. 이들을 해원시켜 시비가 전혀 없는 별나라로 보낸다고 했다.

역신 가운데 증산이 익히 알고 있는 전봉준과 최제우의 원풀이 방법은 기록에 전해진다. 전봉준은 녹두장군이라고 불리지만 농민들을 규합하여 난의 형식으로 전쟁을 이끌었다. 나라의 입장에서는 민란의 우두머리였다. 그는 뜻을 이루지 못하고 죽음을 당하여 큰 원한을 품었고, 수운 또한 이단의 동학으로 혹세무민했다는 이유로 처형을 당했으므로 마찬가지이다. 증산은 이들에게 공식적인 명을 받았다는 상징의 사명기를 만들어주어 역신의 누명을 벗겨주는 종교적 의식을 치렀다.

증산은 역사에서 지어진 신분관계나 남녀문제와 같은 사회제도로 인해 생긴 인간의 한도 원을 맺는 중요한 요인으로 꼽았다. 하층 신분이나 여자로서 겪어야 했던 원한을 푸는 것도 빠뜨리지 않았다. 그리고 불행하게 인생을 마친 모든 창생들의 원한도 해원의 대상이었다. 농민들에게 한스러웠던 것은 정치적 야망의 좌절이나 사회적 관계에서 주어진 원한보다 최소한의 생존에 필요한 의식주의 결핍이었다. 가장 불쌍하다는 굶어죽은 귀신의 원한을 풀어주기 위해 천상으로 올려 보내고, 후손을 두지 못한 중천신에게는 복을 내려주고, 나아가서는 사물까지도 해원시키는 활동을 펼쳤다. 모든 원을 푸는 공사에 온힘을 기울였다.

증산의 해원은 자연적이든 사회적이든 모든 원을 푸는 것이고, 이것이 곧 세상을 구하는 방법이었다. 온갖 악폐는 원한을 바탕으로 한 상극의 운영 질서에서 말미암은 것이고, 그 원한을 푸는 것이 상생세상의 전제 조건이었다. 이것이 해원공사이다.

한 사람의 원한으로도 천지기운이 막힌다고 했다. 크건 작건 어떤 원이라도 풀어내야 하는 것이 앞선 일이었다. 마치 곡식이 그 동안 유지했던 풀의 모습을 버려야 하고, 곤충이 허물을 벗고 나비가 되기 위한 과정으로 비유된다. 여름의 풀은 앞을 다투어 자라야 한다. 생존의 경쟁이 요구된다. 옆을 돌아볼 여지가 없다. 자신이 살기에 바쁘다. 이것이 가을이 오기까지의 모습이고, 상극으로 표현된 것으로 이해된다. 해원은 상극에서 상생으로의 탈태 과정이다.

증산은 선천에서는 신명계의 원한 때문에 상극으로 치달았고, 원한을 풀어주면 공정성을 되찾아 상생의 새 세계가 전개된다고 했다. 모든 원한을 근본적으로 풀어주기 위해서는 삼계의 권한을 가진 하느님이 아니고서는 안 되는 일이었다. 해원공사는 증산사상의 체계화 과정에서도 매우 중요하게 다루어졌다.

: 문명의 통일

해원이 개별적 존재의 심정에 무게를 두고 있다고 한다면, 선천의 좁은 차원에서 비롯된 것을 해결하는 것도 천지공사의 주요 내용이었다. 좁은 판을 넓히는 일이다. 증산은 세상을 지리, 족속, 문화 등으로 구분하여 표현한 바 있다. 당시 민족과 나라 사이에 벌어지는 여러 갈등과 다툼의 요인을 '각 족속의 문화 근원의 차이', '각 족속의 생활경험으로 유전된 특수한 사상', '지운의 불통일' 등으로 꼽았다. 상생의 새 세상이 이루어지기 위해서는 그 한계를 넓히는 것이 해원 못지않게 중요했다. 마치 애벌레의 판에서 나비의 판으로 확대한다는 의미로 이해하면 될 것이다. 평면에서 공간으로 차원을 확대하는 공사가 문명통일공사이다.

각 지역에는 담당 지방신이 있는데 이들은 서로 경쟁하고 갈등함으로써 문명 사이의 알력이 일어나 전쟁과 같은 비극이 초래되었다고 증산은 판단했다. 지역과 마찬가지로 각 민족의 문명 또한 그 특수한 성격 때문에 갈등이 빚어졌다고 보았다. 당시 세계의 혼란상은 유럽 열강들이 약소국가들을 침략하는 데에서 비롯되었다.

증산은 서양 문명의 급속한 발전은 마테오리치의 역할 때문이라고 했다. 동양에 지상 천국을 세우려는 꿈을 가지고 건너온 마테오리치가 오랜 문화 차이의 벽을 넘지 못해 뜻을 이루지 못했으나, 천상과 지하의 경계를 틔우고, 각 지역에 갇혀있던 신명들이 오갈 수 있게 하는 역할을 했으며, 죽은 뒤에는 동양의 문명신을 거느리고 서양으로 가서 문명 발전의 바탕을 만들었고, 서양 문명의 비약적인 발전이 이로부터 시작되었다는 것이다. 서양의 문명기기는 천국의 것을 본 딴 것이라고 한다.

그런데 발전의 방향이 물질문명에 치우쳐 오히려 인간을 교만하게 만들고, 마침내는 천리를 흔들고 자연을 정복하려는 방향으로 진행되어, 온갖 죄악을 저질러 신도의 권위를 크게 떨어뜨렸으며, 이로 말미암아 천상과 인간 세계의 질서가 무너져 망할 지경에 이르게 된 요인으로 작용했다고 증산은 진단했다. 이 땅에 특단의 조치가 없으면 안 되는 상황이 벌어진 것이다.

따라서 각 문명을 담당한 신명들의 조화를 이끌어내고, 각 문화의 특수성을 조화시킨다는 것이 천지공사의 하나였다. 증산은 지방신이나 문명신들을 하나의 체계로 통일하여 세계가 한 집안이 되도록 넓은 차원의 조화를 위한 공사를 진행했다. 좁은 차원의 지역과 문명의 판을 크게 확대하기 위해 담당 신명을 교체하는 방법을 썼다.

주변의 나라와 주요 종교를 관장하는 신명을 새로 정하는 것이 공사의 내용이다. 명부공사라고 불렸다. 이전의 담당 신명에 대해서는 언급이 없고, 조선을 담당하는 명부의 신명으로 전봉준을 새로 임명하고, 중국에는 정역을 창안한 일부 김항, 일본에는 동학을 창도한 수운 최제우를 세웠다. 모두 19세기 말 조선에서 활동한 인물들이다. 이들이 조선 주변 나라의 담당 명부신명으로 임명되었다.

전봉준은 1855년 호남 고부에서 태어나, 서당에서 아이들을 가르치는 일을 했다. 1894년 지방 관리들의 횡포를 두고 볼 수 없어 고부민란을 시작으로 호남 일대를 휩쓴 농민전쟁을 주도하였다. 그해 말 일본군과의 우금치 전투에서 패하여 재기를 노리던 중 붙잡혀, 이듬해 봄 교수형으로 삶을 마감했다.

김항은 1826년 충청도 논산에서 태어났다. 유교 경전과 주역을 연구하던 중 괘의 움직임을 꿈에서 본 뒤 새로운 역의 창안에 몰두하여 1885년 정역을 완성하였다. 1898년 사망할 때까지 영가무도에 힘을 기울였다.

최제우는 1824년 경주에서 태어났다. 세상을 구할 방법을 찾던 중 1860년 4월 하느님을 직접 만나는 종교 체험을 한 뒤 동학을 창도하였다. 포교 활동을 펼치던 중 1863년 체포되었고, 이듬해 봄 참형에 처해졌다.

증산은 이들을 조선·중국·일본의 명부 신명으로 임명하는 공사를 진행하였다. 다른 나라에도 그렇게 되었을 것으로 짐작되나 자세한 기록이 없다. 증산은 명부공사로 인해 하룻밤 사이에 대세가 돌려 잡힐 것이라고 했다.

또 각 문화의 특수성을 인정하고 이를 전체의 차원에서 종합하는 공사를 보았다. 이것이 문명신의 통일공사이다. 옛날에는 판이 좁고 일이 간단하여 한 가지만 써도 바로 잡았으나, 이제는 동서양이 서로 교류하여 판이 넓어지고 일이 복잡해서 모든 법을 합하여 쓰지 않고서는 안 된다는 이유에서이다. 증산은 각기 다른 지역에서 형성된 사상과 문화는 근본에 있어서는 하나에서 나왔다는 기조에서 기존의 사상을 통괄하는 새로운 차원으로의 재편이 필요하다고 했다. 즉 각 문화의 특성을 인정하는 선에서 그 조화를 이룰 방법을 찾아야 한다는 것이다. 각 민족의 문화적 근원으로는 유·불·선과 기독교를 지목하였다.

이 종교사상이 각 민족의 문화를 이룬 토대와 근원이라고 파악하고, 이들 종교·사상과 관련된 인물들을 담당 신명으로 임명하여 서로 통일을 기한다고 하였다. 각 문화의 특징과 핵심 내용을 종합하여 새로운 문명의 초석을 놓는다는 것이다. 모든 문화의 진수를 뽑아 통일하여 서로 부딪힘이 없이 조화를 이루게 하고, 이것을 새로운 문명의 바탕으로 삼는다고 하였다.

유불선과 서도를 각기 담당하는 종장의 자리에, 불도에는 진묵

대사를, 유도에는 주자를, 선도에는 최제우를, 그리고 기독교에는 마테오리치를 각각 내세웠다. 진묵대사는 1562년 호남 김제에서 태어나 1633년 입적할 때까지 완주 일대에서 활동했던 승려이다. 부처의 현신이라고 하는 등 그와 관련된 여러 일화들이 전설로 전해진다. 진묵은 천상의 묘법을 배워 인세에 베풀고자 하였으나 참혹하게 죽음을 당했고, 원에 사무쳐 동양의 도통신을 거느리고 서양으로 건너가 문화 계발에 힘쓰고 있는데, 증산은 그를 해원시켜 고국으로 불러와 선경 건설에 참여시키는 공사를 보았다.

주자는 다 알다시피 중국 남송 시대 신유학인 성리학을 집대성한 인물이다. 마테오리치는 이마두라고 불리는데, 1552년 이탈리아에서 태어나 로마 가톨릭 예수회 선교사가 되어, 중국에 선교하라는 명을 받고 1582년 마카오에 도착해서 광동과 남경에서 활동하면서 여러 지식인들과 사귀어 명성을 얻었다. 1601년 북경에 들어가 유명 지식인들과 교유하며 『천주실의』 등 여러 책을 저술하며 포교 활동을 펼치다 1610년 북경에서 사망하였다.

이들은 각기 관련 분야의 종교·사상가들이다. 삼계대권을 가진 증산이 신명의 임면권을 행사할 수 있었고, 담당 신명을 새로 앉히는 것이 문명신의 통일공사였다. 역시 부분을 전체 차원에서 조화시키는 방법이다. 명부공사의 중요성이 강조된 데에는 명부의 착란으로 온 세상이 어지러워졌으므로, 이를 종결하면 순조롭게 해결된다고 진단했기 때문이다.

: 지기의 통일과 조선의 국운

증산이 활동했던 당시에는 열강들 간의 힘겨루기와 서로 식민지를 더 차지하려는 분쟁과 전쟁이 계속되었으며, 약소한 국가는 먹이로 여겨지는 상황이었다. 증산은 국제적 혼란상을 바로잡아 화합과 조화를 통해 상생의 세상으로 발전되도록 새로운 질서체계를 마련했다. 이를 위해 조선을 중심으로 하여 새 세상의 운로를 여는 공사를 진행하였다.

증산은 조선이 세계의 운명을 바꿀 중심지가 될 것이라고 하였다. 하느님이 선택한 땅이었으니 마땅히 그렇다고 봐야겠다. 이 방법으로 호남지역 각지의 풍수의 혈을 꼽아 세계의 지운을 통일하는 공사를 보았다. 지금까지 각 나라나 민족은 고유의 근거지를 중심으로 문화를 발전시켜왔는데, 지기가 통일되지 못하여 그 속에 살고 있는 인류는 제각기 사상이 엇갈려 반목하고 투쟁한다고 보았다. 이를 근원적으로 해결하기 위해서는 각 지역의 지운을 전체적인 안목에서 통일하고 조화시켜야 된다는 것이 지운통일공사이다. 지운통일공사는 전주의 모악산을 종주로 삼고, 순창 회문산 오선위기혈(五仙圍碁穴), 태인 배례밭 군신봉조혈(君臣奉詔穴), 무안 승달산 호승예불혈(胡僧禮佛穴), 장성 손룡 선녀직금혈(仙女織錦穴) 등의 혈을 통일적으로 작용시켜 세계의 지운을 바로잡는 방법이었다. 모악산을 기준으로 그 주위에 있는 풍수 혈의 명칭이 가지는 의미를 발음시켜 세계지운의 통일을 이룩한다는 것이 공사의 내용이다.

오선위기혈은 다섯 신선이 바둑을 두고 있는 형세의 혈이다. 네 신선이 둘씩 짝을 지어 바둑대결을 벌이고, 주인 신선은 어느 편에 낄 수가 없어 대접만 하고 있는 형국이라고 한다. 여기에서 네 신선은 조선 주변의 강대국이고, 주인은 바로 조선이라고 해석된다. 실제 주인인 조선은 네 강대국 사이에서 대국에 직접 참여하지 못하고 손님대접만 하는 상황을 상징한다는 혈이다.

　이 혈이 가지는 의미가 조선의 운명과 밀접하게 관련된다. 조선의 신명들이 진묵대사를 따라 서양으로 건너가 일을 보고 있어서, 조선은 마치 주인 없는 빈집과 같은 상태가 되어 강대국들이 제집인양 마음대로 드나들고 있지만, 건너간 신명들이 돌아오면 비로소 주인 노릇을 하게 된다는 것이다. 증산이 진묵을 불러 고국으로 돌아오게 되니, 따라갔던 조선의 신명들도 모두 따라 돌아오는 것이다. 바둑의 대국이 끝나면 바둑판과 바둑돌은 원래 주인의 것이므로 당연히 그 자리에 남게 된다. 이처럼 때가 되어 각각 제 나라로 돌아가면, 조선이 모든 것을 차지하고 온전히 주인 행세를 하게 되면서 평화의 기운이 세계로 뻗쳐나갈 것이라고 하였다.

　호승예불혈은 중이 예불을 드리듯 안정을 시키겠다는 것이고, 군신봉조혈로 세계를 다스리는 임금을 내어 통일적인 통치체제를 갖추고, 선녀직금혈로는 세계창생에게 비단옷을 입힌다는 것으로, 모든 사람들이 잘 먹고 잘 살게 하겠다는 의미를 가진다.

　오선위기혈의 해석처럼, 조선은 세계평화의 중심지가 될 것이고, 이로 말미암아 세계는 한 임금을 중심으로 질서의 틀을 갖춘듯하고, 경건하게 예불을 드리는 수도장의 모습처럼 안정을 되찾으며, 모든 창생들이 잘 먹고 잘 사는 세상이 된다는 것으로 요약된다. 이 모든 계획이 조선을 중심으로 이루어진다는 것이 지운통일공사이다.

萬國活計南朝鮮
淸風明月金山寺
文明開化三千國
道術運通九萬里

모든 나라를 살릴 계책이
남조선의 청풍명월 금산사에서 비롯되어
삼천국의 문명을 개화시키고,
전 세계에 도술이 통하게 되리라.

증산이 금산사에서 종도들에게 일러준 시이다.

이러한 희망찬 미래상과는 달리, 증산이 활동하던 20세기 초의 조선은 매우 비관적인 상황에 놓여있었다. 청일전쟁에서 승리한 일본은 조선에서의 우위권을 확보하고, 조선 식민지화에 박차를 가하고 있었다. 조선 스스로의 힘으로는 도저히 극복할 수 없는 상황에서 증산은 당장의 조선의 운명에 관심을 가지지 않을 수 없었다. 종도들의 의견을 물어 처분한 내용이 기록으로 남아있다.

조선을 중심으로 한 세계 평화는 뒷날의 일이다. 러일전쟁 직전 증산은 당장 조선의 운명을 결정하는 공사를 종도들과 함께 진행하였다. 조선은 주체적으로 헤쳐 나갈 능력이 없고, 만약 서양의 지배를 받게 되면 인종의 차별로 학대가 심하여 살아남지 못할 것이고, 청나라는 우둔해서 뒷감당을 못하고, 어쩔 수 없이 일본의 지배를 받을 수밖에 없다는 결론에 이른다.

일본에게 일시적으로 힘을 붙여주어 동양을 지키기 위해 서양 세력을 막아내는 역할을 맡겼다. 다만 청룡이 힘을 뻗칠 때까지 일만 할 뿐이고, 품삯도 받지 못하고 빈손으로 돌아갈 테니 말 대접이나 잘 해주라고 했다. 인자한 성품까지 붙여주면 탐욕스럽고 침략성이 강한 그들이 천하를 모두 차지하게 되므로 그렇게 할 수는 없고, 조선에게 줄 것이니 잘 지키라고 일러주었다. 증산의 공사에 따라 일본은 조선을 서양으로부터 지키는 한시적인 일을 맡았다. 조선은 인자한 성품을 지닌 채 말대접만 잘 해주면, 때에 이르러 세계평화의 중심지가 된다는 것이 증산의 공사에 따른 조선의 국운이다.

증산은 천지공사에 여러 방법을 동원하였다. 주로 주술적인 내용이지만, 하나하나의 의미는 증산만이 알았다. 신명을 불러 타이르거나, 신명과의 의사소통을 위해 종이에 글과 그림을 그려 태우기도 하였고, 신명들을 대접하기 위한 제사의례를 치르는 등 수많은 의식이 치러졌다. 또한 풍수지리를 이용하기도 하고, 비결의 내용을 나름대로 해석하기도 하였다. 사람을 동원하여 대오를 짓게 하고, 고기를 땅에 묻는가 하면 우물을 휘젓는 등 방법 또한 다양했다.

장소는 경우에 따라 실내가 되기도 하고 마당이 되기도 하고, 들판과 산 등 일정한 구분이 없었다. 지역적으로는 증산의 활동 근거지인 김제, 정읍, 부안 일대였다. 공사의 내용에 따라 한양에 가기도 하였고, 섬에 들어간 적도 있었다. 곁에서 시중을 들던 사람들은 활동의 의미를 제대로 알 수 없었으며, 증산의 설명에 따라 그런 줄 알았을 뿐이다. 증산의 활동 모두가 천지공사였다.

증산의 천지공사 이후에는 선천의 모든 한계가 극복되어 이상적인 세계로 나아갈 방향이 설정된 것이다. 우주에 가득 찬 깊은 원한을 풀어 우주운행의 질서를 바로잡고, 범위를 넓히고 차원을 높여 통일적인 조화를 이루도록 했기 때문에, 앞으로는 원한으로 인한 참화나 고립된 한계가 더 이상 생기지 않는다. 앞으로 진행될 천지의 운행 방향을 빈틈없이 짜놓아 시간이 지나면서 그 계획대로 어김없이 새로운 세상이 열린다는 것이 천지공사의 결과이다.

증산은 천지공사를 통해 이 동토에서 수화풍으로 인한 겁재는 모두 물리쳤으나 병겁만은 남아있다고 주의를 주었다. 괴병이 온 세상에 유행하여 있는 자리에서 죽어가는 참상이 빚어질 것이고, 구해낼 특별한 방법은 없으나 하느님을 부르거나, 기이한 법과 진귀한 약품보다 의통(醫統)을 잘 알아두라고 하였다. 의통에 대해서는 여러 해석이 있다. 통(統)을 통(通)으로 해석해서 의술에 통한다는 뜻으로 이해하기도 하는데, 더 연구가 필요하다고 생각된다. 하루 짚신 세 켤레를 닳기면서 죽음을 밟고 넘으며 병자를 구하러 다니는 때가 남아있다고 하며, 맹렬한 병겁에 대해 주지시켜주었다.

: 인간의 완성과 인존시대

증산의 천지공사 이후의 시대가 후천이다. 당시가 우주 가을이 시작되는 시점이라는 점에서 우주의 봄·여름은 양의 기운으로 선천이고, 가을·겨울은 음의 기운으로 후천이다. 천지공사는 선천과 후천의 교체기 또는 음양의 교체기에 이루어졌고, 이것이 개벽이었다. 개벽 이후는 당연히 후천으로 불린다. 후천 세계는 계절이 바뀌듯 다가온다. 아무리 큰일이라도 도수에 맞지 않으면 헛일이고, 가벼운 일이라도 도수에 맞으면 이루어지므로, 천지공사의 도수에 맡기면 모든 일이 풀린다고 했다.

증산은 개벽이 있을 수밖에 없는 시점에서 가을을 맡은 개벽장으로 개벽을 주도하였고, 그 내용은 앞으로 작용될 도수의 정리였다. 그 시간대가 얼마인지는 모르지만, 앞으로의 역사는 후천을 향해 나아가리라는 절대의 필연성을 지닌다. 개벽이 천지운행과 관련되는 내용이므로 인간의 역할과 관계없이 일정한 절차에 따라 차근차근 진행된다는 것이다.

천지공사의 결과로 이제 무너진 인륜도덕이 바로 세워진다. 충효열이 무너져 병이 든 세상이 천지공사로 말미암아 인륜도덕이 다시 되살아나는 것이다. 옛적에 성웅을 겸비한 신성이 지도자의 자리에 앉아 정치와 교화를 통제·관장하였는데, 중고 이래로 성과 웅이 바탕을 달리하여 정치와 교화가 갈라져서 진멸을 보지 못하였으나, 다시 원시반본이 되어 임금과 스승의 자리가 한 갈래로 된다고 했으니, 인륜이 무너진 말세가 다시 되돌려 잡히는 것은 당연하다.

증산의 천지공사는 가을에 즈음한 개벽이다. 가을을 주도할 이가 모든 것을 도맡아 처리하는 시기이다. 모든 이치가 크게 모여 이루는 결실의 계절이다. 만물이 가을바람에 따라 떨어지기도 하고, 혹은 성숙도 되는 것과 같이 참된 자는 큰 열매를 얻고 그 수명이 길이 창성할 것이고, 거짓된 자는 말라 떨어져 길이 멸망할 것이라고, 증산이 직접 가을이라고 우주의 때를 밝혀주었다. 이제 동서양이 교류되어 여러 가지 주의가 일어나고 허다한 단체가 생길 것이니, 이 또한 성숙한 가을에 오곡을 거둬 결속하는 것과 같은 현상이라고 했다.

증산이 천지공사를 한 뒤에는 천지대도가 밝아져 정신적으로나 육체적으로 한없는 복록을 누리고, 세계의 모든 나라와 민족이 한 가족을 이루어 즐거움을 같이 하고, 문명이 크게 드날리며, 모든 사람들이 불로불사하고, 온 사회가 평화로우며, 전쟁이 끊겨 태평한 세월이 계속되리라고 하였다. 신선을 볼 것이라고 한 만큼 후천은 신선의 선경이다.

따르는 사람들은 하루빨리 그날이 오기를 기대하고 더러 간청하였다. 미친 짓을 하고 있다고 주위로부터 비난을 듣던 종도의 청이 가장 간절했다. 이들이 생각하는 개벽은 세상을 뒤집어서 하루빨리 선경이 건설되고 개인적인 영화를 당장 누리는 것이었다. 이럴 때마다 증산은 천지공사의 결과는 새로 짜인 도수에 따라 차근차근 드러날 것이라고 달랬다. 일 년이 어김없는 사계절로 돌아가는 것과 같이 순차적으로 이루어질 것이라는 뜻이다. 천지공사는 단순히 한 인간의 종교적 소망을 달성하기 위해서가 아니라, 전 세계 나아가서는 전 우주를 새롭게 변화시키는 차원의 일임을 주지시켰다.

증산은 세상의 크고 작은 모든 일을 자연의 질서나 천지운행에 맡겨서 풀어야 그 효과를 기대할 수 있다고 하였다. 천지운행은 춘하추동과 생장염장의 순차이다. 자연의 원칙에 순응하여 그 절차와 시기에 따라 사람이 현명하게 역할을 해야 한다는 의미이다. 도수는 우주 운행의 프로그램이므로, 인간에게는 그것을 이해하고 깨달아 거기에 맞춰 할 일을 파악하여 힘을 기울여야 하는 과제가 남겨졌다.

추워도 춥다 하지 말고 더워도 덥다 하지 말고 비나 눈이 와도 괴로운 말을 내지 말고, 천지에서 쓸 데가 있어서 하는 일에 말썽을 부리면 하늘을 거스르는 일이 된다고 주지시켰다. 어떠한 상황에 처하더라도 하늘을 원망하지 말고 천지의 뜻으로 헤아리고, 이를 어기면 하늘을 거스르는 행위로 간주되었다. 개벽은 오직 하늘에서 알아서 할 것이니, 인간은 그 하늘을 믿고, 주어진 일을 하라는 뜻이다. 주어진 일은 바로 자기 자신의 개벽이다.

오로지 인간은 병든 세상을 치유한 천지공사에 따라 되돌려 잡힌 기본적인 인륜도덕에 힘을 기울여야 하는 자기 개벽의 과제가 남겨졌다. 마음을 고치는 수도가 의무이다. 새 세상을 보기가 어려운 것이 아니라, 마음을 고치기가 어렵다고 했다. 상극의 세상에서 살아오는 동안 각기 병든 마음을 고치는 것이 오직 해야 할 일이다. 상극에 길들여진 인간은 후천의 환경에 적응하지 못하기 때문에 그 조건에 맞는 인간상을 만드는 데 노력하는 것이 바로 과제이자 의무였다.

하늘에 대한 굳건한 믿음도 전제이다. 한마음이 요구되었다. 한 마음이란 고유의 신성으로 돌아가 상제와 마음이 통한 상태를 가리킨다. 인간에게 요구된 바를 실천하려는 목적은 작게는 종교적 권능에 의지하여 복을 비는 것이고, 크게는 후천선경에 참여 자격을 얻기 위함이다.

증산은 종교적 완성을 뜻하는 도통이라는 용어를 썼다. 도통을 시킬 때에는 이미 유불선에서 도를 닦아 완성된 신명들이 심판관이 되어 수도의 정도를 헤아리고, 그 정도는 상중하로 나누어진다고 하였다. 죄를 멀리 하고 도덕률을 지키려는 노력을 하던 안하던 그 결정은 자신에게 주어져있다고 하면서, 모든 일을 각자의 자유행동에 맡겨놓았다고 했다. 후천은 원망이 없는 세상이기에 선천의 원이 남아있으면 안 된다. 각기의 의사에 맡겨놓아야 하늘에 대한 원망이 없게 된다는 뜻을 읽게 된다.

증산의 천지공사는 결국 인간을 위한 것이다. 후천은 인존시대라며 하늘과 땅보다 사람이 높다고 했다. 천지의 사이에서 환경의 지배를 받으며 나약하게 살아야 하는 인간이 천지보다도 높은 존재라는 것이다. 이것은 기존 어떤 종교사상에서도 찾아볼 수 없는 내용이다.

인존시대는 천존과 지존에 대비된다. 인존시대 이전은 천존시대·지존시대였고, 이제 인존시대가 된다는 말이다. 길흉화복이 어디에 있느냐가 구분의 기준이었다. 천존시대는 길흉화복이 하늘에 있어 천신을 받드는 시대이고, 지존시대는 땅에 있어 지신에게 제사하거나 풍수지리를 중요시하는 시대이며, 후천의 인존시대는 길흉화복의 소재처가 각각의 인간이므로 스스로의 노력이 필요하다.

증산의 말에, 선천에서는 인간이 무엇인가를 이루고자 하여 계획을 세우고 노력을 다하여도 그 성패여부는 하늘의 결정에 달려있었지만, 이제는 하늘이 무엇을 이루고자 하여 계획을 세웠고, 그것이 이루어지느냐의 여부는 인간에게 달려있다고 하였다. 선천에서는 인간이 하늘에 빌었지만 후천에서는 하늘이 인간에 의지하는 시대라는 것이다.

천존시대와 지존시대의 선천에서는 천지가 인간의 운명을 좌우한다고 믿었기 때문에 길흉화복을 천지에 빌었고, 세상의 원리를 깨치기 위한 공부도 천지에 대한 것이었지만, 후천은 인존시대이기 때문에 인간 스스로 복을 구하기 위한 노력을 해야 한다. 깨달음의 대상에 인의가 추가되었다. 자고로 상통천문(上通天文)과 하달지리(下達地理)는 있었으나 중찰인의(中察人義)는 없었다고 하며, 이제는 천문과 지리와 함께 인의에 통달해야 한다는 과제가 주어졌다. 인의란 인간 사회에 있는 모든 절차나 예의범절, 통치체계와 사회질서의 운영 등으로 이해된다. 인간의 주체적인 역량의 범위가 크게 넓혀졌다.

증산에 의해 후천은 인존시대로 선언되었다. 인간이 하늘 못지않게 큰 역할을 해야 하는 시대이다. 이러한 인간을 육성하기 위해 선천을 거쳐 왔다. 하늘이 짓는 인간 농사의 목즉을 여기에서 분명히 볼 수 있다. 가을에 들어 여문 인간이어야 인존시대에 어울린다. 여문 인간은 완성된 인간이라고 하겠다.

事之當旺 在於天地 必不在人
然無人無天地 故天地生人用人
以人生不參於天地用人之時 何可曰人生乎

일이 마땅히 되는 것은 천지에 있지 꼭 사람에게 있는 것은 아니지만, 사람이 없으면 천지도 없기 때문에 천지가 사람을 내어 쓰고자 하는데, 인간으로서 천지가 써야 할 때 끼지 못하면 어찌 인간이라고 하겠는가.

증산의 글귀이다. 천지에 쓸 데 없는 인간은 인간이 아닌 것이다. 바야흐로 하늘에서 인간을 필요로 하는 시대이다. 부모에게 자식이 없으면 부모가 아니듯 천지에도 인간이 없으면 빈껍데기에 불과하므로, 인간을 내어 기른다. 인간 또한 그 뜻에 따라 천지에 못지않은 단계로 성장해야 한다는 의무감을 강조한 내용이다. 앞으로는 모든 것이 인간에 의해 결정되는 인존시대이다. 인간의 완성이 중요하다. 어쨌든 증산의 천지공사 이후의 세상은 인존시대로 선언되었다.

증산은 9년 동안의 천지공사를 마치고, 1909년 음력 6월 24일 39세의 나이로 육신의 숨을 거두었다. 자신은 천지공사를 맡을 따름이고, 그 다음 일을 이어받을 대두목이 나오는데, 세 번을 거쳐야 비로소 완전한 체계를 갖출 것이라고 일러둔 바 있다. 증산은 천지공사를 마친 뒤 '포교오십년공부종필(布敎五十年工夫終畢, 포교 오십년 만에 공부를 마침내 마치다)'라고 쓴 종이를 불사르고, 그 의미를 옛날 중국 은왕조 개창의 공신인 이윤이 오십이 되어서야 사십구 년 동안의 잘못을 깨닫고 탕임금을 도왔다는 일화를 들어 설명했다. 이것을 도수로 써서 짜놓았으니 돌아 닿는 대로 새 기틀이 열리리라고 하였는데, 대두목과 관련된 언급으로 이해된다. 그리고 삼천(三遷), 곧 세 번을 거쳐야 된다는 말에서는 그 다음에 또 연결된 바가 있다는 것을 짐작하게 한다.

    증산은 상극의 선천 운행 질서를 상생의 후천 운행 질서로 바꾸는 천지공사를 하였고, 거기에 맞춘 뒷일들은 뒤이을 사람에 의해 진행된다는 뜻이다. 막연히 증산의 위상과 말만 믿고 기다리는 것이 아니라, 천지공사에 따른 인간의 수도법이 나와야 한다. 인간 모두를 개벽시킬 수도의 방법이다. 하늘의 일이 있고, 사람의 일이 있다. 사람이 몸소 실천하기 위한 수도의 체계와 방법은 두 번을 더 거쳐 마련된다는 것이 증산의 뜻이다. 대순진리의 형성 과정이 아직 남아있는 것이다.

무극도의 활동

증산에 이어 정산(鼎山) 조철제(趙哲濟)가 두 번째 역할을 맡았다. 정산은 경상남도 함안에서 1895년 음력 12월 4일 태어났다. 증산과는 24세의 차이가 있으나, 직접 만난 적은 없다. 7세 되던 봄부터 공부를 시작하여, 13세에 이르러 유교의 경전과 제자백가의 사상을 섭렵하였다고 한다.

정산은 을사조약 뒤 관직을 그만두고 낙향하였다가 분을 이기지 못하고 세상을 떠난 조부의 영향으로 항일의식에 투철했다. 식민지로 전락해가는 고향을 떠나자는 어린 조철제의 요청으로 1909년 온 가족이 만주 봉천으로 이주하였다. 이때 그의 나이 15세였다. 만주로 가는 열차 안에서 증산의 계시를 받았다고 한다. 이 무렵 심양이라는 도시 이름이 봉천(奉天)으로 바뀌었는데, 정산이 하늘의 뜻을 받들기 위해 그곳으로 이주했기 때문이라고 전한다.

요녕성 유하현의 수둔구에 정착한 정산의 가족들은 망명 동포들을 돕고, 의지할 데 없는 동포들에게는 경제적인 도움을 주었다. 독립 운동가들에게 자금을 마련하여 전해주는가 하면, 주변 상황을 정탐하여 제보하는 활동을 펼쳤다. 정산은 낮에는 가족들과 함께 농사를 짓고 밤에는 공부하는 생활을 이어갔다. 인근의 노고산에 들어가 2년여 동안 수도했고, 1912년 5월에 이르러 6개월 동안 중국의 여러 지역을 돌아보았다.

1917년 득도를 했다고 전한다. 설날 초패왕 항우의 고향인 강동 지방 절강성 회계의 객사에 들렀는데, 새벽녘 증산이 계시를 통해 도통의 연맥과 인계의 인연을 다지고, 수운의 시천주(侍天主)와 증산의 태을주(太乙呪)를 구세제민할 주문으로 기억하라는 명을 내렸다고 한다. 윤2월 10일에는 득도치성을 올렸다. 이 날이 공식적인 득도일로 기념되고 있다.

득도 직후 국내에서의 종교 활동을 위해 귀국길에 올랐다. 우선 증산의 활동 지역을 찾아 자신이 그 계승자임을 증명할 기틀을 마련하는 것이 중요하였다. 충청도 일대에서 증산에 대한 얘기를 간간히 듣고, 8월 중순에는 증산 탄강지와 주요 활동지였던 금산사와 동곡 마을을 둘러보았다. 이때 증산의 종도들을 만나 여러 얘기를 들었으며, 일을 같이하자는 여러 제안을 뿌리치고 자신만의 활동을 준비했다.

충청도 안면도에 머물렀다가, 1918년 초 30여 명과 함께 정읍에 근거지를 마련하였다. 1919년 정월 보름에는 증산의 여동생을 만났는데, 증산과 정산의 관계에 매우 중요한 일이었다. 증산은 세상을 떠나기 몇 개월 전인 1909년 정월 보름, 집을 마련하여 손수 수리하고 도배까지 한 다음 "이곳이 나의 본소니라 너는 이곳에 살다가 십년 후 이날 이 본소를 찾는 을미생(乙未生)에게 나의 도통을 전하라"는 말을 여동생에게 남겼다고 한다. 그녀는 정산이 찾은 날과 나이가 증산의 말과 일치되어 그를 증산이 지칭한 사람으로 믿었다.

정산은 그녀의 안내를 받아 그 집 방의 벽에서 증산의 유물이 들어있는 나무상자를 찾아냈다. 상자에는 증산이 몸소 기록한 『현무경』과 「주문서」가 들어있었는데, 현무경은 문자와 부도가 기록된 책이고, 주문서에는 11종의 주문이 적혀있었다. 정산(鼎山)은 자신의 호가 만주로 이주할 때 증산의 계시로 주어졌다고 하면서, 증산의 호와 상호관계를 강조하였다. 시루는 솥이 있어야 기능하므로, 솥에 해당되는 자신이 없으면 증산의 일이 드러나지 않는다는 의미이다. 또 스스로 도주(道主)라고 했는데, 증산이 내놓은 도의 주인이라는 뜻이다.

증산의 종교적 위상도 정립하였다. 그 동안 증산에게는 별도의 종교적 위격이 정해지지 않고, 다만 선생이나 천사 등 다양한 명칭으로 불려왔다. 정산은 증산을 구천응원뇌성보화천존강성상제(九天應元雷聲普化天尊姜聖上帝)라고 부르기 시작했다.

정산이 교단의 창설을 본격적으로 시작하기는 1923년에 이르러서이다. 증산의 기일인 6월 24일 여러 사람들이 배석한 가운데 「전교(傳敎)」라는 글을 발표했다. 이 글은 1923년을 기준으로 이전 역사를 달력의 원리에 따라 원(元)·통(統)·회(會)의 단위로 하여, 513년을 1회, 3회를 1통, 3통을 1원으로 구분하였다. 1원은 4,617년이 되는

데, 1923년을 기점으로 4,617년 전 중국의 황제(黃帝)가 등극하여 새로운 원이 시작되었고, 이제 자신이 도주가 되면서 새로운 원이 시작된다고 천명하였다.

「전교」에 따르면 매회 513년을 주기로 성인이 출현한다. BC 28세기 무렵 시작된 원의 초통 초회에는 요·순, 중회에 탕, 계회에는 문왕이 활동했으며, BC 13세기 무렵의 중통 초회에 석가, 중회에 공자, 계회에 예수가 해당된다. 그리고 4세기 무렵부터 계통의 초회에는 불교, 중회에 유교, 계회에 기독교가 크게 번창한 것으로 나타난다.

이를 보면 반만년 역사의 의미가 특별하게 받아들여진다. 잘 알려진 성인들이 아무런 절차도 없이 나온 것이 아니라 역사의 진행 순서에 맞춰 제때에 출현했다는 점이 그렇다. 미리 짜인 계획에 따른 것이다. 인간의 역사가 인간의 의지에 의한 것이 아니고, 어떤 계획에 따라 목적을 띠고 진행된다는 사실이 발견된다. 계획의 주관자가 떠오른다. 바로 하느님이다. 앞에서 말한 하늘의 인간 농사의 치밀한 계획표로 보인다.

초통은 정치지도자들이 출현한 시대이고, 중통에는 종교지도자들이 해당되고, 계통은 각 종교가와 사상가의 가르침이 크게 떨쳤던 시기이다. 초통의 정치지도자들은 각종 사회제도를 만들고 경제활동의 방법을 가르쳤으며, 중통에는 종교지도자들이 나와 여러 가르침을 내놓았다. 계통에는 가르침의 내용을 많은 사람들이 배우는 단계로 보면 되겠다.

이를 농사에 적용시키면, 초통은 막 싹을 틔운 곡식이 뿌리를 제대로 내리도록 보살핀 시기이고, 성장을 돕기 위해 거름을 주는 시기가 중통이다. 한 아이가 자라는 상태로 보면, 초통은 부모가 아이를 낳아 젖을 먹여 키우는 시기에 해당되고, 중통은 학교에서 가르침을 받는 시기, 계통은 곳곳에 학교가 세워져 많은 사람들을 가르치는 시기이다. 인간의 역사가 단순히 또는 우연히 흘러가는 것이 아니라, 하늘이 인간을 육성하기 위해 철저하게 짜놓은 계획이라는 점이 여실히 드러난다. 하늘의 존재 여부, 인간의 존재 의미와 목적 등을 되돌아보지 않을 수 없다.

世界有而此山出
紀運金天藏物華
應須祖宗太昊伏
道人何事多佛歌

세계가 있고 이 산이 나와
벼리의 기운은 금천(가을)에 있어 꽃피울 것들을 담고 있구나.
응당 태호복희를 처음으로 삼아야지,
도인들은 어떤 일로 허다히 부처의 노래를 부르는가.

증산의 시이다. 태호복희를 본격적인 인류 역사의 시작으로 봐야 한다는 내용이다. 정산의 전교의 내용 또한 중국의 고대 역사를 기준으로 삼고 있다는 점에서 서로 연결된다.

정산은 1923년 12월 4일 도장건립을 추진하였다. 부지는 증산이 감춰둔 곳이어야 하고, 성심으로 찾아야 된다고 하여 각별한 노력을 기울였다. 정읍 태인 도창현에서 합당한 장소를 찾았다. 1925년 4월 15일 도장의 주건물인 영대(靈臺)와 도솔궁을 완공하였다. 영대 위층에는 구천응원뇌성보화천존강성상제로 증산을 봉안하고, 그 두 아래층은 집회장으로 썼다. 도솔궁은 총 72칸이고 외부로는 3층이나 안에서는 4층 구조였다. 맨 위층에는 33천을 봉안한 도솔궁, 3층은 칠성신명을 봉안한 칠성전, 2층은 육정신과 제대신명을 봉안한 봉령전, 맨 아래층은 정산이 공부하는 중궁이었다. 각 신명들도 함께 봉안하였고, 그밖에 33천 신명을 비롯한 여러 신명들의 위지가 모셔졌다.

1925년 4월 28일 봉안치성에 즈음하여 정산은 교단을 '무극도(无極道)'라 명명하고 교리를 정리하여 발표하는 등 종단의 체제를 갖추었다. 취지서, 신조, 강령, 요체 등이 이때 발표되었고, 치성 절차 순위, 전수진설 법제, 입도치성 절차 법제, 갑기일 주일 등이 제정되었으며, 교단의 운영규칙인 「도규」도 만들어졌다. 이때의 교리와 의례는 거의 그대로 종단 대순진리회에 승계되었다.

교단의 이름이 무극도라고 한 데서 드러나듯이, 무극의 이치가 교리의 핵심이고 바로 도였다. 무극이 성리학적 우주생성론의 주요개념이라는 점에서, 무극도의 교리는 성리학 사상과 상통된다. 삼강오륜이 강조된 것도 이와 무관하지 않다. 다만 무극도에는 성리학의 형이상학적 논리를 주관하는 인격적 상제가 존재한다는 점이 다르다.

무극도의 하늘의 개념에는 인격적 하느님과 하늘의 이치가 함께 포함된다. 천리인 무극의 이치를 통달하는 것이 무극도의 목적이다.

무극도에서는 천리와 인격적 하느님인 증산을 하나로 보았다. 인격적 신으로서의 하늘과 이치로서의 하늘이 완전히 합일되어있다고 볼 수도 있고, 명백한 구분 없이 혼용되었다고 할 수도 있다. 그래서 도는 성리학에서의 우주의 이치·진리와 차이가 크지 않다. 다른 점이라면 그 이치와 운영을 주관하는 인격적 하느님과 천지신명이 존재한다는 것이다. 무극도의 도는 이치와 신을 포함하기 때문에 종교적 신앙심이 중요하게 여겨졌다.

신조, 사강령, 삼요체 등도 목적을 달성하기 위한 과정에서 견지해야할 항목이다. 신조(信條)는 음양합덕(陰陽合德) 신인조화(神人調化) 해원상생(解冤相生) 도통진경(道通眞境)이고, 사강령(四綱領)은 안심(安心) 안신(安身) 경천(敬天) 수도(修道)이며, 삼요체(三要諦)는 성(誠) 경(敬) 신(信)이다.

여기에는 증산의 사상과 성리학적 사상이 조합되어 나타난다. 해원상생은 증산의 핵심 사상이다. 음양합덕은 태극사상과 직접 연결되고, 신인조화는 천리를 주관하는 신명과 인간이 어울려 조화를 이뤄야 한다는 종교적 의미를 가진다. 신이 음이고, 인간이 양이라 하면 음양합덕의 범주에 속하는데, 인간과 신을 강조하기 위해 별도의 항목으로 정해졌다. 사강령과 삼요체는 성리학자들이 자기수양을 위한 덕목과 일치된다.

1925년 9월 19일 증산의 탄강치성을 치른 뒤 정산은 「각도문(覺

道文)」을 발표했는데, 제목이 '도를 깨닫는 글'이다. 도의 의미가 내용에 보인다. 즉 우주 본연의 이치인 원형이정(元亨利貞)이 바로 도인데, 그 도가 천지를 바로하고, 모든 법의 기준이며, 인간의 심법에까지 적용될 뿐만 아니라, 천도(天道)와 이기(理氣)의 근원이다. 이를 깨닫는 것이 도통이다. 유불선은 그 도에 올바로 통하여 천명을 대신했다는 구절에서, 유불선의 목적도 거기에 있다고 했다. 무극도는 물론이고 모든 종교의 궁극적인 경지가 곧 무극이라고 정리하였다.

도는 우주 본연의 이치·진리이자 하느님이다. 이를 깨닫기 위한 실천의 덕목이 사강령과 삼요체이다. 유불선의 실천 덕목과 말이 다를 뿐이지 의미는 크게 다르지 않다고 한 점도 눈여겨 볼 일이다. 성리학자들이 자신을 도학자라 하고, 천리를 깨닫는 격물치지에 이르러 성·경으로 수신의 덕목을 삼은 것과 다르지 않다. 다만 천리와 함께 인격적 신이 강조되고, 이에 대한 신앙심으로써의 신(信)이 추가되어 여러 주문을 외우는 등 종교 의례가 철저하게 갖추어졌다는 점에 차이가 있다.

1928년 설날에 발표된 「포유문(布諭文)」에서는 정산을 따르면 모든 사람이 바라는 것을 얻고, 심령을 통하는 것이 곧 인간 완성의 지름길이며, 증산과 자신의 역할로 무한한 청화세계로 안내를 하겠다고 천명했다. 증산과 정산을 믿고 따르는 것이 심령을 통하는 지름길이며, 심령을 통해야 모든 인간이 원하는 목적에 닿을 수 있다는 말이다.

무극도에서 증산은 천리의 본체로 여겨졌고, 그를 신앙하는 것은 곧 천리를 깨닫는 데 필수적이다. 무극도 교단에서 비로소 증산은 우주의 근원적 진리를 주관하는 최고신으로서의 상제위에 추존되며 종교적 위상이 밝혀졌다. 증산은 바로 하느님 또는 상제님이었다.

또 신명계에도 천지공사의 후속 조치가 필요했다. 정산의 지극정성을 다한 공부와 기도가 끊임없었는데, 내용은 자세히 알려진 바 없고, 다만 신명들을 설득하는 공사였다는 말이 전해진다. 증산의 천지공사에 따른 정리 차원의 공사로 여겨진다. 무극도 교단의 중요한 역할이다.

무극도에서 확립된 종교 의식과 주문도 각별한 의미를 가진다. 주요 의식으로는 증산의 출생일('탄강일'로 불림)과 별세일('화천'이라 함), 주요 명절에 도장에서 거행되는 치성이 꼽힌다. 기도와 수련을 할 때 외우는 주문은 증산의 계시와 유서로 정산에게 전해졌다. 봉축주, 기도주, 태을주, 진법주, 칠성주, 운장주, 이십팔수주, 이십사절주, 도통주, 개벽주, 해마주, 신성주 등이다. 기도주는 최제우가 받았다는 시천주이고, 태을주는 증산이 중요하다고 강조한 주문이다. 여러 주문은 천지신명들의 이름과 기도하는 사람의 기원하는 내용이다. 주문 또한 대순진리회에 그대로 전해졌다.

1930년대 들어 일제의 황민화정책이 시행되면서 민족적 성향의 토착 종교단체는 감시의 대상이었다. 내선일체와 황민화정책에 협조할 것을 종용받자, 정산은 일본왕이 직접 와서 사정해도 불가한 일이라고 단호히 거절했다. 1935년 12월 그믐 교단이 강제 해산되고, 도장은 경매에 붙여져 철거되었다. 정산은 고향인 경남 함안에 돌아와 시일을 기다리며 개인적인 종교 수행에 전념하였다.

태극도와 수도 법방의 확립

1945년 7월부터 정산은 태극의 이치를 설명하는 데 역점을 두었다. 곧 태극의 진리는 정산이 말한 도의 연원이자 우주 전체의 생성 발전하는 대원리라고 하며, 무극을 강조하여 무극도를 창도했던 것과는 달리 이때에 이르러서는 태극의 진리가 강조되었다. 무극은 진리의 본체이고 용사를 하려면 태극으로 변한다는 것이 성리학과 역학에서의 논리였다. 이는 곧 무극도에 이은 또 다른 교단의 창설을 시사한 것이다.

정산은 수시로 무극과 태극의 원리를 설명하면서 자신의 역할을 강조하였다. 성리학의 무극과 태극의 개념을 적용하여 무극과 태극이 같은 선상에 있다고 하며, 증산의 천지공사는 무극이고, 이것이 작용하기 위한 태극의 역할을 자신이 해야 한다고 밝혔다. 증산의 계획과 뜻이 발현되기 위해서는 필연적으로 자신의 역할이 필요하다는 것이다. 계승자로서 맡은 임무를 수행해야 된다고 여러 차례 언급했다. 이미 정산이라는 호를 밝히며 증정지간 즉 시루와 솥의 관계라고 한 것과 마찬가지이다. 증산의 진정한 후계자로서의 자격과 임무를 천명한 것이다.

이렇게 되면, 무극도는 증산이 하느님으로서 천지공사를 위해 내려온 존재라는 것을 분명히 밝히고, 정산 자신의 자격과 임무를 확실히 인식하여, 다음의 임무 수행을 위한 준비단계였다. 본격적인 정산의 역할이 이어지며, 그러기 위한 종단이 필요했다.

정산은 1948년 정월 초하루 새로운 교단을 '태극도'라고 공포하였다. 이때부터 본격적인 활동에 나섰다. 3월 부산 보수동에 행재소를 마련하고, 자리는 증산이 이미 예정해놓은 곳이라고 일러주었다. 증산이 짜놓은 천지공사의 새 원리가 순차적으로 진행되는 과정을 도수라고 하였는데, 도수상 부산은 지역적 필연성을 지녔다.

태극도 창설 직후의 교세는 무극도의 도인들이 일부 모인 정도에 지나지 않았다. 한국전쟁 이후부터 교세가 커졌다. 특히 충북 일대에서 발전의 양상이 두드러졌다. 도인들은 대부분 부산으로 이주하여 활동했다. 1955년 정부정책에 따라 보수동의 교단 본부와 도인들의 주거시설은 감천동으로 옮겨졌다.

이 무렵의 국내 상황은 대단히 혼란스럽고 어려웠다. 해방에 이어 정부수립, 그리고 한국전쟁이 벌어진 때이다. 많은 어려움 속에서도 정산과 도인들은 숱한 고생을 감당했다. 도인들은 열악한 환경에서 집단으로 생활하며, 정산의 활동을 도왔다.

부산에 교단의 본부가 마련되고, 정산의 활동 근거지가 된 것에 대해서는 종교적 해석이 뒤따랐다. 당시 부산항은 서양의 군사장비와

원조물자 등이 한반도로 들어오는 입구였다. 증산은 오선위기혈을 이용하여 조선을 세계평화의 중심지로 삼는 천지공사를 하면서 서양으로 건너간 조선의 신명들이 돌아올 것이라고 했다. 그때 진묵은 증산의 부름으로 돌아왔고, 그 밖의 여러 신명들이 조선으로 돌아와야 했다. 그 신명들이 서양의 물자를 따라 들어오는데, 그 입구가 부산이었다. 태극도는 이들을 맞아들여 모실 도장을 짓고, 함께 활동을 펼치기 위해 부산에 자리를 잡지 않으면 안 되었다고 한다.

1956년에 이르러 태극도의 전반적인 체계가 확립되었다. 도를 도라고 하는 것은 곧 무극과 태극을 가리키는데, 머무르면 무극이고 움직이면 태극이고, 우주는 태극의 이치와 기운으로 움직이며, 모든 도가 여기에서 비롯된다고 정의했다. 무극과 태극은 체와 용이고, 무극이 그냥 머물러있어서는 다만 음양이 나누어지지 않은 체이고, 음양이 구분되어 기동하는 태극이 용이다. 태극이 음양을 낳고, 음양이 사상을 낳고, 사상이 팔괘를 낳으며, 또 오행의 상호 작용에 따라 만물이 생기고 움직인다. 태극으로 말미암아 음양이 합덕하고, 오행이 갖추어지는 등 그 변화의 수는 무궁무진해서 헤아릴 수 없다고 했다. 태극의 진리가 도의 본체였다.

태극의 진리는 우주의 자연법칙이자 인간의 당위법칙이었다. 이 진리는 시공을 망라하여 항시 존재하는 근본원리이므로, 우주의 모든 사물과 움직임이 여기에서 벗어나지 못한다고 했다. 이를 이로 보면 천리·지리·인리가 되며, 법으로 보면 천법·지법·인법이 되고, 도로 보면 천도·지도·인도가 되며, 시간과 공간을 초월한 절대적 진리였다. 정산은 이 진리를 체득하기 위하여 동서고금의 무수한 성인과 철인들이 노력하였으나 유한한 인간의 능력으로는 불가능했으므로 결국 하느님이 몸소 세상에 왔다고 하며, 증산의 강세와 활동의 의미를 알려주었다.

우주의 근본 원리로서 무극과 태극을 일반적인 표현과 각 종교의 최고신을 비교하여 일러주기도 했다. 도의 본체인 무극 곧 태극을 과학자는 우주자연이라 하고, 우리나라에서는 하느님 또는 상제님이라 하고, 불가에서는 비로자나불이라 하고, 기독교에서는 여호와라고 하지만, 그 이름이 무엇이든지 우주 생성발전의 본체는 무극 곧 태극이라고 했다. 무극과 태극은 진리의 본체이면서 주관자였다. 원리와 신이 완전히 합일되었다. 여러 종교를 아우른 종합적인 정리인 셈이다.

음양 관계는 대표적으로 하늘과 땅, 인간과 신이다. 하늘과 땅이 합덕하여 만물이 생겨나고, 해와 달이 합덕해서 만물이 자라고, 인간과 신이 합덕하여 서로 의지한다는 것이 음양 작용에 대한 구체적인 설명이다. 신에게 사람이 없으면 의지할 곳이 없고, 사람에게 신이 없으면 지도를 받으며 의지하지 못하는 뗄 수 없는 관계라고 했다.

태극의 이치를 온전히 깨달아 천지와 덕을 함께하고, 일월과 밝음을 함께하고, 사시와 더불어 질서를 함께하고, 귀신과 더불어 길흉을 함께하는 훌륭한 이들이 천백 년 만에 이 세상에 나오는데, 제왕으로는 복희·단군·문왕이고, 스승으로는 공자·석가·노자이며, 무극으로서 내려온 분이 이번의 증산상제라고 일러주었다. 무극은 태극이 기동작용을 시작하기 전의 본체이므로, 무극신인 증산은 본자리의 최고 존재인 것이다.

정산은 태극 사상에 입각해서 증산에 더해 결론적인 정리를 했다. 즉 증산은 구천대원(九天大元)에 응하는 조화의 주신(主神)으로, 지극한 기운을 따라 세상에 내려와, 삼계를 돌아보고 대공사를 펼쳤으며, 상하의 모든 임무를 나누어 정하신 분으로, 율령·법론·암시·풍유로 인연에 따라 수많은 방편을 일러주었고, 신통자재로 구애됨이 없고, 시험하여 익힌 방법으로 세상- 인민을 건져주었고, 수천백 년 동안 쌓인 원과 억울함을 풀어주는 등 그 극진함을 쓰지 않은 곳이 없었으며, 큰 공덕과 율통을 세우고, 40년 동안 인간 세계의 일을 마친 뒤, 초연히 천상계에 올라 보화천존의 제위에 올라, 삼계를 통찰하고 지극한 운수와 조화를 조련하여, 한량없는 세계에 임한 존재이다.

정산의 태극도는 하느님의 가르침을 받은 중생들이 듣고 얻은 바에 따라 마음과 힘을 다하여, 대순의 유지를 받들고 믿어, 기대어 돌아갈 곳으로 삼기 위해서 창설되었다. 태극도 종단의 신조, 삼요체, 이율령 등은 무극도의 그것과 다르지 않다. 음양합덕(陰陽合德)·신인조화(神人調化)·해원상생(解寃相生)·도통진경(道通眞境)이 신조이다. 해원상생의 생활 자세는 당연한 것이고, 최종적으로는 우주의 진리, 곧 태극의 진리를 깨달아 도통진경에 이르는 것이 수도의 목적이다. 성경신은 수도공부의 요체이고, 안심과 안신은 수행의 훈전으로 삼았다.

태극은 우주의 본원적 원리로 정의되어, 이를 완전히 터득하는 것이 종교의 목적이었다. 이렇게 되면 우주 삼라만상의 본질을 꿰뚫고, 그 능력 또한 무한하다고 설파했다. 태극의 진리가 교리의 핵심이므로 이 세상의 모든 것이 그로부터 비롯되었다고 주장하였고, 그 진리를 내놓은 창설자 정산은 본원적 진리로 안내 역할을 하는 존재가 되었다. 무극주인 증산상제의 도수를 풀어낸 태극주이고, 그가 세운 수도의 체계와 방법만이 으뜸이라고 자부했다.

　태극의 도는 삼계의 대도이고, 유교·불교·서교 등 다른 종교들은 무극과 태극에서 흘러나온 지류라고 하여 본류인 태극도와 차별을 두었다. 지방신이나 문명신을 믿는 것도 틀리지는 않지만, 지방관에게 하는 충성과 임금에게 하는 충성의 차이를 비교하여 설명하였다. 도의 본원을 알고 하는 수도가 지름길이라고 한 것이다.

　증산의 말에 도덕군자가 보이고, 정산의 태극도에서도 도통군자라는 용어가 많이 나타난다. 도덕적으로 완성된 군자는 본원의 도를 깨우쳐 많은 사람을 바른 길로 인도할 능력의 소유자이다. 도에 통한 군자를 길러내는 방법이 정산이 짜놓은 태극도의 수도법이었다. 다만, 성리학자들은 거경궁리라는 학문적 자세와 이치 탐구에 그친다면, 정산의 태극도에는 이치와 신명이 결합되어 종교적인 자세가 한층 강화된 점이 다르다. 목적에서도 현실적 군자와 신명과 조화된 도통군자의 차이가 있다.

　1957년 4월에는 대강전(大降殿)이라는 건물을 지었다. 대강이라는 말은 하늘로부터 커다란 내림을 받아 현실을 초월한 상태로 비약

한다는 신인합덕의 의미를 가진다. 대강전을 짓고 도인들을 크게 고무시킨 것도 이런 이유에서이다. 4월 28일 봉천명일 치성에 즈음하여 15신위를 봉안하였다. 15신위는 중심에 구천상제로 추존된 증산의 진영을 두고, 좌우에 옥황상제와 서가여래, 그 다음에 명부시왕, 오악산왕, 사해용왕, 사시토왕, 관성제군, 칠성더제, 직선조, 외선조, 또 칠성사자, 우직사자, 좌직사자, 명부사자 등이다. 구천상제를 중심으로 주요 천지신명의 위계와 역할을 짐작할 수 있다.

그해 9월 18에는 정산 자신의 사진을 증산의 옆 옥황상제 위에 봉안하였다. 정산이 옥황상제라고 하는 것은 무극도 창설 이전에 안면도의 몇몇 교인들에게 시사된 바 있었다. 1955년 4월 정산은 임원들에 의해 지존의 자리에 추존되었다. 이때에는 신격의 명칭이 없었는데, 봉안을 하면서 옥황상제라고 하였다. 증산과 정산, 그리고 서가여래를 중심으로 하여 여러 신명들이 그 좌우에 자리를 잡았다.

대강전의 완공 뒤 시학공부(侍學工夫)와 시법공부(侍法工夫)의 시행은 정산 종교 활동의 대미를 장식하였다. 공부는 도인들로 반을 짜서 정해진 주문을 교대로 송독하는 방법으로 진행되고, 전 도인들이 동원되었다. 1957년 11월 중순 준비를 거쳐 28일부터 정식으로 시작되었다. 정산은 공부의 중요성을 누차 강조하면서, 도통을 위한 유일무이하고 진정한 법방이라고 규정했다.

정산은 활동의 막바지에 자신의 역할에 대해 정리해주었다. 증산이 9년의 천지공사로 도수를 짜놓았고, 정산은 무극도와 태극도를 창설하여 수도의 법방을 마련하였으며, 이 법방을 진법으로 평가했다. 증산의 천지공사는 무극이고, 이것이 작용하기 위한 태극의 역할을 정산이 일생 동안 담당하여 이룬 결과이다. 무극도에서의 극심한 고초는 무극이 태극으로 되기 위한 인고의 과정이었다. 무극이 태극이 된 태극도에서 증산에 이은 두 번째 역할이 마무리된 것이다.

정산에 의해, 증산이 구천상제로 밝혀져 신격이 정해지고 신앙의 대상이 되었으며, 구천상제를 중심으로 여러 신명들의 위계가 확립되어 봉안되었다. 종단의 주요 의례와 의식 절차의 뼈대가 갖추어졌으며, 주문의 순서가 정해지고 송독법이 제정되었다. 또 교리가 무극과 태극, 곧 증산과 정산의 사상이 종합되어 체계적으로 정리되었다.

정산은 종단의 기본적인 틀을 마련한 것이다. 이 종단의 틀이 증산의 뜻을 실현시키기 위한 수도의 법방이다. 증산이 천상의 하느님으로 천지공사를 하였고, 정산은 그 뜻을 지상에 정착시켰다. 하늘의 일에 뒤이은 땅의 일이 정산이 맡은 두 번째 임무였다.

1958년에 이르러 정산은 교단의 계승을 준비하였다. 2월 23일에 우당(牛堂) 박한경(朴漢慶)을 도전(都典)으로 임명하고, 교단의 업무 전반을 관장하도록 하여 실질적인 계승이 이루어졌다. 아들에게는 요·순 임금의 계승법을 따랐으니 교단의 일에는 일체 관여하지 말라고 당부했다. 정산은 1958년 3월 6일 자신의 역할에 대해 다시 언급하고, 몸을 벗었다. 15세부터 50년 동안 오직 사람들이 수도할 법방을 마련하는 데 전념했다. 이것이 증산이 말한 '오십년공부종필'이다.

정산은 구천상제인 증산 왼편의 옥황상제위에 봉안되었다. 도인들은 증산을 해원신으로, 정산을 보은신으로 부른다. 증산은 해원공사의 주관자이므로 그리 부르는 데 의아함이 없으나, 정산은 왜 보은신으로 불리는가에 대해서는 여러 추측을 낳는다. 민간에 전해진 「채지가」라는 비결에 의하면, 정산의 전생을 엿볼 대목이 여러 군데 나온다. 증산의 행적을 기록한 경전에는 증산이 동곡약방의 약장을 만들 때 가운데에 '단주수명(丹朱受命)'이라고 썼다는 구절이 있다. 몇 가지 자료를 종합하면, 정산은 전생에 단주였다가, 뒤에 다시 항우였다는 것을 짐작하게 한다.

단주는 증산에 의해 원의 시원으로 지목되었듯이, 전 생애가 원으로 가득 차있다. 요임금의 장남으로 자리를 이어받을 위치에 있었으나 그리 되질 못했다. 천하를 다스려보고자 했던 꿈이 철저하게 좌절되었다. 꿈을 실현하기 위해 다시 항우의 몸으로 와서 천하를 다스리고자 했으나, 능력으로 보아 경쟁의 대상이 되지 못한 유방에게 패하여 또다시 처절한 실패를 맛보았다.

강동의 자제 8천 명을 거느리고 3일이면 중원을 차지할 것으로 생각했으나 기나긴 8년의 세월이 흘러, 계명산에서 사면초가의 포위에 갇혀 처참하게 죽음을 맞았다. 이때 항우의 원한은 하늘을 찌르고도 남았을 것이다. 그의 울부짖는 마지막 시인 「해하가(垓下歌)」에 심경이 잘 드러난다.

力拔山兮氣蓋世
時不利兮騅不逝
騅不逝兮可奈何
虞兮虞兮奈若何

힘은 산을 뽑고 기세는 세상을 덮었지만,
때가 불리하니 오추마도 가지 않는구나.
추가 가지 않으니 어찌할까,
우야 우야 어찌하면 좋을까.

　　오추마는 항우가 타던 말이고, 우는 사랑한 여인 우희이다.
　　단주의 원한을 풀어주는 것이 증산 해원공사의 시작이었다. 하늘에 맺힌 원을 풀어주기 위해 해원문을 열어주고, 증산 다음의 일을 맡기는 것이 단주의 해원이었다. 증산의 '단주수명'이 이를 의미한다. 정산은 자신을 알아주는 증산의 은혜에 감복하지 않을 수 없었을 것이고, 고마움에 보답하기 위해 무엇이든 다하겠다는 마음이 절로 일었을 것이다. 이것이 보은의 마음이고, 보은신으로 불리는 이유로 여겨진다.
　　그래서 정산은 증산의 뜻에 따라 50년 동안 오로지 역할을 다하기 위해 헌신했다. 역사상 가장 고생한 사람을 꼽으라면 정산이라고 한다. 그처럼 육체적으로 정신적으로 고생한 사람이 없었다는 것이다. 육신의 죽음 직전까지 등을 바닥에 거의 붙이지 못했다는 말이

전해진다. 때로는 힘에 겨워 왜 일을 맡게 되었나 하며 한탄했다고 한다. 평생 육체를 태워버릴 정도의 고생을 했기에 봉안된 영정의 모습도 몹시 야위었다.

그러나 증산의 일은 하늘의 일이기 때문에 누구라도 이 일을 맡아야 했다. 하늘에서는 어쩌면 이때의 이 일을 맡기려고 그의 전생을 그리도 한스럽게 했는지 모른다. 원한을 동력으로 삼아 맡은 임무를 다하고 옥황상제위에 올랐다. 모두의 어머니이다. 그 원이 있었기에 그 일을 감당했고, 그 마음이기에 인류를 따뜻하게 품을 수 있을 것이다. 원의 단초인 단주의 해원이 이렇게 이루어졌다.

대순진리회에서 말하는 도가 무엇인지를 알기 위해 종단의 역사와 교리에 대해 살펴보았다. 여기에 증산과 정산이 필연적으로 등장하지 않으면 안 된다. 증산의 천지공사에 따른 새로운 우주의 원리가 도의 원천이며, 정산의 해석에 따라 무극과 태극의 진리로 정리되었다. 그 도는 증산의 사상을 바탕으로 한 정산의 수도 법방이라고 하겠다. 원리·이치로서의 도는 무극과 태극의 진리이고, 방법으로서의 도는 정산의 수도법이다. 정산은 인간의 수도를 위한 법방을 확립하는 역할을 맡았다.

제3장

왜
아느냐고
묻나

종통의 계승

우당(牛堂) 박한경(朴漢慶)은 도전(都典)의 직함으로 정산의 뒤를 이었다. 대순진리회에서는 이를 종통 계승이라고 한다. 증산에서 정산으로, 그리고 우당으로 이어진 법통의 계승을 말한다. 우당은 정산으로부터 직접 종통을 이어받아 세 번째 임무를 수행해야 했다. 종단에서는 증산, 정산, 우당을 연원(淵源)이라고 한다. 증산이 세 번을 거쳐야 완성된다고 한 의미가 이를 가리킨다.

증산은 천지공사를 하였고, 정산은 그의 뜻에 따라 실제로 발현시키기 위한 수도의 법방을 마련하였으니, 그에 이은 세 번째 역할의 내용이 종단 대순진리회에서 나타난다. 천지공사는 천상의 하느님인 증산이 하였고, 수도 법방의 마련은 지상의 정산이 맡았으니, 이제 세 번째의 우당은 인세에 펴는 일을 하게 된다. 하늘에서 땅으로, 그리고 인간으로의 일이 우당에게 주어졌다. 세 번을 거쳐야 된다는 삼천은 천(天)·지(地)·인(人)의 세 과정을 가리키고, 이것이 연원이다.

우당 박한경은 충청북도 괴산에서 출생하여, 한학을 공부하고 수안보보통학교를 졸업하였다. 1943년 교사활동을 하던 중 일제에 강제 징집되어 일본의 해군기지에서 근무하였다. 해방을 맞아 귀국한 뒤 31세 되던 1947년 태극도에 입도하였다. 충청도 일대에 소문이 자자할 정도로 적극적인 포덕 활동을 펼쳐, 1954년 포감 임명을 받았다. 1958년 총도전에 임명되어 정산으로부터 종통을 이어받았다.

계승자로서 우당은 태극도 종단을 운영하는 데 많은 어려움을 겪었다. 당시 우당은 40대 초반이었다. 종단에는 그보다 일찍 입도하여 활동해온 연장의 임원도 여럿이었고, 정산 친족들의 관여도 적지 않았다. 10여 년 동안 내부에 크고 작은 일들이 계속 벌어졌다. 우당은 여러 개혁에 착수하여 시행해나가던 중 불평을 가진 임원들에게 고소를 당하여 무혐의로 결론이 났지만 몇 개월의 수형 생활을 겪기도 했다. 내부의 갈등은 시간이 갈수록 심해져 계승자로 인정하지 않는 분위기로 변했다.

급기야 우당은 불가피하게 태극도 교단을 떠나야 했다. 정산 사후 10년 만인 1968년이다. 부산 해운대를 시작으로 전국 여러 곳을 돌아봤다. 경주 일대와 팔공산 동화사, 서울, 인천, 조치원, 김제 금산사, 계룡산 갑사, 논산 관촉사, 군산, 수원 등지이다. 그리고 반월의 견불산 수리사에 공부실을 마련하고 공부에 들어갔다.

뒤에 우당의 술회에 따르면, 태극도를 떠난 것이 이미 예정된 도수에 의한 것이라 피할 수 없는 일이며, 부산을 떠나 서울로 가기 위한 필연적인 절차로 받아들여졌다. 부산 감천도장의 지형지세가 마치 뱃머리가 바다 쪽을 향해 나오는 형상이고, 방파제는 파도치는 형상과 같은 것을 보더라도, 떠나는 것이 당연했다고 이해하였다. 사람의 힘으로 되는 것이 아니었다. 하늘이 정한 일은 안 하려 해도 되고, 안 되는 일은 억지로 하려고 해도 안 된다고 말한 바 있다.

　이 경험이 수도인의 자세를 가르치는 소재가 되었다. 원수를 사랑하는 것이 해원상생이라며, 당시 태극도의 임원들이 서울로 가도록 역할을 했다는 점에서 은인으로 여기라고 했다. 이 경우처럼 복을 받으려면 화를 먼저 겪으니, 모든 어려움을 해원상생의 자세로 잘 받아 넘기라고 가르쳤다.

　종통은 증산의 계시를 받은 정산이 세웠고, 우당은 정산으로부터 직접 이어받았다. 이 관계는 고칠 수도 없고, 바꿀 수도 없다고 했다. 종단에서는 종통을 바르게 이해하는 것이 매우 중요하게 여겨진다. 종통 관계는 금산사 미륵전의 조성 과정과 미륵불이 상징한다고 설명되며, 일찍이 예정된 것이라고 한다. 증산의 활동 지역이 이 부근이므로 그렇겠지만, 조성 과정에 있었다는 전설이 종통 관계를 설명하는 소재로 쓰인다.

　금산사 미륵전은 진표율사가 세웠다. 금산사는 백제 무왕 때 창건된 것으로 알려졌으나 통일신라시대 진표의 중창을 계기로 큰 사찰이 되었다. 진표는 12세에 출가하여 변산의 미륵불 앞에서 정진하던 중 미륵보살과 지장보살로부터 계법을 전해 받고, 금산사로 돌아와 중창을 시작하였다. 이를 마친 뒤, 금산사의 연못을 숯으로 메우고 그 위에 미륵불을 모시라는 계시를 받았다고 한다. 어지간한 노력으로는 큰 연못을 숯으로 메우지 못해 방법을 찾던 중, 당시 크게 유행된 눈병의 치료법을 널리 알려 뜻을 이루었다고 전해지는데, 곧 눈병 환자가 숯 한 바가지를 연못에 붓고 그 물을 눈에 바르면 낫는다고 하니 수많은 사람들이 몰려들어 금세 메워졌다고 전해진다.

숯으로 메운 위에 미륵장륙장을 모셨다. 미륵불 아래 받침대가 있고, 그 아래는 숯이었다. 증산은 몸소 미륵이라고 하였으니 미륵상이고, 받침대가 솥 모양과 비슷해서 정산을 의미하고, 숯은 우당의 성씨로 해석되어 종통의 관계로 풀이된다. 증산이 뒤에 자기를 보고 싶거든 금산사로 오라는 말을 남겼는데, 미륵불에 담긴 종통의 의미를 바로 이해하라는 뜻이라고 풀이한다.

만물의 근원인 물이 종통의 계승과 연결되어 연원으로 설명된다. 복희의 하도와 우의 낙서가 모두 물에서 나온 것과 같이, 도의 근원이 물에 있으며, 여기의 종통도 용추라는 연못과 관련이 있다는 것이다. 후천의 시작에 즈음하여 증산, 정산, 우당을 통한 진리가 역시 근원인 물에서 나왔다는 의미이다.

연원의 진리는 종통에 의해 이루어지는 것이라 했으므로 우당의 역할이 더해져야 완결되는 것으로 봐야 한다. 하느님을 단지 믿는다는 데에 그치지 않고, 정산의 역할이 반드시 있어야 하고, 우당 또한 완성을 위한 역할이 주어졌다고 이해해야 할 것이다. 연원의 형성이 금산사의 미륵불에서와 같이 이미 예정되었다고 한 것처럼, 우당의 집안에 대대로 정산을 따르라는 말이 전해 내려왔다는 얘기도 이를 뒷받침한다.

천지신명들의 하소연에 따라 증산이 이 세상에 와서 천지를 바로잡았으니 곧 하느님이고, 이 뜻을 받들기 위해 정산은 무극도를 창도하여 증산의 위상을 밝히는 것과 함께 태극도에서 수도의 법방을 완결하였으며, 증산의 뜻과 정산의 법에 의한 새로운 임무가 우당에게 주어졌다.

태극도를 떠나 수리사에서 공부를 마친 우당은 따라 나온 일부 도인들과 함께 새로운 종단의 창설에 나섰다. 그 종단이 바로 대순진리회(大巡眞理會)이다. 그의 호가 우당(牛堂)인데, 정산이 직접 지어주었다. 풀이하자면 '소의 집'이다. 불가에서 소는 도를 상징하므로, 소의 집은 곧 '도의 집'이다. 도의 집, 도가 있는 집이라는 뜻의 호를 가진 그의 임무가 집을 마련하는 것이었다고 하겠다. 그에 의해 창설된 대순진리회가 바로 도의 집이다. 대순진리는 증산, 정산, 우당에 의해 완성된 진리이다. 증산, 정산의 뜻과 법방에 우당이 창설한 대순진리회의 의미가 보태져야 대순진리가 완결된다. 이것이 연원의 진리이다.

종단 대순진리회의 창설

우당은 새로운 종단의 창설에 온 힘을 기울였다. 열성적인 도인들의 노력에 힘입어 서울 중곡동 용마산 아래에 도장의 터를 마련하였다. 터에 대한 풍수지리적 해석과 각종 전설들이 도인들을 크게 고무시켰다. 도장 건설 과정에서 빚어진 많은 일화들은 전설로 남아있다.

도장을 건립하기 시작한 1969년 음력 4월 종단 대순진리회가 창설되었다. 도장의 중심 건물인 본전은 이듬해 음력 12월 4일에 완공되었다. 이 과정에서 여러 부속건물의 건축도 같이 진행되었다. 주요 건물들이 완성된 1971년 음력 5월 24일에는 천지신명을 봉안하는 치성이 거행되었다. 1972년 설날 자시를 기해 종단 대순진리회 현판식이 있었다. 대순진리회라는 이름의 종단이 선포된 행사였다.

대순이라는 용어는 애초 증산에서 비롯되었다. 증산이 하늘에서 내려와 천하를 대순하다가 여기 조선에 이르렀다는 구절에 있는 말이다. 하느님이 관할하는 전체를 크게 돌아보았다는 뜻이다. 대순진리는 증산의 대순 끝에 이 땅에 내려와 행한 9년 동안의 천지공사를 마치고, 그 결과로 나온 진리라고 해도 좋을 것이다. 크게 돈다는 의미로 해석하여 원 또는 무극의 뜻을 지닌다고 이해된다. 무극은 본원적 이치이므로 대순은 그러한 의미를 가진다. 우주자연의 본원적 진리가 곧 무극과 태극 또는 대순이므로, 대순진리를 깨닫는 것이 본원의 진리를 깨닫는 것이고, 막히거나 모르는 것이 없는 궁극의 지경에 이르는 것이라고 설명된다.

대순진리회는 증산의 유지를 계승하여, 정산의 50년 종교 활동으로 내놓은 법방에 따라, 본격적인 수도를 위해 창설된 종교단체이다. 창설 당시 「대순진리회요람」이 발행되었고, 1974년 4월 1일에 종단의 공식 경전인 『典經(전경)』이 발행되었다. 증산의 언행과 행적들이 주요 내용이고, 정산의 내용도 일부 포함되었다. 증산에 대한 기록은 증산교단 초창기 경전인 『대순전경』과 태극도에서 발행된 『진경』이 바탕이 되었다.

핵심 교리는 정산의 태극도 교리를 그대로 따랐다. 음양합덕(陰陽合德)·신인조화(神人調化)·해원상생(解冤相生)·도통진경(道通眞境)을 종지로 삼고, 성(誠)·경(敬)·신(信)을 삼법언으로 수도의 요체로 하며, 안심(安心)·안신(安身)의 이율령을 수행의 훈전으로 하여, 윤리도덕을 숭상하고, 스스로 속임이 없는 양심을 근본으로 인간의 정신을 개벽하고, 포덕천하·구제창생·보국안민·지상천국건설을 이룩한다는 것이 교리의 개요이다.

종단의 조직은 중앙에 본부를 두고, 그 산하에 지역의 이름을 딴 각 방면이 있다. 본부에는 종단 운영을 위한 조직으로 최고의결기관인 중앙종의회를 비롯하여 포정원과 정원, 종무원, 감사원, 수강원, 육영사업부 등을 두었다.

1976년 설날에는 영대를 비롯된 각 건물의 현판식이 진행되었고, 대순장학회가 발족되는 등 종단의 대내외적인 체계를 갖추었다. 그리고 적극적인 포교와 사회 활동을 펼쳐 교세가 크게 불어나기 시작했다. 각 지역에 활동의 근거지인 회관이 지어졌고, 그 아래의 회실과 연락소도 많이 늘어났다. 1984년에는 학교법인 대진학원을 설립하여 서울 하계동의 고등학교를 짓는 것으로부터 시작해서 교육사업을 꾸준히 전개하였다.

1986년 여주 남한강변에 새로운 도장이 건립되었고, 문화관광부에 재단법인 대순진리회로 등록하였다. 재단을 보호하고 사회의 공식적인 인정을 받기 위해서였다. 종교단체가 모든 재산의 실상이 드러나는 법인으로 등록하는 예는 드물었다. 전 재산을 공식적으로 운용하겠다고 선언한 셈이다. 이후에 더욱 비약적인 발전을 거듭하여 교세를 떨쳤다.

현재 여주본부도장, 중곡도장, 포천수도장, 금강산토성수련도장, 제주수련도장 등 5개의 도장이 있고, 전국에 120여 개의 회관이 있다. 도인의 수도 크게 늘어 180여만 명에 이른 바 있다. 교육사업도 연이어 펼쳐져 1992년 경기도 포천에 대학교가 세워졌고, 뒤에 5개의 고등학교와 1개의 대학이 더 문을 열었다. 의료 사업으로 동두천에 큰 규모의 병원 건립에 착수했고, 분당제생병원이 먼저 문을 열었다. 곳곳에 요양병원과 사회복지시설도 여럿이다.

창설 초기인 1972년 종단의 사업을 기본사업과 중요사업으로 나누어 확정하였다. 기본사업은 포덕·교화·수도이고, 중요사업은 구호자선·사회복지·교육사업이다. 기본사업은 도인들이 해야 할 가장 기본적이고 근본적인 일이며, 중요사업은 종단의 대사회적 사업이다. 기본사업을 통해서 종단의 기본적인 목표를 달성하고, 중요사업을 통해서 종단의 이름으로 사회에 여러 사업을 펼쳐나가는 것이다. 기본사업으로 말미암아 도인들이 증가하였고, 중요사업의 규모도 커졌다.

기본사업 가운데 포덕(布德)은 덕을 편다는 뜻으로 선교·포교 활동을 가리킨다. 이 용어는 일찍이 19세기 창도된 동학에서부터 쓰기 시작했다. 증산의 뜻을 실현시키는 일에 필요한 사람을 모아 기르는 일이다. 증산은 각각 여섯 명씩 포덕하라고 했다. 하늘의 일을 할 사람을 구하여 수도시키는 것이 기본사업이다. 천지공사의 실현에는 많은 사람이 필요하다고 했으니, 인연이 있고 뜻을 가진 사람을 찾는 일은 당연하다고 하겠다.

대순의 진리를 제대로 인식하고, 바로 전하는 일이 포덕이다. 충효열과 삼강오륜의 인륜도덕을 실천하는 수도인의 기본자세를 갖추고, 먼저 참된 도인이 되려고 노력하는 가운데, 다른 사람에게 대순진리회의 교리와 목적 등을 알려주고, 종단 틀 안에서의 수도가 자신의 종교적 목적을 달성하고, 결국은 이것이 선령신과 천지신명에 보은하는 길이라고 안내해주는 일이다.

포덕 활동이 수도에 아주 중요한 것은 물론이다. 겉으로는 사람을 모으는 일로만 보일 수 있으나, 실제는 펼치는 사람에게 요구되는 것이 많아 수도를 하지 않을 수 없도록 짜여졌다. 기초적인 수도의 내용이 인륜도덕을 몸에 익히는 일이다. 도덕은 사회 속에서의 기본 윤리인지라 사람 속에서 직접 실천하면서 훈련되어야 하는데, 그 수도의 장이 포덕을 통해서 마련된다. 포덕은 같이 수도할 인연을 찾는 일이면서도, 같이 수도하여 목적한 바에 이른다는 뜻이 담겨있는 만큼 종단의 발전과 개인의 수도가 이로 인해 이루어진다.

    교화는 포덕활동을 통해 종단에 들어온 사람을 가르치는 일이다. 수도의 과정에 배우고 익힐 것이 많다. 교리를 알기 쉽도록 이해시켜 확신하도록 하는 일이 교화이다. 교리를 확실하게 이해해야 신념이 쌓이는 것은 당연하다. 신앙의 기초는 먼저 이해하는 데에서 다져진다. 수도는 노력을 요구한다. 이해를 해야 믿음이 생기고, 믿어야 실천으로 옮길 것이다. 가르치며 배운다는 말처럼, 교화는 가르치는 자와 배우는 자 모두 진리를 더욱 깊이 터득하는 기회가 된다는 점에서 기본사업에 포함되었다.

    대순진리를 도라고 하고, 도가 가리키는 범위가 아주 넓어 체계적인 교화가 지속되어야 한다. 하늘의 이치와 인간의 윤리도덕이 모두 도의 범주에 포함되다보니 이를 알고 가르치는 일이 중요하게 여겨졌다. 이치에 통한 도통은 끊임없는 교육과 교화가 전제된다. 수도인 모두에게 신앙심의 고취와 직결되는 일이기도 하다. 내용은 기본적으로 증산의 종교 활동을 이해한 바탕에서의 신앙심의 강화, 교리의 핵심인 해원상생과 보은상생의 인식과 실천 등이라고 하겠다.

수도는 확립된 교리에 따라 정해진 목표에 도달하기 위해 노력하고 실천하는 과정이다. 종교 활동의 전반을 수도라고 해도 틀리지 않다. 교리에 입각해서 마음을 닦고 몸으로 실천하는 일이다. 겉으로 드러나는 언행을 바로 하고, 일을 원칙에 맞게 처리하는 것이 이에 해당된다. 증산은 말로써 다른 이에게 척을 짓는다고 했으므로 각별히 말을 조심해야 할 것이고, 행동 또한 도리에 어긋나지 않도록 신중함이 필요하다. 맡은 바 임무에 충실한 것도 수도자가 지켜야 될 자세이다. 이 모두를 갖추도록 노력하는 과정을 거쳐 바람직한 인간상을 이룩하는 데 수도의 목적이 있다.

　기본사업은 도인들에 의해 추진된다. 포덕을 통해 증산의 덕화를 전해주고, 오는 사람을 교화하면서 서로 배우고 익히며, 대순진리를 깨닫게 되고, 깨달음을 바탕으로 믿음을 다지고, 믿음이 있어야 힘든 수도생활을 이겨나간다. 결국 기본사업을 통해서 종단의 발전을 꾀하고, 소속 도인들을 수도시키겠다는 것이다. 종단과 개인의 목적 달성이 기본사업을 펼쳐나가는 가운데 이루어진다. 하느님의 뜻과 덕화를 널리 펴고, 교리를 가르치는 속에서 몸소 깨우치고 실천하여, 청정한 마음을 회복하고 인륜도덕을 체득한 경지에 이르고, 나아가 세계를 개벽시켜서 지상천국의 건설이라는 독적을 달성하는 것이다.

　종단의 중요사업은 종단 차원에서 펼치는 사회사업이다. 구호자선사업, 사회복지사업, 제반 교육사업을 가리킨다. 창설 초기부터 연차적인 계획을 세워 중점적으로 펼쳐나갔다. 예컨대 70년대 초 도인의 수가 약 1만 5천 호 가량이고, 성금이 10여만 원 정도였는데, 거의 모두를 중요사업에 사용했다.

초기부터 예산의 70%를 중요사업에 쓰도록 명문화했다. 이 계획은 어김없이 추진되었고, 그 비율은 시간이 갈수록 늘어났다. 90년대에 들어서는 90% 이상이 중요사업에 쓰였고, 나머지가 종단의 운영비로 사용되었다. 소속 도인들은 의무적으로 한 달에 한 차례 월성금을 내는 것이 종단의 제도이다. 월성금의 40%는 지방의 운영비 등으로 쓰이고, 60%는 중앙에 집계된다. 종단의 건전한 발전을 위해 성금을 모두 써야 한다는 원칙에서 중요사업에 대부분을 사용했다.

우당은 민족종교로서 더욱 성장하고 발전해나갈 계획을 밝히면서, 기본사업을 위한 중요사업의 중요성을 여러 차례 강조하였다. 중요사업에 의해 설립된 학교·병원 등이 종단을 발전시키고, 또 보호하는 울타리로 기능할 것이라고 한 바 있다. 도인의 성금 대부분을 중요사업으로 사회에 환원시킴으로써 종단을 널리 알리고, 이로 인해 발전을 꾀하겠다는 것이다. 증산은 인망을 얻어야 신망에 오른다고 했는데, 사람들에게 좋다는 말을 들어야 신명도 좋게 여긴다는 말이다. 개인도 그렇거니와 종단은 더욱 그렇다. 중요사업을 통해서 사회로부터 인망을 얻는 것은 물론이고, 종단 차원의 직접적인 해원상생의 실천이기도 하다.

중요사업은 종단을 건전하게 발전시키고, 사회의 공신력을 높이는 효과를 거두는 한편으로 성금의 대부분이 사회사업에 쓰인다는 것을 도인들이 인식하면, 종단에 대한 신뢰가 높아져 내부 결속에도 도움이 된다. 불신은 대부분 금전 관리에서 싹이 트기 때문에 투명한 성금의 운용은 종단의 목적이 현실적인 재물에 있지 않고 증산의 뜻을 실현시키는 데 있다는 것을 분명하게 보여주는 역할을 한다.

구호자선사업은 이재민을 구호하고, 불우이웃을 돕는 사업이다. 사회복지 사업은 사회 발전과 공동복리를 도모한다는 목적으로 끊임없이 시행되었다. 현재 분당제생병원이 운영되고, 동두천제생병원과 고성제생병원이 건립중이다. 이밖에 각지에 요양병원, 양로원, 고아원 등이 지어졌으며, 지금도 이어지고 있다. 교육사업은 학교를 설립하여 인재를 양성하는 일이다. 적극적으로 전개되었고, 현재의 대학교와 여러 고등학교는 그 결과이다.

증산과 정산에 이어 세 번째 역할을 맡은 우당의 종교 활동의 내용은 대순진리회 종단과 운영 방식에서 볼 수 있다. 겉으로 드러난 규모의 발전은 사회적으로 매우 중요한 의미를 갖는다. 그러나 눈에 보이는 규모를 늘리는 것이 종단의 목적이 아니다. 이상을 추구하는 종단의 목적은 증산의 뜻을 실현하는 데 있다.

증산의 천지공사가 종단의 창설을 위해서였다고 하면 앞뒤가 맞지 않는다. 후천 선경의 건설이 목적이다. 진멸할 지경의 창생을 널리 건지겠다는 원대한 뜻을 이루기 위해 종단이 필요한 것이다. 우당이 왜 대순진리회를 창설했고, 그 목적을 위해 무엇을 어떻게 해야 되는지 등의 내용을 알아야 한다. 대순진리회의 임무이자 역할이다.

우당의 활동 결과는 종단의 창설과 운영으로 귀결된다. 겉으로 드러난 종단의 발전상에 목적을 위한 역할 전부가 담겨있는 것이 아니다. 음양합덕을 종지로 삼고 있는 교리에 입각해서 보면 겉의 모습은 양이고, 보이지 않는 음의 내용에 관심을 가져야 종단 창설의 의도를 알 수 있다. 그것은 사람을 교리에 맞게 수도시키는 일이다. 종단의 체계와 운영 면에서 수도법의 특징을 찾아야 한다. 이 부분이 드러나야 우당의 종단 창설의 목적을 제대로 알고, 종통을 이은 활동의 결과가 어떻게 완결되는지를 분명하게 이해한다.

    종단은 증산의 뜻을 실현하기 위한 최종적이고 직접적인 활동조직이라는 점에서 중요한 의의를 가진다. 그 가운데 세 가지를 간추린다면, 첫째는 도장의 건립과 천지신명의 봉안이다. 둘째는 교리와 의례의 정립이다. 셋째는 종단과 방면의 조직체계와 운영방식의 확립이다. 이 세 가지 의미를 파악해야 세 번을 거쳐야 한다는 증산의 말뜻과 정산의 지극한 종교 활동이 필수적일 수밖에 없다는 점이 이해되고, 우당이 창설한 대순진리회의 중요성을 제대로 인식한다.

종단의 의미

: 도장의 건립과 천지신명의 봉안

종단 창설이 갖는 첫 번째 의의는 도장의 건립과 천지신명의 봉안이다. 제일 먼저 건립된 도장은 중곡도장이다. 1971년 종단 창설과 함께 짓기 시작했다. 풍수지리로는 용마가 잉태하는 곳이라는 용마포태혈의 명당으로 알려진다. 수락산과 불암산에 이어 솟아오른 용마산 아래에 자리한다. 중곡이라는 마을 이름은 가운데 골짜기라는 뜻이다. 가운데는 오행상 토에 해당된다. 중앙이 황극을 상징한다는 의미에서 종단의 창설 도장으로 적합했다고 한다. 실제 여기에서 종단의 기본적인 틀이 갖추어졌다.

중곡도장의 건립은 종단의 창설과 시기적으로 맞물려있다. 종단 본부로서의 도장을 짓는 것이 무엇보다도 중요했기 때문에 모든 도인들이 온힘을 기울였다. 처음에는 골조를 세우는 데 주력하였고, 천정을 만들지 못할 정도로 사정이 어려워 성금이 모이는 대로 하나하나 만들어갔다. 우당과 얼마 되지 않는 도인들의 노고가 컸다, 시장의 야채 부스러기를 실어다 끓여먹으며 공사를 했다는 말이 전해진다.

중곡도장은 서울에 자리하면서 본부 기능을 담당했다. 종단의 본부가 서울에 있다는 점이 도인들에게 매우 중요하게 받아들여졌다. 증산이 말한 일만 이천의 도통군자가 나올 가운데 골짜기였다. 뒤에 여주도장으로 본부가 옮겨질 때까지 역할을 충분히 감당했다. 발전의 기반이 여기에서 다져졌고, 발전의 토대가 여기에서 마련되었다.

사정에 따라 연차적으로 증축되고 부속시설이 늘어나면서 현재의 모습을 갖추었다. 본전은 가장 신성한 곳으로 3층은 구천상제를 비롯한 15신위를 모신 영대(靈臺), 2층은 하늘로부터의 기운을 모신다는 봉강전이고, 1층의 대순성전에는 종단의 연혁을 순차적으로 그린 그림이 게시되어 수도인들의 교육 장소로 쓰인다. 포정원 건축물의 2층은 임원들이 집회와 진리토론을 하는 성진관, 1층은 도정실과 외수 임원실로 되어있다. 종무원은 종무 행정 업무를 보는 곳이다. 대원종이 있는 종각과 뇌화고의 북각이 있다. 종은 만물을 일깨우며, 북은 신명이 모이고 흩어지는 신호에 쓰인다. 초창기에 지은 도장이라 이후의 도장에 비해 규모가 작은 편이다.

여주본부도장은 경기도 여주 강천면에 위치한다. 1986년에 지어졌다. 남한강이 내려다보이는 나지막한 산자락에 자리한다. 풍수적으로 한껏 피어난 매화가 바람에 날려 떨어지는 모습의 매화락지혈이라고 한다. 수만여 평의 대지에 수십여 동의 건물이 있다. 도장 가운데 가장 큰 규모이다. 1990년에 규모를 늘려 본전과 시학원·시법원 건물을 새로 지었다. 1993년에 종단 본부를 이 도장으로 옮겼다. 치성을 비롯한 주요 의식과 행사의 대부분이 여기에서 치러진다.

본전은 밖에서는 3층으로 보이지만 안으로는 4층 구조이다. 정산의 무극도장 때부터의 건축양식이다. 4층이 영대이다. 본전의 양쪽에 시법원·시학원이 있다. 봉강전은 초창기의 본전이었다. 대순성전은 중곡도장의 용도와 같다. 정심원, 정각원 등의 부속건물이 있고, 봉강전 옆에는 청계탑이 서있다. 종고각은 대원종과 뇌화고가 있는 누각이다. 종과 북을 한 건물 위아래에 둔 것은 음양합덕을 상징한다. 종무원 앞에 커다란 종각이 자리한다.

제주수련도장은 1989년 지하1층 지상7층의 현대식 건물로 지어졌다. 제주시 노형동에 자리한다. 터는 천체의 운행과 위치를 측정하는 기구의 이름인 선기옥형혈이다. 7층에는 영대와 대순성전이 있고, 3층에서 6층까지는 임원실, 2층은 식당, 1층은 종무실, 지하는 강의실로 이용된다. 일주문은 도장 안으로 들어가는 관문이다. 1989년 10월부터 120명을 한 반으로 5박 6일 동안의 제주연수가 시행된 바 있다.

포천수도장은 경기도 포천 선단동 왕방산 기슭에 자리한다. 선단이라는 마을 이름이 신선의 제단을 뜻하는데, 천지신명을 모신 도장이 세워져 종교적 의미를 더 가졌다. 1992년에 세워졌다. 일만여 평의 대지에 여섯 개 동의 건물이 들어서있다. 풍수적으로는 선인독서혈로 신선이 양팔을 벌리고 양반다리를 한 채 책을 보고 있는 형국이며, 영대 자리는 혈의 중심부로 책상이 놓인 곳이라고 한다.

영대를 중심으로 종의원, 명심당, 선정원, 숭도문, 포정문 등이 자리한다. 뒤에 지은 회관이 입구에 있다. 이 도장에서는 특수수련공부가 진행되었으며, 1994년부터는 수도인들의 신앙심 고취와 자질 향상을 위하여 2박 3일 간의 수강이 진행되고 있다.

금강산토성수련도장은 금강산 일만 이천 봉우리 중 첫 번째로 알려진 신선봉 자락에 자리를 잡고 있다. 앞으로는 동해 바다가 펼쳐져 있고, 뒤로는 설악의 울산바위가 우람하게 서있다. 도는 장차 금강산 일만 이천 봉에 응기하여 일만 이천의 도통군자로 창성하리라는 증산의 말이 더욱 의미 있게 느껴지는 곳이다. 도장 앞쪽에 우당의 묘소가 있다.

우당의 별세 직전인 1995년에 건립되었다. 영대를 비롯해서 종의원, 명심당, 종무원, 종각, 휴양소 등이 있으며, 종각에는 국내 최대의 대원종이 걸려있고, 커다란 뇌화고가 포정문 안에 있다. 영대 옆에는 관촉사 미륵불을 본 딴 미륵입상이 자리한다. 휴양소는 수도인들의 휴식처로 온천, 식당, 집회실, 세미나실 등을 갖추었다.

도장은 모두 우당의 지도 아래 전 임원들이 동원되어 지어졌다. 기초공사에서부터 골조, 목공, 기와, 단청 등 일체의 작업이 임원들의 손으로 이루어졌다. 임원들은 일정 기간 수도 생활을 해왔던 터라 마음자세와 조직력이 남달랐다. 작업의 효율이 극대화되어 일반적으로는 이해하기 힘든 성과를 나타냈다. 참여 임원들 자신들도 놀랄 일들이 많이 벌어졌다. 몸은 힘들어도 신앙심을 기르는 데 도움이 컸다. 노동을 수도로 여겼다. 건립 과정에서 일어난 여러 일화는 말로 다하기 어려울 정도이고, 또 신기하게 받아들여졌다.

도장을 건립할 때에는 항시 날씨가 순조로워 차질이 빚어진 적이 없었다. 여름의 장마 때에도 작업이 중단된 적이 없고, 태풍이 올 때에도 그랬다. 이 또한 작업하는 임원들에게 의아하게 여겨진 바이다. 나중에는 당연한 것으로 생각하고, 쉽게 얘기를 나누며 피로를 잊었다. 거의 잠을 자지 않고 연일 작업하기도 했다. 그럼에도 작업장의 사고가 거의 없었다. 특별한 종단이라는 말을 서슴없이 주고받았다. 종단의 비약적인 발전 과정도 도장의 건립 시기와 맞물린다.

도장은 위치와 규모, 모습 면에서 예사롭지 않다. 현재 경기도 여주의 본부도장을 중심으로 서울의 중곡동, 경기도 포천, 제주도 제주시, 강원도 고성군 등에 자리한다. 전국 각지에 분포되었다고 말하기에는 무리가 있으나, 무극도장과 태극도장이 있었던 호남과 부산 일대를 제외하면 대체로 중요한 자리에 들어서있다. 자리는 풍수지리의 혈로 보아 명당으로 알려진다. 하느님과 천지신명을 봉안한 종단의 중심지이므로 풍수적인 의미는 종교적으로 해석될 일이다. 하여튼 건설 과정에서 나온 말로는 있어야 할 자리, 하늘이 감춰놓은 예정된 자리라고 알려졌다.

규모면에서도 위용을 자랑한다. 제주수련도장은 다른 도장과 다르다하더라도, 나머지 네 도장은 커다란 가람 이상이다. 본전을 중심으로 여러 건축물들이 너른 대지에 질서정연하게 자리한다. 전통적인 한식이다. 짙은 회색의 기와를 얹은 커다란 건물의 안팎은 선명하고 생생한 단청으로 단장되었다. 모든 면이 그림으로 채워졌다. 영대 내부는 더욱 정성이 집약되어 꾸며졌다. 내부의 천정·벽면과 처마 밑의 단청에도 많은 공력이 들었다. 화려하면서도 차분하고, 위엄이 서려있음에도 단정하다.

　입구에 들어서면 저절로 경건한 자세가 갖추어진다. 항시 종교적인 분위기를 잃지 않게 관리된다. 우당의 각별한 지시에 의해서이다. 정결하게 해야 하는 까닭은 하느님과 천지신명을 모신 자리이기 때문이라고 했다. 도인들의 자세를 바로 갖추게 하려는 목적도 있다.

　도장의 중심은 영대이다. 영대에는 15신위의 신명들이 봉안되어 있다. 정산이 1957년 태극도 도장의 대강전을 완공하고 4월 28일 봉천명일 치성에 즈음하여 봉안한 예를 그대로 따랐다. 중심에 구천상제인 증산의 진영, 왼편에는 옥황상제인 정산의 진영, 오른편에는 서가여래상, 그리고 명부시왕, 오악산왕, 사해용왕, 사시토왕, 관성제군, 칠성대제, 직선조, 외선조, 칠성사자, 우직사자, 좌직사자, 명부사자 등이다. 원위인 서가여래상에 대해서 종단 내부에 논란이 있고, 아직 정리되지 않았다.

　영대를 중심으로 도장의 각 건축물은 봉안 신명의 위격에 따라 위치, 높낮이, 배치 등이 치밀하게 고려되었다고 알려진다. 그만한 자리에 그 정도의 규모와 배치, 단청 등이 하느님과 천지신명을 모시기에 적절해야 될 것이라고 짐작하기는 어렵지 않다. 이 모든 일이 우당의 지도 아래 이루어졌다.

　도장에서는 여러 의식 행사가 치러지고, 공부와 수강이 진행된다. 그 가운데에서도 종단의 기념일, 절후, 명절에 올리는 치성이 가장 큰 행사이다. 한 달 동안 지방에서 펼친 종교 활동의 결과를 본부에 보고하는 월례행사가 이 날에 맞춰 진행된다. 치성에는 임원들은 물론이고, 수용인원에 따라 선발된 일반 도인들이 참석한다.

도장은 수도인들에게는 신앙의 중심지이다. 임원들이 치성과 월성에 참석하기 위해 도장에 들어오는 것은 도인들을 대표해서이다. 도장에서의 모든 행동은 공무라고 했다. 임원을 통해서 방면의 도인들이 천지신명의 기운을 다 같이 받는다고 했다. 우당은 도장을 어미의 품에 비유하여 품안의 새끼가 건강하게 자라는 것과 같다며 도장의 중요성을 강조하였다. 도장은 도인들에게 천지신명의 품안이며 보금자리이다.

임원들이 도장에 들어오면 일정 기간 머무른다. 이 동안의 생활이 수도의 하나로 여겨진다. 자고 놀고 일하는 모든 것이 공무에 해당된다며 며칠 동안 있으면서 여러 가지를 배우는 기회로 삼으라고 했다. 다른 사람의 언행을 지켜보며 잘잘못을 깨우치고 자신을 되돌아보는 기회로 삼으라는 것이다. 자연스럽게 토론도 진행된다. 혼자서는 알 수 없는 것을 서로 알게 되고, 많은 정보를 얻는 자리이기도 하다. 또 임원들 간에 친숙해질 수 있어 종단의 화합에도 큰 영향을 미친다.

도인들은 수시로 도장에 참배할 수 있다. 참배는 일정 이상의 인원이 함께 영대에 배례를 하는 것이다. 단정한 복장을 갖추고 절차에 따른다. 참배를 통해서 임원들의 경우와 같이 직접 도장의 기운을 받을 뿐만 아니라, 천지신명과 도장의 의미 등에 대한 여러 얘기를 나누고, 심우도를 비롯한 곳곳의 그림을 교화의 소재로 이용할 수 있어 신앙심을 기르는 기회가 된다.

도장을 수도인들의 입장에서 의미를 찾는 것과 아울러 신명계의 관점에서 고려할 점이 있다. 도장에는 천지신명이 봉안되어있다. 신명의 중심은 구천상제이다. 몸소 인간의 몸으로 이 세상에서 천지공사를 행하였다. 그 목적은 광구천하·구제창생에 있다. 기록에 따르면, 단지 창생을 구제하는 데 그치지 않고 복록을 누릴 환경의 조성까지 포함된다.

대순진리회의 목적은 인간의 양심을 회복시켜 지상에 신선을 실현하고, 지상 천국을 건설하는 데에 있다. 지상이라 함은 바로 여기 이 땅을 가리킨다. 이 땅에 신선이 나고 이 땅이 천국이 되는 것이다. 이 목적은 증산의 뜻과 정산의 법에 의해 실현된다고 했으니, 여기의 땅과 사람이 개벽의 대상이다. 이 과정에 천지신명의 역할이 중요하게 작용될 것으로 보인다. 신명들도 이 땅에서 일을 해야 한다. 새로운 환경을 만들어야 하고, 신도라고 했으니만큼 인간들을 올바로 수도시켜야 한다. 이들이 맡은 바 임무를 수행하기 위해서는 현장에 머물 근거지가 필요할 것이다.

도장이 곧 천지신명의 인간계 현장사무소라고 해도 큰 무리는 없을 것이다. 신명들은 도장에 머무르며 맡은 바 임무를 수행하고, 도인들과 함께 수도하고 있다고 해도 지나친 추측은 아니다. 신인조화가 종지의 하나인 데에서도 짐작된다. 천지공사로 인간의 불편을 해소시키기 위해 신명으로 하여금 도움을 주게 했다고 한 말에서 그 의미를 찾을 수 있다.

정기적인 치성은 전 수도인들이 천지신명께 드리는 정성스러운 의식이다. 신명의 입장에서 보면, 수도인들의 정성을 받고 있는 것이다. 제사 형식의 치성은 매우 중요한 행사로 여겨져 지극정성을 다한다. 가정에서 치르는 제사의 의미를 확대시켜 추리해보면, 혹 치성으로 말미암아 신명들은 힘을 얻는 것일지도 모른다. 신명들도 바삐 맡은 일을 해야 하고, 그에 따른 힘이 필요한 것은 당연하고, 원활한 힘의 보강이 수도인들의 치성을 통해서 이루어진다고 여겨진다. 도장의 중요성에서 이 점도 빠지지 않을 것이다.

여러 의식과 공부 등이 도장에서 치러지는 것도 신명과 관련해서 생각해봐야 한다. 신명과 인간의 교감이 이루어지는 장소로서의 기능이다. 시학공부와 시법공부의 형식과 방법은 정산에 의해 짜여졌다. 종교 활동의 결정체라고 할 정도로 그 중요성에 대해서 특별히 강조된 바 있다. 정산은 앞에도 없었고 뒤에도 없을 유일무이한 진법이라고 하였고, 우당은 공부에 후천선경 오만 년이 달려있고 군생만물에까지 영향이 미친다고 했다. 태극도에서 시행되었던 공부가 여주도장이 지어지면서 그 방법 그대로 시작되었다.

공부반은 1년의 시간 단위에 맞춰 사람으로 짜는 형식을 취했다. 공부반의 구성은 36명의 1개 반이 1일을 담당하여 360일 동안 진행된다. 한 반은 시학원을 책임자로 정급·진급·정원·평도인의 36명으로 구성된다. 5개 반의 공부가 끝나면 초강식이 열리고, 15개 반을 묶어 합강식, 그리고 45개 반이 되면 봉강식이 열린다. 1년에 봉강식은 8차례 열린다. 360일 동안 총 12,960명이 동원되었다. 시학공부를 마친 뒤에는 그 인원이 그대로 시법공부를 했다. 지금까지 여주도장에서 계속 진행된다.

앞에서 복희역·문왕역·정역을 언급했고, 천존·지존·인존의 시대를 말했다. 복희 하도역의 시대는 천존시대이고, 문왕역의 시대는 지존시대, 정역의 시대는 인존시대로 정리했다. 천존시대의 의미는 복희에 의해 신명이 하늘에 봉해진 시대이고, 지존시대는 문왕에 의해 신명이 땅에 봉해진 시대이며, 이제 인존시대를 맞아 신명이 사람에게 봉해진다고 한다. 사람에게 신명을 봉하는 의식이 공부라고 하였다. 신인조화 또는 신인상합을 준비하는 단계로 이해된다. 공부가 도장에서 진행되는 것은 신명과 인간의 교감의 장소이기 때문이다. 도장의 중요성을 여기에서도 찾게 된다.

우당이 도장 건설에 심혈을 기울인 까닭은 그만큼 중요하기 때문이다. 도장은 하느님과 천지신명이 봉안된 곳으로 주요 의식과 행사가 여기에서 진행된다. 수도인들의 신앙의 중심지로서, 천지신명의 현장 근거지로서, 그리고 신명과 인간의 교감이 이루어지는 장소로서의 도장이다. 도장의 건설이 종단 대순진리회가 갖는 첫 번째의 중요성이다.

: 교리와 의례의 정립

종단이 갖는 두 번째의 의의는 교리와 의례의 확립에 있다. 대체로 정산의 무극도에서 정해졌다. 태극도에서도 큰 변화가 없었다. 초창기 무극도의 교리와 의례가 그대로 유지되어 대순진리회에 전해졌다고 해도 무리가 없다. 다만 의례에서 새로운 기념일이 추가되면서 부분적인 변화가 있을 뿐이다. 대순진리회의 확립된 교리는 「대순진리회

요람」에 집약되어 있다.

신앙의 대상은 구천응원뇌성보화천존강성상제(九天應元雷聲普化天尊姜聖上帝)이다. 구천상제로 줄여 부르기도 한다. 정산이 무극도 창설 직전에 정한 증산의 신격 칭호이다. 구천상제는 조화주신으로, 천하를 대순하다가 이 땅에 내려와 후천의 무궁한 선경의 운로를 열어 지상천국을 건설하고 비겁에 쌓인 신명과 재겁에 빠진 세계 창생을 널리 건지려고 천지공사를 한 분이다. 40년 동안 유일무이한 진리를 인세에 선포한 뒤, 하늘의 제위에 올라 삼계를 통찰하고 무한무량한 세계를 관령하는 하느님이다.

종단의 종지는 음양합덕(陰陽合德)·신인조화(神人調化)·해원상생(解寃相生)·도통진경(道通眞境)이고, 신조로 사강령과 삼요체가 있는데, 사강령은 안심(安心)·안신(安身)·경천(敬天)·수도(修道)이고 삼요체는 성(誠)·경(敬)·신(信)이다. 종단의 목적은 인간의 청정한 마음을 회복하여 정신개벽을 이루고, 지상에 신선을 실현하며, 지상천국을 건설하여 세계개벽을 이루는 데 있다.

종지의 각 항목에 대해서는 정산의 설명에 따라 이해하면 된다. 음양합덕은 태극의 원리에서 비롯된다. 본원의 태극이 음양으로 되어 있어, 이로부터 말미암은 천지의 모든 것은 그 원리에 따라 음양 관계로 이루어졌다. 낮과 밤, 더위와 추위, 해와 달, 하늘과 땅이 음양 관계이다. 남과 여, 육체와 정신, 인간과 신도 마찬가지이다. 개별적으로는 역할의 한계가 있고 반드시 서로 결합되어야 조화를 이룬다. 우주의 근본적 이치이다.

음과 양이 함께해야 온전한 상태이고, 조화가 빚어진다. 또 안정된 질서가 유지된다. 몸의 음양이 조화를 이루지 못하면 병이 생기고, 부부가 그러하면 집안이 기울고, 국가 사회에서는 변란이 일어나며, 천지에서는 천재지변이 일어난다고 했다. 음과 양이 역할을 분담하여 서로 상부상조한다는 의미도 있다.

  정산은 사람의 심성에도 음양의 참과 거짓이 있고, 사기꾼의 말에도 참이 있고 현인의 말에도 거짓이 있음을 아는 자는 음양합덕을 보는 눈이 있다고 하며, 굳이 구별하지 말고 오직 태극 기동의 합덕과 조화를 깨달아야 한다고 도인들을 가르쳤다. 거짓이 참을 돋보이게 함으로써 참이 되는 원리이나, 방편이 지나치면 속임수가 되므로 음양의 적절한 조화가 중요하다고 했다. 일면적인 안목을 입체적으로 확대시켜준 것이다.

  신인조화는 음양합덕을 신과 인간에게 적용하면 된다. 양으로서 인간의 상대는 음의 신이다. 인간의 모든 행동에는 신명의 작용이 있으므로, 궁극적으로는 신명과 인간이 조화를 이루어야 일을 할 수 있다고 한다. 인간이 안정되기 위해서는 신을 염두에 두어야 가능하다. 한 사람의 몸과 마음으로 이해하면 쉽겠다. 몸과 마음이 온전하게 유지되어야 살아있다고 하듯, 한 차원 높여서 추리하면 인간과 신의 조화의 중요성을 이해할만하다. 각 개인인 남녀가 결혼을 하면 다른 차원의 한 가정이 이루어진다. 신과 인간의 합덕이 이와 같지 않을까 짐작된다. 신선을 가리키는 것으로 보인다. 인간의 존재 의미와 이상을 포함한 조목이다.

해원상생은 대순진리에서 핵심적인 사상이다. 원을 풀고 서로 더불어 잘 살자는 것이다. 증산의 천지공사 가운데 해원공사는 상극의 질서를 상생의 질서로 바로 잡는 데 필수적이었다. 질서에 큰 영향을 주는 해원은 증산의 공사에서 이루어졌고, 공사 이후의 개별적인 해원은 신명과 인간 각기에게 주어진 실천 과제기다. 후천은 상생의 원리가 지배하므로, 상극을 극복하는 해원을 통해 상생의 마음을 갖추지 않고서는 적응하지 못한다. 종지의 요목인 것은 당연하다. 수도 과정의 필수 항목이다.

　　대순진리의 근본을 해원상생이라고 해도 무방하다. 도인은 해원상생을 적극적으로 실천해야 하며, 이것이 수도이다. 해원상생의 원리에 입각해서 사람 사이의 원을 풀고, 가정과 사회에서 화합을 이루는 것이 수도인의 자세이다. 행동으로 직접 옮겨야 되고, 수도가 가장 적극적인 해원의 실천이다.

　　도통진경은 도에 통한 참 경지이다. 수도는 도를 닦는다는 말이니 도통은 그 목적이 된다. 도는 이치를 말함으로 모든 이치에 통달한 경지라고 이해하면 될 것이다. 근원적인 진리와 이치를 깨닫는 것이 우주 전체의 큰 도통이라고 하였다. 상통천문 · 하달지리 · 중찰인사가 모두 실현된 경지이다. 도에 통하면 상상할 수 없는 경지에 이른다고 한다. 수도의 최종적인 목적을 가리킨다.

　　대순진리에서 도는 우주 차원에서는 근원이자 이법으로, 인간에게는 인륜도덕이라고 하겠다. 통한다는 것은 근원의 이치를 깨닫고, 인륜도덕을 완전하게 실천하는 경지에 이름을 가리킨다고 해도 될 것이다. 마음을 닦는 일은 기본적인 전제이고, 진리에 통한 것이 도통이다. 어느 것이나 이치를 깨달으면 범위와 상황이 다르더라도 일처리의 효율이 높아지기 마련이다. 머리로 아는 데 그치는 것이 아니라 완전히 깨달아 응용할 줄 알아야 도통진경이다.

사강령의 안심은 마음을 편안히 안정시킨다는 말이다. 증산은 안심·안신이 큰 병을 고치는 약이라고 했다. 마음이 사람의 행동을 좌우한다. 마음의 상태에 따라 행동이 달라지므로 안정된 마음이 중요하다. 안정된 마음이란 허무한 꼬임과 헛된 욕망에 흔들리지 않고 순결한 본연의 양심을 유지하는 것이다. 안신은 몸가짐을 차분히 안정시킨다는 뜻이다. 안심이 되어야 안신이 된다. 마음이 안정되면 행동 또한 예법과 도리에 어긋나지 않는다.

경천은 하늘을 우러러 공경한다는 것이다. 인간은 하느님의 주재 아래에 있는 존재이다. 하느님을 받드는 마음을 자나 깨나 잊지 말고, 항상 가까이 계신다는 것을 마음속에 새겨 두고, 공경하고 정성을 다하는 마음을 잊지 않아야 한다. 수도는 도를 닦는다는 넓은 의미이나 여기에서는 공부·기도·수련을 할 때 주문을 외우는 자세를 지칭한다. 마음과 몸을 침착하게 가라앉히고, 하느님을 가까이 모신다는 정신으로, 공경과 정성을 다하여 주문을 외워야 한다.

공부는 시학·시법으로 나뉘는데 일정한 장소에서 지정된 시간에 해당 주문을 송독하는 방식으로 진행된다. 수련은 시간과 장소에 관계없이 기도주와 태을주를 송독하는 방식으로 한다. 기도는 평일기도와 주일기도로 나뉜다. 평일에는 진술축미 시간에 하고, 주일은 일진상 천간의 갑·기일을 가리키는데 기도 시간은 진술축미, 자오묘유이다. 도장, 회실, 가정에 따라 약간의 차이가 있다. 가정에서의 오전 축시 기도에는 특별히 법수를 놓고 시행한다.

삼요체는 성경신(誠敬信)이다. 곧 정성·공경·믿음이다. 정성이란 마음에 있고 경은 몸에 있다. 정성의 마음을 받아 경을 몸으로 행하는 것이다. 신이란 천지신명과 진리에 대한 믿음이며 신념이다. 증산이 성경신의 마음을 가진 종도들을 높게 평가한 것을 보더라도 수도인에게는 매우 중요한 덕목이다.

성은 정성이다. 오직 부족함을 두려워하는 마음이다. 거짓과 꾸밈이 없는 마음자세로 하느님을 받드는 일이 수도인의 정성이다. 경은 예의범절을 갖추어 처신·처세하는 것이다. 예는 자신을 낮추고 상대를 높이는 것을 말한다. 공손한 자세이다. 신은 믿음이다. 마음을 정한 뒤에는 어떠한 일이 있더라도 변하지 않음을 가리킨다. 믿음이 부족하면 목적을 달성할 수 없다. 이치를 깨우치지 못하면 믿음이 부족하고 믿음이 부실하면 행동으로 옮기지 못한다.

성경신을 구별하였으나 내용으로는 종합된 하나의 마음 자세를 일컫는다. 모든 일이 성경신이 없이는 이루어지지 않는다고 했는데, 더구나 천지신명을 믿는 종교에서야 더 말할 나위없다. 하나하나의 생각과 행동에 성경신이 깃들어야 이로 말미암아 진정한 해원상생이 이루어지고, 수도인의 목적을 이룬다.

대순진리회의 실천 덕목은 훈회와 수칙에 집약되어 있다. 훈회와 수칙은 다음과 같다.

훈회

1. 마음을 속이지 말라
2. 언덕을 잘 가지라
3. 척을 짓지 말라
4. 은혜를 저버리지 말라
5. 남을 잘 되게 하라

수칙

1. 국법을 준수하며 사회도덕을 준행하여 국리민복에 기여하여야 함
2. 삼강오륜은 만유조화 차제도덕의 근원이라 부모에게 효도하고 나라에 충성하며 부부화목하여 평화로운 가정을 이룰 것이며 존장을 경례로써 섬기고 수하를 애휼지도하고 친우간에 신의로써 할 것
3. 무자기는 도인의 옥조니 양심을 속임과 혹세무민하는 언행과 비리괴려를 엄금함
4. 언동으로써 남의 척을 짓지 말며 후의로써 남의 호감을 얻을 것이요 남이 나의 덕을 모름을 괘의치 말 것
5. 일상 자신을 반성하여 과부족이 없는가를 살펴 고쳐나갈 것

훈회는 해원상생의 마음 자세를 갖추는 데 목적을 두었다. 본연의 양심을 지키며, 묵은 원을 풀어야 하는 수도의 과정에서 말과 행동으로 더 이상 척을 짓지 말고, 하늘과 부모 그리고 주변 모두의 은혜를 잊지 말고 갚기 위해 노력하고, 남을 잘 되게 하는 적극적인 언행으로 해원을 해야 된다는 의미를 담았다.

수칙은 사회 구성원으로서의 바른 자세를 갖추는 데 초점이 있다. 국민의 한 사람으로 국법을 지켜야 함은 당연하고, 삼강오륜으로 집약된 사회도덕을 반드시 실천하며, 삐뚤어진 생각을 하거나 남을 속이는 언행을 금하고, 항상 그렇게 행동하는지를 성찰하라는 내용이다.

훈회와 수칙의 의미는 곧 마음을 바르게 하여 해원상생의 자세로 인륜도덕을 실천하자는 것이다. 증산은 세상에 충효열이 없어져서 모두 병이 들었다고 진단했다. 충효열이 없는 천지를 구하는 것이 삼강오륜이다. 근본의 인륜도덕을 통해 없어진 충효열을 다시 세우는 것이 세상을 구하는 방법이다. 진정한 수도는 인륜도덕을 몸소 실천하는 데 있다. 삼강오륜은 사회 질서를 유지하기 위한 기본적인 규범이므로 이의 실천이 수도이다.

종단에서 사용하는 주문은 매우 중요하다. 천지신명과 직접 관련되기 때문이다. 도인들이 주문을 외울 때 신명과의 교감이 이루어진다고 한다. 주문은 증산이 계시와 유서로 정산에게 전해준 것이 기본이 되었다. 봉축주, 기도주, 태을주, 진법주, 칠성주, 운장주, 이십팔수주, 이십사절주, 도통주, 신장주, 해마주, 신성주 등이다.

봉축주는 첫 도입 주문으로 소원을 이루어달라는 내용이고, 기도주는 최제우의 시천주로 알려진 주문이고, 태을주는 증산이 중요하다고 한 주문이다. 진법주는 15신위의 신격 명칭이 차례로 나열되었고, 여러 주문은 천지신명들의 명칭과 기도하는 사람의 기원 내용이다. 그 밖의 주문은 이름에서 추측이 가능하다.

대순진리회의 의례는 종단 차원의 의례와 개인적인 의례로 나뉜다. 종단의 의례에서 우선이 치성이다. 치성일을 음력 월별로 나열하면 다음과 같다. 정월에는 설날과 대보름, 2월 정산 득도일, 3월 정산 기일, 4월 정산 봉천명일, 5월 중곡도장 영대 봉안일, 6월 증산 기일(포천수도장 영대 봉안일, 제주수련도장 영대 봉안일), 7월에는 없고, 8월 추석, 9월 중양절과 증산 탄생일, 10월 여주본부도장 영대 봉안일, 11월 우당 탄생일, 12월 정산 탄생일과 우당 기일, 금강산 토성수련도장 영대 봉안일 등이고, 양력을 기준으로 사립이지라고 하여 입춘·입하·입추·입동과 동지·하지에도 치성을 올린다.

종통과 관계된 분들의 탄생일과 기일, 각 도장의 신명 봉안 기념일, 정산의 특별한 기념일, 그리고 주요 명절이 치성일이다. 또 천지의 운행 법칙인 계절의 변화를 도라고 하였으니 계절 변화의 주요 절후가 치성일에 포함되었다. 대부분의 치성은 본부도장에서 치르고, 각 도장의 기념일일 경우에는 그 도장에서 한다.

치성에는 전 도인들의 정성이 뒷받침된다. 치성물을 마련하여 조리하는 과정에는 신앙심을 갖지 않고서는 할 수 없는 온갖 정성이 깃든다. 종류도 가지가지다. 고기, 과일, 떡과 전, 과자 등 각양각색의 치성물이 영대의 15신위 앞에 전수된다. 전 임원들과 평도인들이 본전의 영대에서부터 아래층까지 가득 자리를 하고, 절차에 따라 엄숙하게 진행된다.

　의례를 마친 뒤에는 참여자 모두가 음복을 같이 한다. 절후 치성의 시간은 해마다 다르지만, 기념일의 치성은 자시를 기해 시작되고, 본격적인 의식은 축시에 시작되어 한 시간 정도 소요된다. 음복은 날이 샐 무렵에 시작된다. 음복도 행사의 중요한 절차이다. 치성물은 하느님과 천지신명에게 올렸던 귀중한 음식이고, 도인들이 음복할 때 도장 안의 모든 신명도 같이 흠향한다고 한다. 음복을 할 때도 모든 예를 갖춘다.

　치성이 월별로 있어 한 달의 성날도 치성일에 맞춰져있다. 종단의 도인들은 매달 월성금을 모시도록 제도로 정해졌다. 각 방면은 포덕활동을 펼치고 모든 도인들의 성금을 모셔서, 이를 집계하여 중앙에 보고하는 날을 성날이라고 한다. 매달 주요 치성일을 그 달의 성날로 지정하여, 한 달 동안 종교 활동의 결과를 토고한다. 당연히 치성과 겹쳐있어 전 임원들은 도장에 들어와 성날 행사에 참가하고, 치성 의례에 참석하는 것이다.

　종단 대순진리회의 공식 예복은 한복이다. 남자는 두루마기까지 갖추어야 한다. 일반인이 명절이나 예식 때 입는 일반 한복과 다르지 않다. 색깔에 대해서는 특별한 규정이 없어 나름대로 선택한다. 여자들의 한복은 대체로 화려하다. 치성에는 물론이고 도장에서의 기도·공부·수련에 반드시 입어야 한다.

도장에서의 예절도 엄격하게 정해졌다. 도장은 각 신명들로 꽉 차있다고 했다. 그에 대한 예를 갖추기 위해 모든 언행에 유의해야 한다. 기본적으로 경건한 마음과 자세가 요구된다. 뛰거나 소리치는 일은 금지되었다. 처음 들어설 때는 숭도문 안에서 읍배를 한다. 영대에 오를 때는 허리를 약간 구부리는 국궁자세를 하고, 치성과 기도에 앞서 기다릴 때는 양손을 앞으로 모으고 고개를 약간 숙이는 면수자세를 취한다.

우당은 종단 창설 뒤 교리와 의례를 정립하였다. 모두 정산의 무극도·태극도에서 제정된 내용을 그대로 유지하였다. 증산의 뜻과 정산의 법을 숭상한다는 뜻에서이다. 도장이 종단의 중심지라고 한다면, 교리와 의례는 보이지 않는 종교 활동의 뼈대이다. 종단의 목적과 종지의 실현을 위해 사강령·삼요체를 수도의 기본자세로 삼고, 각종 의식을 정해진 절차대로 시행하는 것이 종교 활동이다. 교리의 정립과 의례의 확립이 도장의 건립과 신명의 봉안에 이은 종단 대순진리회의 두 번째 의의이다.

: 조직체계와 운영방식의 확립

종단 대순진리회의 세 번째 의의는 종단과 방면의 조직체계와 운영방식의 확립에 있다. 종단 중앙의 조직으로는 최고의결기관인 중앙종의회, 행정기관인 종무원, 각 방면의 임원들이 소속된 포정원과 정원, 그리고 감사원, 수강원, 육영사업부 등이 있다. 이 모두 종단을 운영하기 위한 기구들이다.

중앙종의회는 종단의 운영 전반 사항에 관하여 심의·의결하는 최고의결기관이다. 선감·교감·보정 등 상급임원으로 구성된다. 정기회의와 임시회의가 있고, 의장단은 의원들이 선출한다. 대체로 재적의원 과반수의 찬성으로 의결된다. 의안은 종무원의 제안과 의원 일부의 발의 내용이다.

각 방면의 임원이 모두 모여 종단의 주요 의사를 결정하는 일을 한다는 것은 여러 의미를 가진다. 임원들이 종단의 주요 구성원으로서 주요 사항의 결정 권한을 가지고 있다는 것을 확실히 인식할 수 있다. 단순히 방면의 책임자에 그치는 것이 아니라 종단의 의사결정권을 가진 종단의 소속 임원이라는 것을 앎으로써 전체를 인식하고 이해하는 안목을 가질 수 있다. 또 회의의 진행방식과 의사결정의 과정에서 커다란 조직체의 운영 방식을 체득하게 됨은 물론이다. 마음을 닦는 개인적인 수도와는 다른 차원의 수도이다. 전체의 운영 구조를 이해하는 것은 수도 과정에서 터득해야 할 아주 중요한 일이다. 우당이 임원들에게 각종 회의의 성격을 알고 직분 수행에 만전을 기하라고 한 것도 이 때문이다.

포정원에는 선정부와 교정부가 있다. 선정부에는 선감·차선감·선사·선무의 임원 직위가 있고, 포덕 활동의 공적에 따른 직위 임명의 기준이 정해져 있다. 선감은 1천 호 이상, 차선감은 7백 호, 선사는 3백 호 이상의 공적을 기준으로 임명된다. 임명 기준이 되는 호는 한 식구 전체를 포괄한 단위이다. 선감은 각 지방 도인의 지도와 포덕 업무를 담당하며, 차선감·선사·선무는 선감의 지도에 따라 활동해나간다.

교정부에는 교감·교령·교정·교무 등의 임원이 소속된다. 임원은 선정부와 마찬가지로 포덕의 공적과 교화 실적에 따라 임명된다. 각 지방 도인의 교화임무를 담당하며 교령·교정·교무는 교감의 지도에 의하여 교화 업무를 담당한다. 교감은 도인의 선도·교화에 차질이 생겼을 때에는 중앙에 직접 보고하는 책임을 지닌다. 체계를 관리하는 임무도 주어졌다.

정원은 본분을 다하지 못하고 도리에 어긋난 일을 하는 도인을 선도·교화하고, 모범이 되는 도인을 표창하여, 전 도인을 참다운 도인으로 인도해나가는 업무를 수행한다. 정원 임원은 보정·정무·정리이고, 포덕활동과 그 밖의 여러 공로에 따라 임명된다.

선감·교감·보정을 상급임원이라 하고 이들이 중앙종의회 의원이 된다. 선사·교정·정리 이상은 중간임원이다. 임원의 직함과 직책이 다르더라도 선감을 중심으로 한 방면에 같이 소속되어 임무를 수행한다. 방면은 선정부의 임원을 중심으로 성립된다. 선감이 한 방면의 책임자인 것이다. 교정부와 정원의 임원은 같은 방면에 소속되어 각기 맡은 임무를 수행한다.

종무원은 종단의 종무행정을 담당한다. 종무원장이 책임자이다. 기획부·총무부·교무부·수도부 4개의 부서가 있다. 기획부는 종단 운영 발전에 관한 기획 업무를 수행한다. 또한 대외적 섭외업무를 담당한다. 총무부는 서무·문서·경리·재정 등의 업무를 수행한다. 도정 전체의 살림을 맡아보는 부서이다. 교무부는 교리 연구 및 편찬·출판 등에 관한 업무를 수행한다. 도장에서 시행되는 교화 업무도 맡는다. 업무를 원활하게 수행하기 위하여 연구위원회를 둔다. 연구위원은 교리를 연구하여 대외적으로 발표하고, 도인들의 움직임을 글로 표현하여 종단 내외에 알리는 역할을 한다. 수도부는 수도·교화·조직·의식 등의 수도 의식에 관한 업무와 시학·시법공부, 봉심, 퇴배, 참배의식을 담당한다.

그밖에 주요부서로 감사원, 수강원, 육영사업부 등이 있다. 감사원은 종단의 모든 업무에 대해 감사를 하는 기관이고, 수강원은 도인들을 교육하기 위한 교재를 편찬하고, 교수를 두어 수강하는 일을 맡는다. 육영사업부는 종단의 사회사업인 중요사업을 관장한다.

대순진리회 종단 아래는 각 방면으로 구성되어 있다. 수도인들 모두 방면에 소속된다. 방면 앞에 전국 각 행정구역의 도시와 지역의 이름을 붙여 구분하였다. 활동의 중심지를 이름으로 한 경우가 대부분이다. 우당이 활동 시기에 직접 지어주었다. 선감을 기준으로 방면이 구분된다. 포덕·교화·수도의 기본사업이 방면에서 이루어진다.

각 방면은 선감을 중심으로 구분되고, 실제 책임자 또한 선감이다. 선감 아래 차선감·선사·선무가 방면 조직의 뼈대이고, 그 아래 평도인들이 하나의 방면을 이룬다. 차선감·선사의 관할 도인이 늘어나 임원 임명의 기준에 이르면 선감이 되고, 하나의 방면이 새로 생긴다. 선임 선감은 남은 임원과 도인들을 관리하거나 수임선감이 된다. 선감이 되어 하나의 방면을 맡게 되더라도 완전히 독립되는 것이 아니다. 연운 관계에 따라 위로 줄줄이 임원이 있고, 커다란 방면의 틀은 그대로 유지된다.

큰 단위의 방면 책임자를 수임선감이라고 한다. 수임선감은 모든 선감들을 관장하는 역할을 맡는다. 하부 방면이 늘어나도 기본적인 방면의 틀은 유지되면서 외형이 커진다. 이것이 종단의 제도이다. 방면의 크기는 소속 도인의 수로 가늠된다. 새로 입도된 도인들이 많아지면 방면도 커지고, 그렇지 않으면 그 반대이다. 이 점이 대순진리회 종단의 특징이다.

종단의 상급임원인 선・교감은 전업으로 종사해야 맡은 역할을 수행한다. 방면을 지도・관리하고, 매달 도장에 올라가서 도인들의 성금을 모시고, 치성에 참석할 의무가 있다. 호수가 기준에 이르더라도 활동에 제약이 따르면 원활한 조직 운영을 위해서 임명을 내지 말라는 우당의 지시가 있다. 하위 직급인 선무의 역할도 만만하지 않다. 직접 도인들을 만나 관리하고, 포덕 활동을 펼쳐야 한다. 기본적인 업무가 선무 선에서 이루어진다. 선무 임명 또한 신중하게 다뤄진다.

방면 조직의 형성과 운영의 특징 때문에 조직원으로서의 도인들은 많은 것을 익히게 된다. 선감은 직접 포덕 활동을 펼치고, 소속 도인이 바라는 목적을 이루도록 이끌어야 된다. 선감이 아무리 뛰어나다 하더라도 혼자서는 하지 못하는 구조이다. 방면 안에서 서로 믿고 돕지 않으면 조직의 유지가 어렵다. 위는 밑에서 잘 해주어야 유지되고, 밑은 위에서 잘 이끌어야 순조롭다.

선감은 선사・선무를 이끌어갈 지도자의 역량을 필수적으로 갖추어야 방면을 관리하고 유지할 수 있다. 중간 임원들은 말 그대로 상급임원과 선무・평도인 중간에서 지시전달, 조정 등의 업무를 수행한다. 도인을 하나하나 챙기는 일은 선무가 담당한다. 가장 활동적인 역할을 맡게 되는 것이다. 모두 기존의 조직을 유지하면서 확대를 위해 노력해야 한다.

임원들은 방면의 조직 활동을 통해서 많은 것을 경험하고 익히게 된다. 좋고 나쁜 것을 직접 보고 듣고, 자신의 상태를 점검할 기회가 끊임없이 주어진다. 이를 실제 공부라고 했다. 닦으며 배우는 과정이다. 앉아서 글로 배우는 것과 비교될 수 없는 실제의 수도가 방면 조직에서 이루어진다. 대순진리회 방면 조직이 조직적 능력을 배양하고 개인적인 마음의 수양을 할 수도장으로 기능하도록 짜여있다.

대순진리회의 종단과 방면의 조직은 여러 특징을 가진다. 본부를 중심으로 각 방면이 딸려있는 형태가 마치 정부와 같은 커다란 조직의 모습과 비슷하다. 그러면서 중요한 권한은 중앙에 있고, 의사결정은 각 방면의 상급임원이 하도록 되어있다. 각 방면의 주요 업무는 기본사업인 포덕·교화·수도이다. 중요사업은 거의 대부분 종단 차원에서 이루어진다.

방면 조직의 역할과 확대의 방식도 종단의 특징이다. 방면에서는 포덕 활동을 전개하고, 도인들끼리 서로 끊임없이 가르치고 배우고, 이 과정에서 각자 수도해야 한다. 포덕 활동의 성과에 따라 직위를 갖는 원칙에 따라 조직의 관리가 체계적으로 이루어지고, 확대를 위한 노력이 집중될 구조이다. 한 개인의 입장에서 보면 평도인에서 중간임원을 거쳐 상급임원이 되는 것은 나름의 노력 여하에 달렸다. 이 과정에서 많은 경험을 하게 되고, 조직 관리 능력을 갖추게 된다.

이것이 각 개인을 수도시키기 위한 조직의 운영방식이다. 여기에 수도법이 내재되었다. 우당의 종단 창설의 의미 가운데 세 번째로 꼽을 것이 바로 수도법을 갖춘 종단 조직체계와 운영방식의 확립이다. 조직의 운영 과정에서 필연적으로 수도를 하지 않을 수 없도록 되어있다.

종통계승자인 우당의 세 번째 역할은 증산의 뜻과 정산의 법에 의해 모든 개인을 수도시킬 방안을 마련하는 것이었다. 그 결과가 종단 대순진리회 창설로 나타났다. 종단은 증산의 뜻을 실현시킬 활동 조직이다. 다시 말하면 종단의 활동을 통해서 증산이 뜻하는 후천 선경의 건설이 이루어져야 되는 것이다. 후천 선경은 환경만으로는 의미가 적고, 여기에 존재할 인간이 무엇보다 중요하다. 천지의 일월도 알아주는 인간이 아니면 빈껍데기라고 했다. 선경에 필요한 인간은 수도를 통해서 만들어진다. 그 수도법이 우당에 의해 종단에 갖추어진 것이다.

도장의 건설과 천지신명의 봉안도 중요하고, 종단을 유지하는 교리와 의례의 확립도 아주 중요하다. 거기에 더해서 후천 선경에 어울리는 인간을 만드는 실제의 수도를 할 수 있도록 종단 조직의 운영방식이 확립되었다는 점을 빼놓지 못한다. 오히려 이 점이 더욱 중요하다. 우당의 가르침 대부분이 조직운영의 방식, 조직원으로서의 자세 등에 집중된 것을 보더라도 그렇다. 여기에 대해서 자세히 살펴보아야 우당의 역할이 모습을 드러낸다.

종단 구성원의 수도 내용

대순진리회에서의 수도의 목적은 해원을 근본으로 하여, 진리를 깨닫고, 인륜도덕을 실천하는 인격을 갖추게 하는 데 있다. 여기에 조직 운영 능력의 함양도 포함된다. 우주 전체가 처계를 갖추어 운영되므로 이에 대한 이해가 중요하다. 이 모두가 실제 방면 조직 안에서 이루어지도록 되어있다.

방면이 조직체로 철저히 짜여있고, 직급과 직분 또한 엄격하게 구분되었다. 운영의 과정이 순조로울 수도 있지만, 많은 문제들이 노출될 가능성을 안고 있다. 큰 방면 조직에서 벗어나 독립하고 싶은 임원도 나타나고, 위와 아래 임원의 마음이 맞지 않아 인간적인 갈등이 언제든지 일어날 수 있다. 직급과 직책에 따른 알력이 일반적이다. 우당의 가르침 대부분이 원활한 조직 운영에 집중되었다. 조직원으로서의 직분수행과 조직운영에 대해서이다.

우당은 수시로 임원들에게 자기의 위치와 책임을 제대로 알아야 한다고 가르쳤다. 가정에 부모와 자녀의 위치가 있듯이, 임원의 자리에서 해야 할 일을 알고 실천하는 것이 중요함은 물론이다. 보모는 보모답게, 자식은 자식다워야 가정이 질서 있게 유지된다. 도덕의 기본이다. 유교에서 사회의 질서를 유지하는 가장 기본적인 방법이 임금은 임금답고 신하는 신하답고 아비는 아비답고 자식은 자식다움이다. 사회구성원이 제자리에서 제 역할을 다하면 질서가 유지되듯이 어느 조직에서도 마찬가지이다. 종단의 임원은 임원답게 모범을 보여야 하고, 책임을 다해야 한다. 답지 못하고 책임을 완수하지 못하면 자리가 무의미하다. 질서의 중요성을 방면 안에서 직접 깨닫고 실천할 수 있다.

임원은 직분을 제대로 수행해야 된다. 임원으로서 솔선수범해야 아래 임원들과 도인들이 그렇게 한다. 임원의 위치에 맞는 몸가짐과 책임이 아주 중요하다. 도를 먼저 알고 시작했으니, 뒤따라오는 사람들은 그를 보고 따라하게 되는 것이 당연하다. 잘못 지도하면 수도의 목적과 전혀 다른 곳으로 이끌고 가는 결과를 낳는다. 앞장서서 모범적인 수도 생활을 하면 아래의 도인들도 올바르고 진실한 도인이 되지만, 그렇지 못하면 지도자의 자리를 맡지 않는 것만 못하다. 임원의 자질이 중요하다. 임원에 이르기까지 대체로 10년의 기간이 필요하다고 보았다. 종단에 대한 이해와 자세를 갖추는 데 걸리는 시간이다. 지도자의 자질을 갖추는 것이 중요하다.

종단과 방면 조직의 얼개를 짠 뒤에는 이의 체계의 확립과 운영의 질서를 세우는 데 우당의 가르침이 집중되었다. 조직의 운영이 쉽지 않은 일이다. 대부분의 도인이 사회에서 조직생활을 한 경험이 없고, 또 조직에서 주어지는 직급·직책, 곧 직분에 대한 이해의 정도가 낮았다. 그래서 선·교감은 위치를 알고 직분 수행에 차질이 없도록 해야 한다고 여러 차례 지시했다.

상급임원은 방면의 모든 도인들의 지도와 안내의 책임을 맡았다. 책임을 바로 수행하기 위해서는 많은 것을 배우고 익혀야 한다. 임원 또한 수도의 과정에 있으므로 모든 것을 깨닫기 위해 항시 노력해야 함은 물론이다. 도인은 자신이 먼저 올바르게 되고, 올바로 가르쳐야 맞다. 구성원 사이의 신뢰를 강조하고, 직분을 분명히 하고, 서로 마음속의 의심을 풀어 조화에 힘쓰라는 내용이 대부분이다.

방면의 조직은 도인들이 늘어남에 따라 새롭게 자리가 생기고, 계속 뻗어나가는 방식이다. 기존의 조직이 그대로 유지된 채 나무가 가지를 뻗듯, 또는 가문이 자식의 수에 따라 발전해 가는 것과 같다. 나무나 가문의 뿌리는 그대로이다. 종단에서는 근원에 해당되는 뿌리를 연원이라고 하였다. 방면은 연원으로부터 시작된 조직이다. 방면의 조직을 연운 체계라고 한다. 인연에 따라 형성되었다는 의미이다. 연운에 의한 방면 조직은 미리 짜여있어서 새로운 도인들이 들어오면 이미 마련된 자리에 임명되는 것이 아니다. 조직이 발전됨에 따라 체는 그대로 유지되고 새 가지가 생겨난다.

이러한 조직구조의 특성상 문제가 발생된다. 한 방면이 여러 방면으로 갈라져 발전해나가면 상급임원의 수가 늘어난다. 상급임원 사이에도 엄연히 체계가 유지된다. 각 방면의 최고책임자가 수임선감이다. 방면 조직에서의 위상, 책임의 영역, 역할이 다르다. 그 아래의 선감은 수임선감을 보좌하여 맡은 바 직분을 수행하는 것이 원칙이다. 경우에 따라서는 아래 임원이 독립하려는 의욕을 가질 수 있다. 문제 발단의 하나이다. 그래서 우당은 수임선감 이하 선감들은 체가 갈라져도 선각 임원의 은의를 저버리지 말고, 융화단결해야 하며, 만일 후각이 선각에게 반항을 일삼으면 배사율에 적용된다고 경고했다.

조직체계는 도심이라고 하는 신앙심을 바탕으로 확립된다. 도심은 위아래의 도인들이 서로 신뢰하는 데에 있음을 각별히 유의하라고 했다. 상하와 상호의 은혜를 잊지 말고 인정과 관용에 의한 융화단결을 강조했다. 해원상생의 자세가 절실히 요구된다. 남을 지도하는 입장에서 자기의 직분을 바로 하여 자신부터 바르게 하는 것이 수도이다. 수도가 직분에 따른 임무수행을 몸소 체험하며 익히는 과정에서 이루어진다.

체계질서의 유지에 관해서 많은 지시가 있다. 덕화로 체계의 질서를 유지하라고 하며 덕화의 중요성이 강조되었다. 그리고 체계질서를 바로 세우는 것이 도를 닦는 것이라고 단정했다. 위를 존경하고 아래를 아끼는 마음으로 단결하라는 말에서는 질서의 유지가 수도의 요점이라는 뜻을 읽을 수 있다. 질서에 관한 모든 말이 수도의 실천항목인 것이다. 삼강오륜이 사회의 인간관계에 대한 기본적 윤리이고, 이를 방면 조직 안에서 실천하는 것이 도인의 의무이다. 조직 속에서 활동하면서 이를 직접 체득하라는 의도가 담겨있다. 인륜을 바로 세우는 것이 증산의 뜻이고, 인륜도덕의 실천이 수도의 내용이다.

종단에서 제일 중요한 것이 제도이고 법이고 규율이다. 비단 종단뿐만 아니라 어느 단체를 막론하고 규율이 서지 않으면 존재하지 못한다. 대순진리회 종단에서, 또는 우당의 가르침 가운데 무엇보다 중요한 것이 제도·법규·규율이었다. 전체 도인들에게 해당된다. 종단의 법규만 잘 지키면 안 되는 일이 없고, 인격의 완성도 여기에 있다고 했다.

진정한 수도법이 바로 종단의 제도·법구·규율을 지키는 데 있는 것이다. 일거일동을 정해진 바에 따라 해나가는 가운데 도인에게 필요한 모든 것이 갖추어진다고 했다. 다른 종단과 차별되는 대순진리회의 특징이다. 제도의 틀 안에서 여러 법과 규율을 지키려고 노력하는 것이 수도이다. 조직에서 자신의 직분을 수행하는 가운데 모르는 사이에 우주자연의 이치를 깨닫고, 조직어서의 자신의 직분과 역할도 체득한다. 일상의 활동이나 생활이 쉽지 않지만 그 과정에서 저절로 완성의 경지에 이른다. 우주의 운영 체계와 질서의 중요성을 깨닫게 되는 것이다.

임원은 물론이고 모든 수도인들이 종단의 제도에서 벗어난 일을 하면, 이것이 죄이고 탈선이었다. 죄를 지었을 경우 종단에서는 물리적으로 처벌할 내용이 구체적으로 갖추어지지는 않았다. 중앙의 감사원에서 징계할 수 있도록 제도적인 장치가 있으나 종단을 정면으로 부정하는 행위가 아니면 대부분 방면 안에서 해결하도록 했다. 신명과 함께 하는 수도이기 때문에 죄가 무거우면 인위적인 방법이 아니더라도 자연스럽게 처리된다는 믿음에서이다. 잘못된 것을 깨닫지 못했을 때는 수도인임을 망각하고 제 스스로 어두운 곳으로 빠져든다. 어두워지면 앞을 보지 못한다. 나아갈 방향을 잃어버린 것이다. 결국 종교적 가치를 부정하기에 이른다. 그 결과의 행태는 여러 가지로 나타난다. 잘못을 했을 때는 자각하여 고쳐야 한다. 주변 도인들의 도움을 받을 수 있으나, 결국 제 일은 제가 해야 된다. 끊임없는 자기 성찰과 수도가 요구된다.

　임원과 일반 도인과의 의사소통, 서로에 대한 고마움의 인식 등 보다 구체화된 내용들이 질서 유지의 중요사항에 포함된다. 임원은 늘 마음의 문을 열어 의심이 들 때면 언제든지 묻고 대답할 분위기를 만들어서 신뢰를 회복하고, 서로의 고마움을 알아야 한다는 대목에서는 제자가 없으면 스승이 설 곳이 없다는 증산의 말을 예로 들었다. 덕스러운 마음과 언행이 아니고서는 불가능하다. 역시 노력이 필요하다. 모범적인 선각자는 부모이자 스승인 셈이다. 사회적 관계가 방면에서 형성되어 인륜도덕의 실천이 반드시 요구되었다.

　화목해야 한다는 우당의 지침에 교리의 내용이 녹아있다. 화목은 서로 뜻이 맞고 정겨운 것을 말한다. 이렇기 위해서는 상호 존중하고 이해해야 한다. 예컨대 모른다고 해서 그 사람의 말을 무시하지 말고, 그 말이 하늘이 시켜서 하는 말로 여길 정도의 자세를 가지라고 했다. 직급이 높다고 위력으로 아래 도인들을 대하는 경우를 경계한 가르침이다. 오해는 잘 모르는 데서 생겨서 의심으로 발전되고 신뢰를 깨뜨린다. 거리낌 없이 대화를 하면 모든 것이 풀리기 마련이다. 무슨 얘기든 서로 말할 수 있는 분위기 속에서 모든 일을 풀어나가는 것이 수도인의 자세이다. 그렇지 않으면 도인들을 가르치지 못한다. 증산이 천지공사를 할 때에도 종도들에게 물어서 한 것을 본받아 명령을 하거나 억압조로 지시하지 말라고 여러 차례 강조되었다.

임원의 일처리에 공명정대하고 편벽됨이 없어야 한다는 지침도 내려졌다. 편벽된 일처리를 하면, 도인 사이에 틈이 벌어지고 불신을 조장하여 조직의 화합을 깨뜨린다고 지적했다. 화합을 이루는 것이 우선이다. 타고난 습성, 실수, 상대와 잘 맞지 않는 일 등 때문에 갈등이 생기게 되므로, 그렇지 않도록 교화하고 지도하는 것이 임원의 역할이다.

夫主將之法 務攬英雄之心
賞祿有功
通志於衆
與衆同好靡不成 與衆同惡靡不傾
治國安家得人也 亡國敗家失人也

무릇 주장의 법은 영웅의 마음을 잡는 데 힘써야 한다.
상과 녹은 공이 있는 이에게 주어야 한다.
무리에 뜻이 통해야 할 것이니,
무리와 더불어 같이 좋아하면 아니 이룸이 없고,
　　무리와 더불어 같이 싫어하면 기울어지지 않음이 없다.
나라를 다스리고 집안을 편안하게 하는 것은 사람을 얻는 데 달려있고,
　　나라가 망하고 집안이 쓰러지는 것은 사람을 잃는 데 있다.

증산이 종도에게 일러준 『육도삼략』의 한 구절이다. 임원의 방면 운영에 적용될 구절이다.

질서유지에 중요한 덕목이 예이다. 본래 예는 분수를 알고 지킨다는 말이다. 자신을 낮추고 다른 이를 높이는 것이 또한 예의 기본이다. 질서유지 그 자체가 예이고, 그러기 위해 필요한 몸가짐이 예이다. 조직운영에 빠져서는 안 될 덕목이다. 윗사람은 매사에 예를 갖추어 공정을 기하고 아랫사람은 직책을 예법에 합당하게 하라는 지시는 마땅히 강조될 수밖에 없었다.

조직 체계를 바로 세우고, 질서를 유지하기 위해서는 진리를 바로 이해하는 것이 중요하다. 질서유지를 강조하다보면, 교리의 핵심적인 내용들이 직접 거론될 수밖에 없다. 해원상생의 마음가짐으로 몸소 실천하고, 언행을 바로 하고, 척을 짓지 않으려는 노력이 기울여져야 되고, 삼강오륜의 인륜도덕을 직접 실천해가며 부족함이 없는지 끊임없이 되돌아봐야 한다. 모두 교리에 해당되는 내용들이다. 조직 속에서 일을 하다보면 실제 경험을 통해 교리를 체득하게 된다. 직접적인 수도가 이루어지는 것이다.

종단의 차원에서는 각 방면들 사이에 갈등이 빚어질 수 있다. 소속 도인의 호수에 따라 크고 작은 방면이 구별된다. 방면의 상급임원이 최고의결기관인 중앙종의회의 의원이므로, 종단의 주요 의사결정에도 영향을 미치는 것이 당연하다. 자칫 의사결정의 과정이 순조롭지 않으면 언제든지 분열이 일어날 수 있다. 수임선감의 역할이 중요하다. 그래서 우당은 종단의 단결을 강조했다. 당연히 하나로 뭉쳐야 하며, 파벌과 분쟁은 사지로 들어가는 것이라고 했다. 도를 믿는다면 있을 수 없는 것으로 단정했다.

방면 사이에 구별과 벽이 없어야 한다고 지시하며, 남을 미워하는 것은 마음자리가 바로 서있지 않아서라고 꼬집었다. 시기·질투·음해 등을 하지 말고, 티끌만큼이라도 미워하지 말라고 했다. 마음이 바로 서면 밉고 고움이 없어지는데, 이것이 수도의 목적인 도통진경이라고 일러주었다. 진정한 수도인의 마음가짐과 자세를 유지한다면 방면 안에서는 물론이고 종단 차원의 화합과 단결을 이룰 수 있다.

방면에서 각 개인의 자세가 중요하듯이, 종단에서는 각 방면의 역할이 중요하다. 규모와 범위가 커지고 넓어졌으나 자세와 역할은 꼭 같이 적용된다. 규모만 다를 뿐 수도인의 자세는 마찬가지이다. 개인의 수도가 전체에 미친다는 것을 깨닫게 된다. 방면에서 익힌 수도의 자세가 종단을 넘어 그 이상에도 적용될 수 있는 것이다.

종단에서는 방면 사이의 갈등이 있을 수 있고, 방면 안에서는 위아래의 알력이 생길 수 있다. 사람 마음에는 주도하고 드러내려는 욕망이 항상 꿈틀거린다. 시기와 질투의 시발점이다. 이 감정이 발동되면 이를 합리화하기 위해 모든 수단이 동원된다. 결국에는 언행으로 나타난다. 조직 사이에서도 그렇고 개인 사이에도 있다. 이것이 상극이다. 상생을 위해 수도를 하지만 닦아내기가 쉽지 않다. 수도의 어려운 과제이다. 천지자연의 이치와 구조를 깨닫고, 자신의 분수를 제대로 인식하면 될 터이나 말이 쉽지 마음은 따로 논다. 수도에 끝이 없다. 계속 정진해야 한다. 내재된 상극적 요인을 없애는 것이 해원상생이다.

조직체계의 질서유지에 종단의 교리가 모두 적용되기 때문에 그 실천 여부를 통해 수도의 정도를 헤아린다. 그만큼 중요했다. 따라서 그렇지 못할 경우에 해당되는 경고가 반드시 있기 마련이다. 하극상은 배사율에 걸리고, 아랫사람을 버리면 자멸로 이어진다. 허세를 부리지 말아야 하고, 훈회에서와 같이 은혜를 저버리면 안 된다. 그렇지 않으면 수도의 목적과 정반대의 경우에 처하는 결과에 이른다. 조직의 체계를 지키고, 질서를 유지하려는 노력이 바로 수도이다.

　종단 대순진리회의 조직체계는 특별하고 유일하다. 다른 종단을 둘러봐도 이와 같지 않다. 그래서 오해를 받기도 한다. 처음 도문에 발을 들여놓았을 때 불안감이 앞서는 것도 이 때문이다. 수도생활이 쉽지 않은 것이 사실이다. 증산의 뜻대로 인륜도덕을 바로 세우기 위한 종단이기에 이처럼 짜여졌다. 질서가 중요하고, 인륜도덕으로 유지된다. 이를 익히는 것이 증산의 뜻을 따르는 것이다. 인륜도덕을 실천하는 것이 말처럼 쉽지 않다. 늘 과부족을 살피면서 끊임없이 노력해야 된다.

　제대로 지킨다는 것이 쉬운 일이 아니다. 옳은 줄 알면 참고 이겨내며 자신을 만들어가야 한다. 증산의 유지와 정산의 유법을 받들어 믿고, 이에 의해 짜인 법과 제도를 무조건 받아들이고 따라야 하는 것이 도인의 바람직한 자세이다. 믿는다는 것은 절대 자기 마음대로 하는 것이 아니고, 법과 제도에 따라 행동해야 한다. 종단의 제도와 법을 지키려고 노력하는 것이 전체를 이해하는 방법이자 수도의 과정이다. 종단ㆍ방면ㆍ개인 모두 종단의 제도ㆍ법ㆍ규율을 지키려고 노력해야 한다. 법을 지키고 행하여 생활화되게 하라는 우당의 가르침이 가지는 뜻이다.

우당은 종단 대순진리회를 철저한 조직으로 만들었다. 종단 중앙뿐만 아니라 각 방면까지 그렇게 했다. 우주의 질서체계에 어울리는 인간을 길러내기 위한 수도법을 직접 체험으로 가르치기 위해서였다. 실제로 해원상생을 실천하는 수도를 하지 않을 수 없도록 짜여졌다. 수도인은 종단과 방면의 조직에서 전체의 구성과 운영, 개인의 마음가짐과 자세를 분명하게 깨닫고, 크고 작은 조직체의 운영방식과 직분의 수행을 직접 체험함으로써 확실하게 익힌다.

종단 대순진리회의 조직과 운영방식에 스도법이 온전히 갖추어져있다고 하는 것은 이러한 점 때문이다. 인륜도덕을 바로 세우는 것이 증산의 뜻이다. 도덕은 혼자만 있다면 필요하지 않다. 사회 속에서 필요한 것이 인륜도덕이고, 인륜도덕은 사람 사이의 관계에 필요한 기본적인 규범이다. 이를 위해서는 사람 속에서 익혀야 한다. 종단의 조직이 사람을 사람 사이에 얽어 넣는 역할을 하고, 운영 과정에서 과부족이 모두 드러나게 되어 자신의 상태를 점검하게 만든다. 기준은 인륜도덕으로 삼고, 미달되면 채워야 하고 넘치면 덜어내야 된다. 이를 실천하기 위해서는 믿음이 전제되어야 가능하다. 수도하는 과정에서 사람 사이에 맺힌 한을 풀고, 지켜야 할 인륜도덕을 체득한다. 그래서 조직과 운영방식이 종단의 생명과 같은 수도법이다. 수도의 묘법이라고 아니 할 수 없다. 모든 사람을 수도시키기 위해 우당의 역할로 정립된 수도의 구체적인 내용이다.

증산의 유지와 정산의 유법을 사람들에게 적용시킬 종단을 만드는 것이 종통의 세 번째인 우당의 역할이었다. 조직체계와 운영방식을 확립하고 체계와 질서를 유지하기 위한 마음자세와 역할에 대한 우당의 가르침, 곧 유훈이다.

종단에 대한 사회적 인식

우당은 종단 대순진리회를 창설하고 쉴 새 없는 활동을 통해서, 도장을 건설하여 천지신명을 봉안하고, 교리와 의례를 정립했으며, 종단과 방면의 조직체계와 운영방식을 확립했다. 이것이 우당의 맡은 바 역할이었다. 증산이 이 세상에 내려와 후천선경을 위한 도수를 정리하고 해원과 인륜도덕의 확립을 수도의 과제로 남겼고, 정산은 그 뜻을 받들어 50년 동안 각고의 노력으로 수도의 방법을 확정하였으며, 우당은 정산의 법을 세상에 펼칠 종단을 창설하고 법에 따른 수도의 요령을 구체적으로 가르쳤다. 종단에는 사람들이 몸소 수도하는 데 필요한 모든 것이 갖추어졌다. 종통을 계승하여 이룩된 결과가 바로 종단 대순진리회인 것이다. 대순진리가 연원의 진리이고, 여기에는 유지, 유법, 유훈 모두가 포함되어있다.

  대순진리회는 한국에서 생긴 민족종교이다. 기성 종교의 대부분은 다른 지역에서 시작되었다. 불교, 유교, 기독교 모두 마찬가지이다. 그래서 민족종단이라는 것이 특징의 하나가 된다. 19세기 말에서

20세기 초에 걸친 시기에 여러 민족 종단이 생겨났다. 이 배경에 수운 최제우의 동학과 증산의 활동을 빼놓아서는 안 된다. 전봉준의 농민전쟁 이후 동학은 천도교로 이름을 바꾸고, 근대화에 앞장을 서서 많은 업적을 남겼다. 민족종교 발생의 토대는 증산에 의해 만들어졌다. 대순진리회가 비롯된 바이다.

대순진리회의 또 다른 특징으로는 종통의 계승에 의해 종단의 필수적인 조건이 모두 갖추어졌다는 점이다. 우주의 원리에 따른 미래상과 천지신명의 역할, 그리고 인간의 존재의미가 확실하게 정리되었고, 이를 기반으로 인간의 삶의 목적과 자세에 대한 덕목이 구체화되었으며, 그 덕목을 몸소 실천하며 점검할 종단과 방면이라는 터가 마련되었다. 그 터가 대순진리회인 것이다.

이렇게 되기까지 말도 많고 탈도 많았다. 증산이 활동하던 시기에는 물론이고 지금까지 끊임없는 비난을 받아왔다. 증산을 미치광이라고 하는 사람도 많았다. 이에 대해 제 할 일을 제가 하는데 상관하지 않겠다거나 거짓으로 행세하던 지난날에는 신인이라 하더니 참으로 행하는 데 이르러서는 도리어 광인이라 한다거나 미친 사람은 일을 계획하지도 행하지도 못하는 사람이라 하면서, 비난하는 사람이 고개를 들고 쳐다보지 못할 날이 오리라고 안타깝게 여기고 천지공사에 전념했다. 의병으로 몰려 종도들과 함께 옥에 갇히기도 했다. 가장 가까이에서 따르고 지켜보던 이들조차 곤란한 상황에 이르러서는 믿음을 저버린 일도 있었다.

증산의 타계 뒤 종도들에 의해 생겨난 여러 교단들도 주변의 손가락질을 피하지 못했다. 증산 교단 가운데 가장 먼저 꾸려져 크게 발전했던 교단이 보천교였다. 종도 가운데 한 사람인 차경석에 의해 주도되었다. 1920년대에 교도의 수가 수백 만에 이르렀다고 할 정도로 교세가 대단했다. 급기야는 '시'라고 하는 새로운 나라의 이름을 내세우고, 차경석 자신이 몸소 천자에 오르는 치성을 치른 바 있다. 차천자로 불렸으며, 당시에는 모르는 사람이 없을 정도였다. 일반적인 사회의 기준으로는 이상하기 이를 데 없는 일이었으니, 비난의 정도는 짐작하고도 남음이 있다. 그 밖의 여러 교단은 식민지 시대에 유사종교로 취급을 받았다.

정산도 이러한 어려움을 겪기는 마찬가지였다. 그는 교단의 외적인 확대보다는 증산의 계시에 의한 자신의 역할에 무게를 두고 대부분 기도와 공부에 전념했기 때문에 보천교에 비해 집중적인 비난의 대상은 아니었다. 다만, 일제의 황민화 정책이 시행되면서 가혹한 압박을 받았다.

해방이 된 뒤 정산의 활동은 부산을 중심으로 이루어졌다. 반공의 이념이 판을 치던 시대에는 북쪽을 향해 기도하는 도인들의 모습이 북한에 절을 올리는 것이라고 매도되어 여러 도인들이 끌려가서 심한 고문을 당한 일도 있었다. 도인들은 부산의 도장 인근의 판자촌에서 집단생활을 했다. 이 무렵에는 부산으로 몰려든 피난민들의 생활상과 크게 다르지 않았다. 도인들의 생활상이 눈에 띠게 돋보여지지 않았다. 증산의 도수를 풀어간다는 정산의 기도와 공부에 큰 어려움이 없었다. 다만 각 지역의 포덕 활동 과정에서 일어난 물의 때문에 법정에 참석하여 증언한 바 있다.

　1970년대 초에 창설된 대순진리회의 성장과정에는 보다 구체적인 예들이 있다. 교세가 커짐에 따라 많은 이들에게 종단의 존재가 알려졌고, 사람을 직접 만나는 포덕의 방법 때문에 많은 사람들의 입에 오르내렸다. 이 무렵에는 신앙촌, 통일교 등 다른 종교단체도 왕성한 활동을 펼치던 때이므로, 종교에 대한 일반인들의 관심이 컸다. 관심의 내용은 동의가 아니라 눈총이었다. 경제가 급속도로 발전하는 상황이 이어지고, 금전의 가치가 최고로 여겨지는 분위기에서 종교적 가치는 비난과 힐난의 대상이었다.

　대순진리회에 대한 일반인들의 인식은 도인들의 포덕활동에서 비롯되었다. 활동이 다른 종교와 다르게 두드러진다. 이는 종단과 방면의 운영규칙에 뿌리를 두고 있다. 소속 도인의 수에 따라 종단에서의 영향력과 직급·직책이 정해지기 때문이다. 종단 안에서는 방면 사이의 경쟁이 필연적이고, 방면 안에서는 상위의 직급으로 올라가기 위한 각고의 노력이 기울여질 수밖에 없는 운영 제도이다.

　이 두 가지는 모두 하나의 성과에 달려있다. 바로 새로운 도인의 증가이다. 방면 지도자에서부터 모든 교직자들이 도인의 수를 늘리는 일에 매달렸다. 이것이 수도의 전부인 것으로 알고, 교화의 초점도 여기에 맞춰졌다. 각 지역의 온 방면이 포덕에 전력을 기울였다. 포덕할 때 신원파악을 잘 하고, 먼저 모범적인 도인의 자세를 갖추어 잘 아는 친척이나 친구들에게 권하며, 덕을 펴는 것이 포덕이지 사람을 많이 모으는 것이 포덕이 아니고, 조언비어나 감언이설을 엄금하라는 거듭되는 지시에도 불구하고, 그렇지 않은 일들이 끊이지 않았다.

일선의 교직자들은 사람을 찾아 부지런히 움직였다. 주변의 친지와 아는 사람이라면 누구든지 찾았고, 골목골목의 상가를 드나들었으며, 아예 사람들이 많이 오가는 거리에 직접 나서기도 했다. 주역판을 들고 우주의 때와 역리적 이치를 얘기하고, 하느님이 왔다갔다는 소식을 전하고, 전생이나 조상의 공덕을 얘기하며 종교적 관심을 끌었고, 비결과 풍수적 해석으로 서둘러 수도해야 한다고 권하고, 미륵불의 종교라고 설득하는 등 방법도 매우 다양했다.

비결을 포덕이나 교화의 자료로 쓰지 말라는 지시도 내려졌다. 비결은 하늘의 숨겨진 비밀을 감추고 있는 것으로 믿어졌다. 이를 뒤적이고 풀이하여 쓰는 경우가 많았다. 비결의 내용은 미래의 일을 예측한 것들이다. 누가 나오고, 어디가 좋다는 등의 내용이라 종단의 하는 일에 도움이 되기도 했다. 그러나 안다고 끝이 아니다. 결국 수도가 할 일이다. 비결에 수도의 방법이 담겨있지는 않다. 참고만 할 뿐이지 교리는 아니기 때문에 종단에서는 공식적으로 쓰지 말라고 한 것이다.

도심의 번화가에 자리를 잡고 지나는 사람에게 '도를 아느냐'고 묻는 이들이 눈에 뜨인 것도 이 무렵이다. 대형 서점 주변에서 쉽게 볼 수 있었다. 전철역 주변도 장소 가운데 하나이다. 가정과 상가를 일일이 방문하는 것은 안정적인 대화의 자리가 마련된다는 점에서 좋은 점도 있으나, 만나는 사람의 수에 한계가 있다. 이에 비하면 끊임없이 무리로 지나는 사람들을 상대로 하면 많은 사람을 접하고, 관심을 가진 사람을 만날 기회가 많아진다는 이유에서인지 한동안 그런 활동이 이어졌다. 나름대로 성과가 있었기 때문에 계속되었을 것이다.

지방에서는 미륵불의 절에 가자고 하거나 조상에게 좋다는 말로 사람들을 모아 단체로 입도 치성을 올리는 경우도 있었다. 단체로 하게 되면 입도의 정확한 의미도 모르고, 마음보다 분위기에 휩쓸려 마지못해 하는 일이 생긴다. 체계를 중요하게 여기는 종단의 제도에 맞지 않는다. 시정이 요구되었다. 포덕의 성과에 집착해서 빚어진 일들이다. 사회의 물의를 일으키면 안 된다고 하는 지침이 계속되었음에도 불구하고, 당장의 호수 늘이기에 바빠 제대로 지켜지지 않은 경우가 많았다.

길을 지나던 사람들 가운데 진정으로 도를 알고 싶어서 그들의 말에 귀를 기울이는 사람보다 그냥 무시하고 가던 길을 가는 사람이 대부분이다. 이들에게는 정상으로 보일 리 없다. 유쾌한 일도 아니다. 보는 사람들이 많아짐에 따라 사회의 관심사로 떠올랐다.

방송의 개그프로그램에 등장한 적도 있다. 우스꽝스러운 몸짓으로 도를 아느냐고 묻는 것이 꼭 거리의 도인과 닮아 웃음을 자아냈다. 다 아는 광경이고 말의 뜻을 짐작하기 때문에 웃었을 것이다. 개그의 소재가 일상적이지 않고 연기자가 비정상적인 모습이어야 정상적인 사람에게 재미를 느끼게 한다. 도가 개그의 소재로 등장하였다는 것만으로도 얼마나 비정상적인 모습으로 보였을지는 짐작하고도 남는다.

입도 치성을 조상의 천도제로 설명하는 편법도 이어졌다. 80년대에는 올림픽이 천지개벽의 기회라고 하는 등 포덕활동의 주요한 소재였다. 태풍의 진로 등 기후의 변화도 꺼리였다. 또 급한 마음에 시한부적인 성격의 얘기도 있었다. 사람을 모으는 방법이라면 가리지 않고 동원되었다고 해도 과언이 아니다.

그런 가운데에서도 각 지역에서 펼쳐진 도인들의 열성적인 활동으로 도인의 수가 크게 늘어났다. 종단의 비약적인 발전이 이 때문에 가능했다. 각 지역에 도장이 새로 지어지고, 중요사업의 규모가 늘어났다. 증산의 뜻을 실현할 종단을 만들려는 우당의 계획이 차근차근 모습을 갖추어갔다. 헌신적인 도인들의 노력 때문에 가능한 일이었다.

왕성한 포덕활동으로 비약적인 종단의 발전이 이루어지는 가운데 여러 지엽적인 문제도 파생되었다. 방면에서 적극적으로 활동하는 도인으로 만들기 위해 무리한 일이 벌어졌고, 성금 제도의 운영에서 원칙을 지키지 않은 경우도 있었다. 모든 일에 긍정적인 면보다는 부정적인 면이 두드러져 알려지기 마련이다. 극히 일부의 잘못된 것을 얘기하고 싶은 것이 사람의 속성이다. 사회 전반에 일부 불미한 사례들이 알려져 비난을 받게 된 것도 이 때문이다. 도인들이 전하는 하느님의 강세와 후천 선경의 도래 등보다 몇 가지 얘깃거리에 관심이 집중되고 파급력도 훨씬 컸다. 종단의 대사회적 인상은 이렇게 자리를 잡았다.

대순진리회에 쏟아진 비난의 요소는 가출과 돈이었다. 일상적인 생활을 하던 사람이 '도'에 관심을 가지면서 몰입되는 경우가 있었다. 주위 사람들의 눈에는 갑자기 변한 모습이 이상하게 보이지 않을 수 없다. 또 가정주부가 도를 알게 되면서부터 가정에 소홀하고, 더러 나가버리는 일도 있었다. 또 몸소 종교 활동에 뛰어든 사람이 아니더라도, 비교적 큰 액수의 돈을 낸 사람도 생겨났다. 당연히 드러나 알려지기 마련이고, 주변에서의 평가와 판단은 어떠했을지 구태여 말이 필요 없다. 주위 사람들은 당사자의 심정적 결심의 배경을 이해하려고 하지 않는다. 좋은 얘깃거리의 하나일 뿐이다.

사실 도인들이 말하는 내용은 일반적인 수준을 뛰어넘는다. 하느님이 오셨고, 천지공사에 의해 앞으로의 도수가 바뀌었고, 후천이 올 것이라는 내용은 가볍게 주고받을 얘기가 아니다. 너무 큰 내용이라 허무맹랑하다고 귀를 닫아버리는 이가 많겠지만, 이를 기다렸다는 듯이 받아들이는 사람도 있다. 전자의 사람들은 허튼 소리로 여기고, 후자는 때를 만난 듯 뛰는 가슴을 억제하지 못할 것이다. 두 부류의 사이에는 동의가 쉽지 않다. 후자에 대한 전자의 판단이 어떠했을지는 짐작하고도 남는다. 증산의 말대로 인연이랄 수밖에 없다.

여하튼 종단에 대한 사회의 부정적 인상은 정상적인 발전을 가로막는다. 우당은 이러한 사정을 파악하고, 가정에서 나오는 일이 없도록 하고, 가정화합에 힘쓰라고 집중적인 지시를 내렸다. 솔선수범하는 도인으로서 사회의 모범이 되어야 하고, 융화단결을 기본으로 하여 각 도인들은 가정화합에 힘쓰라고 계속 반복했다.

종단 조직의 운영방식에 대해서도 비난이 거셌다. 당시 사회에는 파라미드 판매업이 활개를 치고 있었다. 높은 가격의 특정 상품을 판매하는 방식이 방면의 운영방식과 같아 보였다. 판매업은 영업실적에 따라 눈앞에 당장 노력의 대가가 이익으로 돌아왔다. 조직의 상부에서는 그 액수가 상당했다. 반면 부작용도 많았다. 투자된 돈의 회수는 다른 사람을 모아야 가능했다.

종단의 포덕활동이 이와 똑같이 보였다. 돈을 위한 종단으로 이해된 것이다. 그런데 포덕활동을 통한 결과에서 보면, 돈으로 노력의 대가가 돌아오지 않는다. 상급임원이 되더라도 역할만 많아질 뿐 경제적으로 돌아오는 것이 없다. 도인들이 성금을 모시면 대부분 중앙으로 올라가고, 방면 공제금은 회관과 회실의 운영비로 쓰였다. 임원은 수도승의 생활을 해야만 했다. 종단의 목적은 돈이 아니다. 사람을 모아 상품을 판매하면 그 노력의 대가가 현실적인 금액으로 돌아오지만, 도인들의 포덕활동의 대가는 하늘에 쌓이는 공덕이고 자신의 해원일 뿐 여전히 빈손이었다. 그러나 밖에서 보면 판매업과 조직 운영의 행태가 비슷해서 오해의 소지가 있다. 비난의 정도가 심했던 이유이다.

종단의 부정적인 인식이 구체적인 내용을 근거로 널리 알려지면서 쉽게 나오는 말이 사이비이다. 사이비라는 뜻은 '비슷하지만 아니다'이다. 유사라는 말과 같다. 겉으로는 그럴듯한데, 실제 본모습은 종교가 아니라는 얘기이다. 곁에서 바라보는 사람들에 의해 종단에는 사이비라는 굴레가 씌워지기도 했고, 다른 종교단체의 비난은 더욱 가혹했다. 한번 인식이 되면 모든 일이 그렇게 보이기 마련이다.

참에도 거짓이 있고, 거짓에도 참이 있다는 정산의 말이 있다. 정확한 분별이 필요하다. 단체의 목적을 살펴보고, 또 그것이 명분으로

만 내세워지고 이면에 다른 목적은 없는지 등을 꼼꼼히 따져봐야 한다. 운영과정에서 나타난 극히 일부의 일탈 행위도 가려내야 한다. 진위를 가리려는 치밀한 분별력이 필요하다.

우주의 가을이 되어 하느님이 거두러 오셨다거나, 누구나 맺힌 원과 척을 풀고 인륜도덕을 바로 세워야 한다는 말이 몇 푼의 돈을 위해서라고 하면 되겠는가. 혹 삶의 목적을 돈의 액수에만 두고 사는 것은 아닌지 되돌아볼 필요가 있다. 물질문명의 결과이다. 세상에는 보다 높은 곳에 가치를 두고 사는 사람들도 많다. 증산은 지나친 물질문명이 신도를 어지럽혀서 모두 망할 지경에 이르렀고, 몸소 내려오지 않으면 안 되는 상황이 벌어졌다고 했다. 이제 각 개인의 정신개벽이 요구되는 때이다.

수도장으로서의 대순진리회

종단에 대한 부정적인 인상은 종단의 발전뿐만 아니라 목적의 실현을 가로막는 아주 큰 장애요인이다. 이를 근절할 우당의 끊임없는 지침이 내려졌다. 포덕을 구차히 하지 말라는 것이 주요 내용이다. 수도인으로서 몸소 모범을 보여, 주위 사람들에게 인망을 얻은 바탕에서 도를 펼치라는 요지이다. 천하의 대도를 오히려 수도인들이 하찮게 보이게 만든다. 도를 닦는다는 핑계로 가정의 안정을 깨뜨리는 행위나 지나친 액수의 돈을 요구하는 것 등이 부정적인 사회인식의 요소들이다.

종단의 취지에 어긋나는 말로 포덕을 하지 말아야 된다고 기회가 있을 때마다 반복적인 지시가 내려졌다. 포덕은 하느님의 덕을 펴는 일이므로, 펴려는 수도인의 자세가 먼저 갖추어져야 한다. 종단의 목적과 교리, 포덕의 의미를 정확하게 이해하고, 수도하는 도인으로서의 언행이 필요하다. 인륜도덕을 바로 세우려고 노력하면 주변에서도 그른 길이 아니라는 것을 당연히 알게 된다. 주변의 사람들에게 도를 얘기하기에 적절한 상황이 저절로 만들어지는 것이다.

　성금으로 말미암은 문제들을 근절시키기 위한 우당의 노력도 계속되었다. 정상적인 도인의 월성금만으로도 종단의 중요사업을 펼쳐나가는 데는 아무런 문제가 없다고 하며, 매우 강하게 반복해서 돈으로 물의를 일으키지 말라고 했다. 전체 임원을 상대로 한 훈시의 내용이 대부분 여기에 집중된 적도 있다. 종단 초기에 이미 성금의 70% 이상을 사회사업인 중요사업에 쓰도록 원칙으로 정하였고, 어김없이 지켜졌다. 대학교를 지을 시기부터는 성금의 90% 이상이 들어갔다.

　사회의 비난이 계속되는 속에서도, 우당의 활동은 줄기차게 이어졌다. 재단법인 대순진리회를 문화관광부에 등록하고, 도인들의 포덕 활동도 활기를 더해갔으며, 각지에 도장이 들어섰고, 일반 고등학교와 종합대학이 지어졌으며, 병원도 세워졌다. 외형적인 발전 속에서 내부에서는 천지신명의 봉안이 이루어지고, 공부와 수련이 진행되었고, 종단과 방면의 체계가 갖추어졌다. 증산은 마를 먼저 풀어야 하는 천지공사로 말미암아 무슨 일이든지 복이 오기 전에 화가 먼저 오고, 숨어있던 마가 방해하기 위해 발동하므로 이를 잘 이겨내야 목적을 이룰 수 있다고 했다. 대순진리회의 발전은 복마의 발동을 이기고 견딘 결과라고 하지 않을 수 없다.

　우당은 몸을 감추기 전에 종단에 대한 사회적 인망의 중요성을 강조하고, 이에 대한 지침을 내렸다. 오늘날까지 사회로부터 비난을 받으면서도, 민족종교로서 모습을 갖추었으니 성장하고 발전해나가자고 했다. 그렇게 되기 위해서는 모두 정해진 원칙을 반드시 지켜야 한다고 지시했다.

　종단으로서 면모를 갖추고, 민족종단으로 더욱 발전되기 위해서는 사회의 지탄을 받는 일이 없어야 하고, 사회로부터 인망을 얻는 일이 중요하다. 인망을 얻어야 신망에 오른다고 했다. 수도라는 것은 깨끗해지는 것이고, 이것을 나쁘다고 하는 사람은 없으니, 그러면 신명도 그렇게 인정한다고 했다. 이것이 신망이다. 사회의 인망을 얻은 종단의 모습을 갖추어서, 앞으로는 자연적으로 도가 좋아서 들어오게끔 하라는 것이 우당의 지시이다.

　겪어야 할 시련은 끝나지 않았다. 종단의 어려움은 안에도 있었다. 삼계대권을 가졌다고 한 증산도 천지공사를 하는 중에 갖은 고생을 다했다. 사람의 마음 같아서는 그 대권으로 모든 것을 일거에 제압하고 계획한 일을 일사천리로 해나가면 될 것처럼 보이지만, 일처리의 방법은 전혀 그렇지 않았다. 여러 방법을 통해 몸과 마음을 다하여 정성을 드리고, 설득하고, 종도들의 동의를 구하기도 했다. 하느님의 일처리 방식이 이러하니, 세상의 모든 일에는 절차와 방법이 있다고 할 수밖에 다른 도리가 없다. 겪어야 될 일은 겪어야 되는 모양이다.

　우당은 금강산 토성도장이 완공되는 시점에 특별히 후계자를 정하지 않고 타계했다. 증산과 정산 때와 같이, 모든 도인들은 당혹스러움과 낭패감에 휩싸였다. 당혹스러운 분위기에서도 하던 대로 종단이 운영되는듯했다. 그러나 구심점을 잃은 종단에 여러 문제들이 돌출되기 시작했다. 그 가운데 주도권을 두고 빚어진 방면 사이의 갈등이 가장 컸다. 종단 안에는 크고 작은 방면들이 모여 있는데다가 방면 책임자들의 입장 또한 달랐다. 더욱이 구심점이 없고, 원로나 큰 방면의 책임자들이 모두 수평적인 관계에 있는지라 사소한 문제가 생겨도 해결의 실마리를 찾기 어려웠다. 갈등은 증폭되어 내분 상태로 치달았다.

서로 이해하면 이루어지지 않는 일이 없고 이것이 해원상생이므로 절대 파벌·분쟁이 없도록 하라고 한 우당의 가르침이 통하지 않았다. 불평·불만이 있다고 해서 다투는 일은 있을 수 없으며, 도가 있다고 생각하면 감히 그러지 못한다고 했다. 이해와 양보를 각별히 주지시켰다. 방면이 다르더라도 융화단결하고, 힘을 합해야 목적을 이룰 수 있으니 서로 고맙게 생각하라는 등등의 지시였다. 이 지시와 가르침은 막상 현실에 닥쳐서는 적용되지 않았다.

해원상생의 의미를 되새기고 실천한다는 것이 말처럼 쉽지 않다. 사실 수도를 하는 데 해원상생의 근본원리에서 벗어나면 안 된다. 이 원리를 기본으로 삼아서 생활해야 한다. 해원상생의 원리가 평화이고, 종단이 앞장서서 천하를 평화롭게 만들어야 하는데, 내부의 분규 상황은 계속되었다.

서로에 대한 불신의 벽이 높아졌다. 사태가 장기화되면서 각 내부에서도 방면의 입장차이가 드러나 더욱 복잡해졌다. 급기야는 스스로 해결할 능력을 잃어버리고, 크고 작은 갈등요인의 해결을 법원의 판단에 맡겨야 되는 지경에 이르렀다. 감정이 격화되고, 갈등의 폭과 깊이는 더해갔다. 소요비용도 만만치 않았으며, 이에 실망한 도인들의 이탈도 많았다. 20여 년을 넘는 시간 동안 계속되었다.

그럼에도 불구하고, 하느님의 종단이라는 믿음을 간직한 채 해원상생의 마음으로 내부문제를 해결하려는 여러 임원들의 노력이 줄기차게 이어졌다. 현안문제를 해결하기 위해 수시로 만나 의견을 주고받았다. 상설기구가 만들어져 활동을 이어갔으며, 1백 명의 임원들이 모인 회의가 열리기도 했다. 법원에서 많은 재판이 열렸으나 문제의 해결에 결정적인 결과를 내놓지 못했다. 결국 구성원들이 자체에서 해결해야 한다는 것이 결과라면 결과였다. 제 일은 제가 풀어야 한다는 마땅한 귀결이다.

긴 기간 동안, 종단을 지키려는 사명감을 잃지 않고 수도인의 자세를 견지하려는 많은 임원들의 정성과 노력으로 중앙종의회가 몇 차례 열렸고, 지금 현재 종단의 틀이 유지되고 있다. 우당이 정한 주요의례와 의식, 기본사업과 중요사업이 꾸준히 진행되며, 산하의 교육기관과 의료기관 모두 정상적으로 운영된다. 현재도 바람직한 미래의 종단운영을 위한 노력이 계속되고 있다.

앞으로 종단의 발전은 도인들에게 맡겨졌다. 임원은 임원의 위치에서, 평도인은 평도인의 위치에서 자기의 책무를 다하면 될 것이다. 개인 사이에서는 서로 이해하여 맺힌 원을 풀고, 가정 안에서 그리고 이웃과의 화합을 이루고, 이것이 사회의 화평으로 번져나가고, 세계의 평화로 넓혀가도록 하는 것이 도인의 임구이다. 종단의 목표달성의 여부가 이에 달려있다고 하겠다. 우당은 여러 가르침 끝에 종단과 도인들은 신명의 도움을 받고 있기 때문에 무엇이든지 하려고 하면 다 된다는 자신감도 심어주었다.

동두천에 큰 규모의 병원 건립을 진행시키고, 금강산 토성 수련 도장이 완공될 즈음인 1996년 1월 우당은 몸을 감추었다. 음력 12월 4일이며, 정산의 탄생일이기도 하다. 우당이 태극도에 입도하여 타계하기까지 50년이다. 증산의 50년 종부종필이 우당에게도 적용된다. 종통의 천부적 의미로 이해되고 있다.

　　우당의 50년 종교활동으로 종통의 세 번째 역할이 마무리되었다. 종단 대순진리회를 창설하여, 각지에 도장을 지어 천지신명을 봉안하고, 교리와 의례를 정립하였으며, 종단과 방면의 조직체계를 갖추고 운영방식을 확립했다. 모두 인간 세상에 '도'를 펼치기 위한 일이다. 이로써 증산의 하늘의 일, 정산의 땅의 일, 그리고 우당의 사람의 일이 세 번을 거쳐 완결되었다.

　　우당(牛堂)은 호의 뜻처럼 도(道)의 집인 종단 대순진리회를 창설하고, 여기에 인간의 수도에 필요한 모든 것을 마련하였다. 후계자를 지명하지 않았으니, 일러준 대로 잘 하라는 뜻이다. 실제 수도장으로서의 대순진리회가 이렇게 만들어졌다. 종단 대순진리회는 하느님의 뜻에 따른 수도의 확고한 법방과 수도의 구체적 가르침을 온전하게 갖춘 모든 사람을 위한 수도의 장이다.

제4장

어쩌자는
것인지

해원상생의 중요성과 진리의 깨우침

대순진리회는 증산, 정산, 우당의 종통계승에 따라 만들어진 종단이다. 여기에는 증산의 후천 선경의 건설과 구제창생의 뜻, 그 뜻을 이루기 위한 정산의 법방, 정산의 법방에 따른 수도인의 모집과 개개인의 수도를 위한 우당의 가르침이 종합적으로 망라되었다.

종단의 목적은 인간의 마음과 정신을 개벽하고, 이 땅에 신선을 실현하고, 지상의 신선세계를 건설하는 세계개벽에 있다. 이렇게 하자는 것이다. 목적을 이루기 위해서 우당에 의해 종단이 만들어졌다. 증산의 뜻이 종단을 통해 실현되는 것이다.

증산이 행한 천지공사의 핵심이 해원이다. 원한 때문에 선천이 상극으로 점철되었으므로, 후천 선경을 이루기 위해서는 원을 풀어서 상극의 도수를 상생으로 돌려 잡아야 했다. 그것이 천지공사이다. 공사에 쓰인 것이 묵은 원을 푸는 해원이다. 원의 시작인 단주를 해원시키기 위해 종통의 한 과정에 직접 참여시켰고, 만고역신을 해원시키는 공사도 이루어졌다. 이 모두는 도수를 돌려 잡기 위한 방법으로 쓰였다. 도수의 정리는 우주운행의 질서에 해당되는 것으로 개인적인 범위를 뛰어넘는다. 증산에 의해 도수에 영향을 주는 해원은 이미 천지공사를 통해서 이루어졌다.

해원은 천지공사의 주요 내용이다. 범위의 크고 작고를 떠나서 모든 것이 해원의 단계를 거쳐야 한다. 묵은 상극적 원을 남겨서는 안 된다. 개인적인 해원은 천지공사에 의해 이루어질 것이 아니다. 개인적인 해원은 알아서 해야 한다. 이제 남은 것이 각 개인의 해원이다. 상생의 도수에 순응하기 위한 개개인의 해원이 모두에게 과제로 남겨졌다. 개인 차원의 해원이 자기 개벽이다. 이 개벽은 자신이 해야 한다. 각자가 알아서 해야만 되는 과제이다.

해원을 통해 묵은 마음을 깨끗이 닦고, 우주자연의 이치를 깨닫고, 인륜도덕을 몸에 익힌 사람이 되어야 한다. 상극의 원리가 지배하는 시대를 살아오면서 누구나 본의든 아니든 원을 쌓고 척을 맺었다. 원은 개인적인 욕망을 이루지 못한 데서 비롯되고, 척은 다른 이에게 나쁜 영향을 끼친 말과 행동으로 맺어진다. 원에 북받치고 해를 입은 다른 이의 복수심으로 인간 본래의 깨끗한 마음이 상극으로 뒤틀어졌다. 이를 되찾기 위해서는 우선 원을 풀고, 다른 이의 복수심과 서운함을 풀어주어야 한다.

인간은 욕망을 채우지 못하면 분통이 터져 병에 걸리므로 이제 해원의 시대를 만나 모든 일을 풀어 각자의 자유의사에 맡긴다는 증산의 말이 있다. 각자의 자유의사에 따라 원을 풀어야 한다. 하고 싶었던 것이 전체나 남을 위한 것이라면 그 꿈을 이루는 것으로 원이 풀릴 것이고, 순전히 개인적인 세속적 욕망이라도 또한 풀릴 것이다. 좋은 꽃은 좋은 열매를 맺고, 나쁜 꽃 역시 나쁜 열매를 맺는다고 했다. 증산이 남긴 『현무경』에는, 채우려는 것이 욕망인데 악으로 채우려거나 선으로 채우려거나 모두 성공할 것이라는 구절이 있다. 내용에 따라 결과는 다를 것이지만, 일단 모든 원을 풀어주어야 하늘에 대한 원망이 없다. 선한 욕망도 결과가 있고, 악한 욕망도 결과가 있다. 인간의 완성이 원이었다면 수도를 통해 그렇게 되면 풀릴 것이고, 한껏 즐기는 것이 원이었다면 그러기에 좋은 세상이다.

척은 반드시 풀어야 한다. 하늘도 그렇고 개인도 그렇다. 아주 작은 척이라도 장애로 작용한다고 했다. 모르는 사이에 맺어진 척도 포함된다. 우당의 여러 공부에 참여했던 도인들의 생생한 증언이 있다. 의도한 목적을 향해 가는 길에 모든 척이 달려든단다. 증산도 서당에 다니던 어린 시절에 먹물로 장난을 치다 같이 공부하는 아이를 울린 적이 있는데, 이를 풀어주는 행동을 직접 보여준 바 있다. 어린아이의 가벼운 장난으로도 척이 맺히고 이를 마땅히 풀어야 한다니, 과거에 맺은 척을 푸는 일이 보통이 아니다.

수도하는 과정에 장애가 되는 마가 있는데, 모두 척신에 의한 작용이라고 한다. 해원의 중요함이 여기에 있다. 상대의 마음만 거슬려도 척이 되는데, 척을 푸는 것을 수도의 우선으로 꼽았다. 수도나 공부는 척신과 싸우는 것이라고 하였다. 척신은 몸과 마음에 붙어 방해하는 작용을 한다. 몸에 붙어 고통을 주고, 마음에 붙어 엉뚱한 생각과 잘못된 생각을 하게 만든다. 그래서 방해가 되는 척신을 해결해야 한다.

척을 짓지 말고 남을 잘 되게 하여 해원상생 대도의 윤리를 실천하는 것이 수도인의 기본적 과제이다. 척을 풀어야 하는 것이 하늘의 철칙이다. 그래서 도를 닦아야 된다. 그렇지 않으면 여러 척신에 시달린다. 척이 있으면 앞길이 보이지 않는다. 믿음과 굳은 의지로 이를 극복하면 가장 빠르게 척을 푸는 방법이 된다. 수도가 어려운 것이 이 때문이다. 해원의 중요성을 알고 먼저 풀면 상대는 저절로 풀린다고 했다. 해원이 되어야 상생이 된다는 것을 깊이 깨달아야 된다. 해원상생·보은상생은 남에게 척을 짓지 말고 남을 잘 되게 하는 진리이다.

해원상생은 맺힌 원을 풀고 좋은 관계로 전환시키는 일이다. 눈을 한번 흘기는 데에서도 척이 맺힌다고 했으니, 척이 없는 사람은 하나도 없다. 누구에게나 척이 있다. 자신이 맺은 척은 보복하기 위해 자신에게로 돌아온다. 하고자 하는 일을 방해하는 모습으로 나타난다.

수도인에게는 죄를 짓게 해서 목적을 이루지 못하게 한다. 비단 도인에게만 해당되는 것은 아니다. 누구나 그렇다. 나쁜 쪽으로 밀어 넣고, 좋은 쪽으로 가는 것을 방해한다. 수도의 목적이 최종적인 인간의 완성인지라, 시작하면 바로 자신과 맺힌 모든 척신이 달려든다. 좋은 결과를 위한 발걸음이기 때문이다. 반대로 못된 길로 나가면 척신은 방해하지 않고 오히려 도와준다. 척이 풀릴 기회가 없어진다. 척신이 원하는 대로 자신이 망가져서야 풀린다. 척은 풀렸으나 자신은 망가졌다. 앞날이 없다.

어렵지만 수도를 해야 척이 빨리 풀린다. 수도의 틀 안에서, 수도

하는 사람들 속에서 풀어야 한다. 풀 기회가 수없이 주어진다. 의지를 꺾기도 하고, 의심하게 하고, 옆의 사람을 통해 괴롭히고, 온갖 갈등에 휘말리게 한다. 어려움을 이겨나가기 위해서는 서로의 힘을 빌리지 않으면 안 되는 까닭이다. 신명과 옆의 도인이 도와준다고 했다. 사람마다 닦은 바에 따라 그 사람의 임무를 감당할 신명의 호위를 받아 어려움을 헤쳐 나가도록 도움을 받는다. 신명으로 하여금 사람의 뱃속에 출입하게 하여 그 체질과 성격을 고쳐 쓴다고 하였다. 서로의 힘을 빌리니 고맙다는 마음을 가지면 척이 풀리고 해원이 된다.

증산의 말처럼 누가 때리거든 그 손을 만져주라고 했다. 전생에 척을 맺었는데, 그 척신이 상대방에 응하여 때린 것을 갚은 것이니, 그 정도로 풀린 것을 고맙게 생각하라는 뜻으로 이해해야 한다. 저 사람이 나쁜 것이 아니다. 전생에 맺은 척신이 그렇게 하는 것으로 알고 고마워해야 한다. 사기를 당하거나 도둑을 맞았다면, 전에 자신이 누군가를 속이고 누군가의 물건을 훔쳐서 복수를 당한 것으로 이해해야 한다. 그리고 고마워해야 한다. 척을 풀 기회를 주었기 때문이다.

말이 쉽지 절대 쉽지 않다. 그래서 수도라고 한다. 무조건 감사하고 고맙게 여겨야 한다. 받아서 이겨내면 풀린다. 그렇지 않으면 수도하지 않는 사람과 다를 바 없다. 수도인은 항상 감사하고 고맙다는 마음을 지니고 생활해야 한다. 이것이 해원상생이고 여기에서 척이 사라진다. 척이 있으면 정신통일이 되지 않는다. 아무리 사람이 감정의 동물이라 하더라도 나쁜 감정을 없애야 한다. 원망할 것도 미워할 것도 없으면 감사할 일만 남는다. 매사에 감사한다.

맑은 마음을 회복하지 않으면 후천 세계에 동참이 어렵다. 자신의 갈 길을 방해하는 척을 푸는 것이 앞선 전제이다. 마음에 걸릴 척이 없어야 한다. 그것이 맑은 마음이다. 수도를 통해서만 가능하다. 아무튼 개인적으로는 양심에 전혀 거리낌이 없는 청정한 마음을 되찾아야 한다. 중요한 내용이라 반복했다.

천지공사로 돌려 잡힌 도수에 따라 앞으로는 상생의 운영원리가 지배하는 세상이 된다고 했다. 그 세상이 후천 선경이다. 여기에 존재하기 위해서는 기본적으로 상생의 마음을 고스란히 간직해야 한다. 마치 여름의 벼가 가을이 다가오면서 탈바꿈을 해야 되는 것과 같다고 하겠다. 찬바람이 불고 서리가 내리는 가을에도 뻣뻣한 여름의 풀의 꼴을 하고 있다면 곧 죽고 만다. 가을의 후천 선경이 다가오는 것은 우주운행의 순차에 따른 결과이고, 증산이 가르쳐준 대로 해원으로 자신을 닦아 깨끗한 마음을 회복해야 한다. 이것이 각기 해야 할 자기만의 정신개벽이다.

최종적으로 인간이 신선으로 탈바꿈되는 일은 제 할 일이 아니고, 천지신명의 도움이 필요하다. 앞에서 인간의 존재의미를 농사에 비유하여 얘기하였듯이, 피조물인 인간은 만든 존재에 의해 거두어진다. 농사의 추수는 씨를 뿌린 농부가 한다. 잘 여문 곡식이 농부의 목적이면 천지신명의 의도는 잘 닦인 인간이다. 증산은 천지가 사람을 필요로 하는 때에 사람으로서 참여하지 않는다면 어찌 사람이라 하겠느냐고 했다.

잘 닦인 인간, 이것이 신선의 전제이다. 판단은 하늘에서 한다. 청정한 마음을 회복한 인간에게 그에 어울리는 신명이 조화하여 신선이 되는 것이 아닌가 한다. 바로 인간의 탈바꿈이다. 애벌레가 나비로 되는 것이라고 하겠다. 도교의 목적이 여기에 설정되었듯이 모든 인간이 원했던 무병장수의 존재이다. 증산은 신선을 보게 될 것이라고 했다. 그 꿈의 실현이 종단 목적의 하나이다.

세계개벽의 지상낙원 또한 하늘이 건설한다. 이미 그렇게 짜여있다고 했다. 우주의 운행과 천지공사의 결과에 따라서 그렇게 되는 것이다. 후천의 환경이기 때문이다. 신선이 살아야 할 세계는 당연히 선경이다. 신선이 먼저인지 선경이 먼저인지 모르겠으나, 인간의 입장에서는 그 여부를 따지기에 앞서 닦는 일이 바쁠 뿐이다. 겨울이 가면 꽃이 피고, 여름이 가면 열매가 여물 듯이 그렇게 선경이 온다고 했으니, 참여자격을 갖추는 것이 사람의 할 일이다.

계절이 바뀌듯 모든 것이 자연스럽게 될 것이라면, 증산과 정산이 그처럼 어려운 활동을 왜 했는지 의아하고, 물의가 따르는 종단의 창설이 왜 필요했는지 의심의 여지가 있다. 결국 목적은 인간에게 두어졌다. 지금 상태의 인간으로는 안 되기 때문에 인간의 수도가 절대적이다. 증산의 천지공사의 범위는 전 우주에 걸쳐있다 하더라도 인간 세상에 인간의 몸으로 내려와 한 일이다. 증산이 관할하는 범위와 신명계에서는 어떤 변화가 있는지 상세한 내용을 알 길이 없다. 각 나라의 명부신명과 문화의 종장을 임명한 대목과 주문의 내용을 통해서 짐작만 할 뿐이다. 그러나 사람이 할 일은 분명히 사람에게 남겨졌다.

정산 또한 이 세상에서 맡은 임무를 수행하는 데 50년 동안 지극 정성을 다하였다. 지금 우리가 알 수 있는 정산의 법방은 인간에게 해당되는 내용들이다. 종단에 고스란히 전해져 시행되고 있고, 하나하나의 실천덕목이 이해되는 글로 남아있다. 종단과 수도법의 틀을 짠 것이다. 물론 종교 활동의 대부분을 공사라고 한 것을 보면, 사람이 모르는 차원의 일도 많을 것이라고 짐작된다. 그러나 이 또한 정확하게 알지 못한다. 사람의 수도를 위한 법방이 마련되었다는 것이 우리에게는 중요하다.

우당의 대순진리회는 오롯이 인간의 수도를 위한 종단이다. 그러기 때문에 종통을 이어받으며 행한 종교 활동의 결과물이라고 하는 것이다. 증산의 목적은 크고 넓은 차원에 있다손 치더라도, 정산은 인간을 위한 수도의 법방을 짠 것이고, 이를 이어받은 우당의 종단 창설의 목적은 인간을 직접 수도시키기 위해서였다. 인간의 실제적인 수도를 위한 구체적이고 철저한 방법이 종단과 방면에 담겨있다. 해원을 위한 수도법이다.

본래의 양심을 회복하여 깨끗한 마음을 만드는 노력은 끊임없이 기울여져야 한다. 한번 씻었다고 다시 더럽혀지지 않으란 법은 없다. 해원상생을 통해 마음을 깨끗하게 닦아 유지하고, 그리고 환한 마음에 우주자연의 이치를 담아 깨달아야 한다. 상생의 깨끗한 마음을 갖는 것은 기본이고, 그 바탕에서 이치를 폭넓게 깨달아야 한다. 그래야 일을 하고, 많이 깨달은 만큼 더 많은 일을 할 수 있다. 하늘에서 쓰고자 하는 인간상이다. 깨우침이 또한 중요하다.

도는 간단한 것이 아니라고 했다. 대순은 원이고 원은 무극이고 무극이 태극이라 하니, 다 같은 말일 것이다. 크게 돌기 때문에 막힘이 없고, 돌고 돌기 때문에 그치는 데가 없다는 뜻이다. 천지일월이라든지 삼라만상의 진리가 대순, 태극의 진리에서 비롯되었고, 삼라만상이 생기고 없어지는 것이 다 이 안에 있다고 했다. 우당은 대순의 진리를 이해하면 안 풀리는 것이 없다며, 모든 것이 순리이어야 잘 풀린다고 했다. 끝이 없이 돌고 도는 가운데 온갖 조화가 있을듯하다.

도는 우주의 법칙과 조화를 말한다. 1년에 연월일시의 단위가 있는데, 전체 시간의 짜임새이다. 작은 단위가 모여 큰 단위가 되고, 그 위로도 그렇고, 무한정 계속되면 끝이 보이지 않는다. 세세한 아래 단계도 그렇다는 얘기이다. 철저하게 짜여 계속 돌고 도는 것이라고 해도 될 것이다. 여기에 계절의 순환에 따라 만물이 생겨나서, 자라고, 시드는 조화가 벌어진다. 이 모두를 입체적으로 또는 하나로 이해하는 것이 진리를 깨달았다고 하는 것인지 모르겠다.

우주자연의 질서는 체계적으로 꽉 짜여있다. 이러한 원리에 신명의 조화가 더해지면 무언가 입체화된 모습이 그려지는 것 같다. 그렇지만 확연하지 않다. 도통에 이르면 삼라만상 전체를 이해하고 하지 못할 것이 없다고 했으니, 신명의 도움을 받거나 합덕의 과정을 거쳐야 비로소 전체의 실체에 접근할 것이다. 앞으로의 과제이다. 우주의 체계와 운영의 법칙 등을 완전히 이해하는 것이 상통천문과 하달지리가 아닌가 싶다. 도는 어려우나, 그저 모른 채 따라가기만 해도 된다고 했다. 닦으면 보인다는 얘기이다.

어쨌거나 깨달아야 한다. 해원상생으로 장애가 되는 모든 척을 풀고, 마음을 깨끗하게 하고, 그리고 진리를 깨닫는 것이 도통의 경지이다. 신명과 함께하는 수도의 과정이므로 이 과정에서 서로 주고받는 작용을 통해 깨달음을 얻는다. 진리라는 말은 간단하지만, 진리의 범위가 어디까지인지 추측이 어렵다. 쉬운 말로 통해야 한단다. 우주에 있는 것을 빼지 않고 다 알아야 통했다고 한다.

수도를 해야 도통에 이른다. 수도의 목적이 그렇다. 직접 체험하라는 말이다. 종단의 기본사업을 실제로 수행하다보면, 조직체에서 직위를 갖게 되고, 상급임원에 이른다. 반드시 그런 것은 아니지만 선·교감이 되려면 대체로 10년 정도 걸린다. 짧은 시간에 임원이 된 경우도 많다. 그런데 수도의 목적이 임원이 아니다. 임원 역시 수도를 계속해야 한다. 단계마다 시기마다 또 사람에 따라 겪고 닦을 것이 계속 쌓여있다. 이것을 극복하다 보면 알게 모르게 실력이 갖추어진다. 대순진리회 수도법이 그렇다. 신명의 도움을 받기 때문이기도 하고, 목적을 향한 끊임없는 노력의 결과이기도 하다.

도에 입문하자마자 모든 것이 바로 믿겨지지 않는다. 주문을 외우고 기도를 모시는 등 단순한 일들을 하나하나 하다보면, 차츰 깨닫는 것이 늘어난다. 문득 예전의 자신이 아니라는 것을 실감한다. 그저 종단의 제도와 문화를 조금 이해했다는 것이 아니다. 천지자연의 이치, 신명의 실재, 척신의 영향, 인간의 속성, 나아가서는 우주의 체계와 운영 등등에 관해서이다. 짧은 시간에 그렇게 되지 않는다. 여러 과정을 밟게 된다. 방면의 여러 사람과 어울리는 속에서 자연스럽게 이루어진다. 혼자 하는 수도가 아니라 가능한 일이다.

　대순진리회 임원은 종단의 엄격한 기준에 의해서 임명된다. 학벌, 지식의 정도와 관계없다. 별도의 시험도 없다. 대순진리를 많이 연구하고 공부했다고 되는 일도 아니다. 배우기도 어렵고 가르치기도 어렵다. 직접 수도를 통해 깨달아야 한다. 종단을 유지하고 도인수를 늘리려는 속임수라고 오해받아도 어쩔 수 없다. 연원의 진리가 그렇다. 직접 경험하지 않고서는 함부로 얘기하지 못한다.

　한 인간이 우주 전체를 이해한다는 것은 쉬운 일이 아니다. 말로는 모든 것을 다 아는듯해도 아주 작은 것에 지나지 않는다. 세상에 알 수 없는 것이 너무나 많다. 무궁무진하다는 말 그대로이다. 그래서 어렵고, 그렇기 때문에 진리라고 할 것이다. 알고자 하는 인간의 호기심과 욕망은 가라앉지 않는다. 머릿속의 이상이 한없이 큰 것과 마찬가지로 지적 호기심 또한 끝이 없다.

　인간의 완성 단계에 이르고 싶다는 종교적 희망을 가지기도 하는데, 전체를 이해하고자 하는 것은 그래도 작은 희망이다. 깨닫기 위해서라도 같이 할 인연이 있으면 좋다. 동료가 필요하다. 같은 꿈을 가진 인연이다. 전생도 있다 하고, 신명계도 있다고 했다. 전에 맺은 인연이 많을 것이다. 다시 또 그 꿈을 이루기 위해 바로 옆에 있는지도 모른다.

　후천에는 전체를 이해하는 사람이 필요한 것 같다. 증산은 천존과 지존보다 높은 인존시대라고 했다. 깨달음의 단계와 범위의 차이는 있겠지만, 전체를 깨달아 이해해야 할 것이다. 전체의 체계와 질서를 알고, 그 원리에 따라 운용할 역량을 가진 인간이 요구된다. 그래야 전체를 위한 부분의 역할을 제대로 한다. 아니면 전체를 그르친다. 아무리 능력이 출중하다고 해도 전체의 체계와 질서를 흩트리면 없는 것만 못하다. 깨달음이 중요한 이유이다.

깨닫기 위해 도를 닦고, 깨달아야 일을 한다. 단순히 신선이 되는 종교적 목적에 그치지 않는다. 막연하게 천국에 가고, 극락에 들고, 선경에 가서, 이 세상에서 누리지 못한 것을 한껏 누리는 것이 끝이 아니다. 하늘이 사람을 내어 가르쳐서 쓴다는 말은 일을 맡기겠다는 것이다. 주어진 일이 분명히 있을 것이다. 다만 일의 질감이 상극 세상의 것과는 전혀 다를 것이라고 짐작해본다.

증산의 말에 천지공정·조화정부라는 단어가 보인다. 하늘이 지상의 정부처럼 조직적인 체계를 갖춘 모습일 것이라고 짐작하게 하는 말이다. 하늘의 공무를 맡은 이들의 이름이 있다. 신·성·불·보살 등이고, 또 증산의 신명공사에 종장 등의 용어와 주문 속 신명들의 이름을 참고하면, 결국 하늘의 공무를 담당할 일꾼을 양성하는 과정이 수도라는 결론에 이른다.

나라의 공무원도 절차를 통과해야 직무를 맡는다. 시험, 고시, 선거 등이 모두 절차이다. 하늘의 일을 맡기기 위한 절차가 있을 법하다. 깨우치는 것이 실력이고, 인망과 신망을 얻어야 된다. 그래야 시험을 통과하고 당선된다. 지금은 절차를 통과하기 위해 준비하는 중이고, 이것이 수도과정이겠다. 시험을 준비하고 사람들의 마음을 얻기 위해 노력하는 것과 마찬가지로, 종단의 틀, 수도의 틀에 묶여 공부하고 있다고 생각하면 쉬울 것 같다.

    수도의 기본이 척을 푸는 해원상생의 자세를 유지하며 생활하는 것이다. 그리고 이를 바탕으로 우주자연의 이치를 깨달아야 한다. 온전히 깨달은 경지가 도통이다. 도통하기 위해 우선 해원상생을 실천해야 한다. 수도의 자세이고 목적이다. 해원상생으로 척을 풀어 상생의 마음을 갖추고, 우주자연의 이치를 깨달은 도통의 경지에 이르러, 후천 선경의 일을 담당하기 위해서 어렵게 수도하는 것이다. 이것이 하늘에 대한 보은이다. 낳아 길러준 하늘의 은혜는 하늘이 원하는 인간으로 완성되어 갚아야 한다.

해원상생의 수도 과정

이제 대순진리회에서의 수도법이 어떠한지를 상세하게 밝혀야 한다. 우선 종단의 조직체계의 특징에서 찾을 수 있다. 대순진리회 종단은 철저히 조직으로 짜여있다. 중앙 본부를 중심으로 각 방면이 조직적으로 딸려있다. 모든 수도인은 이 조직에 소속된다. 각 방면의 임원 체계가 확실하게 잡혀있다. 상급임원, 중간임원, 평도인 등의 등급으로 계통지어 있다. 입도의 인연관계로 짜인 것이다. 앞선 도인을 선각자라 하고, 뒤에 들어온 도인을 후각자라고 부른다. 가문의 체계와 비슷하다.

평도인이 아닌 교직자는 모두 직위·직책을 갖는다. 상급임원은 선감·교감·보정의 직함으로 불린다. 조직의 틀은 선감으로 이루어진다. 상급임원 가운데에서도 서열이 분명하다. 인연 관계로 짜여 상급임원이라 하더라도 체계가 엄연하다. 각 방면의 최고책임자는 수임선감이다. 그 아래 하위 방면이 있다. 큰 방면의 경우에는 수임선감 산하에 여러 방면과 상급임원이 있다. 하부 단위의 방면에도 별도의 명칭이 있고, 같은 이름의 방면에는 차례로 숫자를 매겼다.

　조직체계와 운영방식에 수도의 묘법이 담겨있다. 수도를 하지 않으면 안 되게끔 갖추어졌다. 대순진리회의 조직체계는 통솔과 확대에 장점을 가진다. 중앙으로부터의 지시나 방침이 바로 전달되어 시행되고, 성과에 따른 직급의 승진은 조직의 확대를 촉진한다. 이러한 장점 말고도 그 운영의 과정에 수도에 필요한 모든 것이 철저하게 마련되었다는 점을 발견할 수 있다.

　입도자의 입장에서 겪는 과정을 단계별로 살펴보면 조직의 틀과 특성을 이해하기 수월하다. 도에 관심을 갖고 이르는 대로 따르다보면, 처음 하는 일이 입도식이다. 도에 입문하는 의식이다. 입도를 결정하기까지 마음의 갈등이 이만저만이 아니다. 처음에는 누구나 그렇다. 호기심과 두려움이 교차한다. 잘못된 결정이면 언제라도 그만두면 될 터인데, 다른 경우와 다르게 마음이 복잡하다. 그만한 이유가 있단다.

　증산은 아무나 도에 인연이 닿지 않는다고 했다. 도에 인연이 되기 위한 조건을 얘기했다. 우선 삼생의 인연을 들었다. 삼생이 무엇인지에 대해 설명이 없기 때문에, 전쟁·현생·후생으로 해석하기도 하고, 전생에 세 번 이상 도에 연이 닿은 적이 있어야 한다는 뜻으로 풀이한다. 전자로 보면, 전생에서부터 현생에 이르기까지 도를 닦아왔고, 그렇게 하여 다가올 미래에도 동참할 연을 갖고 있다는 뜻으로 이해된다. 후자로 보면, 이미 전생에서 유불선 등에 관련된 삶을 살면서 근본 문제에 어느 정도 깨달음이 있는 사람이라고 하겠다.

도인은 전생을 거쳐 여러 가지 맺힌 원한을 풀기 위하여 도에 입문할 운을 맞은 것이다. 완성의 도가 나온 시점에 다시 인연이 닿는다는 의미로 받아들이면 될 성싶다. 우당은 입도한 도인은 대개 전생에 뭔가 크게 했던 사람들로 산속에서 중을 했던지 큰 승려 일을 했는데, 현생에서 대순진리회에 입도할 환경이 조성되어 도를 알게 되는 것이라고 했다. 전생의 연장으로 이생에서 도와 만나는 인연이 닿는다고 하니 예사롭지 않은 일이다.

삼생의 인연뿐만 아니라 조상의 공덕도 입도의 조건이다. 공덕이 쌓인 집안의 자손이라야 도에 연이 닿는다. 신명계에는 각 가문을 담당하는 선령신이 있는데, 각기 좋은 자질의 자손을 자기 집안의 자식으로 태어나도록 공에 공을 들인다고 한다. 하늘이 사람을 낼 때에도 헤아릴 수 없는 공을 들이는데, 각 선령신들도 오랜 세월 공을 들여야 쓸 만한 자손을 타낸다는 말이다. 조상이 3대 이상 적선해야 자손이 이 도문에 들어올 수 있다는 말도 있다. 사람이 태어날 때까지의 여러 과정이 있을 법한데 상세한 설명이 보이지 않는다.

사람마다 태어날 때부터 성품과 능력의 차이가 있는 것을 보면, 좋은 자질의 자손이 무엇을 의미하는지 짐작이 된다. 또 가문의 환경이 어떠한가에 따라 개인적인 역량이 발휘되거나 교육을 통한 성장의 정도가 다르다는 점도 충분히 이해된다.

하늘이 인간을 내어 기르는 데에 선령신에게 맡겨진 일이 있는 것으로 보인다. 하늘은 사람을 내어기르는 일을 각 가문에 위탁한 것이 아닌가 싶다. 각 가문은 하늘의 논밭에 비유된다. 논에서 좋은 결실을 거두기 위해서는 먼저 씨앗의 질이 좋아야 할 것이다. 그래서 선령신들은 지극정성을 다하여 좋은 자손을 타내려 하고, 바르게 성장하도록 온갖 정성을 다하는 것으로 보인다. 거두는 단계에서의 첫 관문이 입도이므로, 선령신의 비호 아래 도문으로 들어온다고 해야겠다.

수도 과정에도 선령신들이 영향이 크게 미친단다. 입도한 뒤에 개인적으로 아무리 의욕과 의지가 강하더라도 공덕이 약한 집안의 자제들은 어떤 계기를 만나 더 이상 나아가지 못하고, 반대의 경우에는 그만두고 싶어도 계속 남아있을 수밖에 없다는 증산의 말이 있다. 주문속의 천지신명이 나열된 가운데 직선조와 외선조가 보인다. 각 가문을 관리하는 신명이다. 윗대의 선조는 모두 계통으로 연결되어 후손의 입도에 따라 도인의 반열에 오르고, 같이 도를 닦아 도통에 이른다고 하였다. 선령신이나 조상들에게도 후손의 입도가 중요한 까닭이다. 입도와 수도 단계에서도 조상공덕의 유무, 또는 다과가 크게 작용되기 때문에, 거리에서 조상공덕을 언급하는 것이다. 들어올 사람은 들어온다는 증산의 말을 그대로 믿어서이다.

입도의 조건이 삼생의 인연과 조상의 공덕이라고 하면, 이미 입도한 사람은 뿌듯함을 느끼고, 들어오지 못한 사람은 달갑지 않게 여길 수 있다. 그런데 입도의 조건은 증산의 말이다. 이미 들어와서 오래 수도한 도인도 대부분 자신의 전생을 알지 못한다. 단지 그 말을 자신에게 적용시켜볼 뿐이지 사실여부는 모른다. 그리고 입도가 끝이 아니다. 고행의 시작이다.

세상에 밥상 차리는 사람 따로 있고 먹는 사람 따로 있다는 말이 있다. 고생해서 밥 짓는 일만 하고 결국 먹지 못하는 사람이 있는가 하면, 빈둥빈둥 놀다가 상이 차려지면 냉큼 주저앉아 수저를 드는 사람도 있다는 말이다. 모든 일은 결과가 좋아야 한다. 밥을 먹는 것이 목적이라면 그 과정이 어떻더라도 먹으면 된다. 인간의 완성이 목적이라면 그렇게 되면 된다. 현명한 선령신이라면 자손의 입도시점을 저울질할 수도 있다. 일찍 들여보내 고생을 시키기보다는 완성의 직전에 넣으면 고생도 덜하지 않겠느냐는 계산을 할 수 있다는 얘기이다.

　그런데 하늘의 일이 인간의 짧은 생각으로 계산되지 않을 것 같다. 물론 풀어야 될 척이 많고 닦을 것이 많아서 오랜 수도생활이 필요한 경우도 있겠으나, 한만큼 쌓인다고 했다. 무궁무진한 진리와 범위에서 한 사람의 노력으로 아무리 쌓아도 표시조차 나지 않을 것이다. 증산의 공사를 시중했던 여러 종도들의 고생은 이루 말로 표현하기 힘들다. 정산의 도인들 또한 그랬다. 우당의 일에 참여했던 도인들도 많다. 이들 때문에 공사가 순조롭게 이루어졌고, 종단이 창설되어 발전되어왔다. 이들 모두가 풀어야 할 척이 많아서 일찍 입도하여 고생을 했다고 단정하기에는 무리가 따른다.

　하늘은 한없이 넓다. 후천 선경이 어떤 모습인지도 모른다. 그냥 제 머리로 상상해서 제일 좋은 상태를 그릴 뿐이다. 그러나 그 이상일 것이다. 닦아 깨달아야 할 진리가 끝이 없으니 아무리 노력해도 종착점에 이르지 못한다. 전부를 가지지 못하고 한 만큼 제 것이다. 각 개인의 인연과 운명이 있을 것이다. 스스로 선택하고 판단할 일이 아니라 그저 주어진 대로 최선을 다하는 것이 답이겠다는 생각에 이른다. 당장 내일 어떤 일이 있을지도 모르는 인간이 갖출 최소한의 자세가 아닐까 싶다.

해원의 수도법은 대순진리회에 있다. 도장 안에는 신들이 한 치의 틈도 없이 꽉 차 있는데, 이들은 도를 닦다가 죽은 사람이나 도인의 조상들이라고 한다. 도인들이 주문을 외우면 당연히 직선조와 외선조를 부른다. 입도한 것은 모두 조상의 덕이고, 조상은 자손의 수도를 통해 나름의 해원을 한다고 했으니, 각 가문에는 선령신을 중심으로 하는 틀이 갖추어져 있는듯하다.

도문에 들어오기까지 많은 방해요인들이 있는데, 이를 저지하는 역할도 선령신에게 있다고 한다. 방해요인이란 가문과 개인이 지은 척으로 짐작된다. 척은 언제든지 작용할 것이므로 완성의 길로 접어들려는 입도의 단계에서 척신들이 달려들어 방해를 하는 상태가 마음의 갈등과 번민으로 나타난단다. 망설임 끝에 내려진 결단은 결국 선령신들의 역할에 의해서이다. 입도 여부는 전적으로 조상에게 달려있다는 말도 있다. 예로부터 가문의 중요성을 얘기한 까닭이 여기에 있는지 모르겠다. 증산은 선령신을 섬길 줄 모르는 자는 살지 못할 것이라고 하여 그 중요성을 깨우쳐준 바 있다.

처음 도에 이끌리면 어리둥절한 가운데 입도식에 필요한 치성물을 마련하기 위한 비용을 요구받는다. 정해진 금액은 따로 없다. 무리한 금액은 금지되어 있다. 거리에서 갑자기 만나 입도식 뒤에 치성금 얘기를 꺼내는 것은 바람직하지 않다. 미리 입도치성의 의미를 충분히 알려주고, 일시·비용 등을 상의한 뒤 진행하는 것이 옳다. 그 다음은 안내자들의 일이다. 그들이 치성물을 마련하고 의식을 주관한다.

　입도 치성에는 마음이 중요하다. 하느님 앞에 맹세하는 자리이다. 치성의 의미를 아는 사람이라면 쉽사리 서두르지 않을 것이다. 도를 어느 정도 이해하고 올리는 치성과 전혀 모르고 올리는 치성과는 큰 차이가 있다고 했다. 도를 모르고 치성을 드리면 안 되는 까닭이다. 치성이 무슨 의미인지 알고 올려야지, 모르고 올리면 죄가 될 수도 있다. 치성이 중요한 것이 아니라, 꾸준히 도를 닦을 마음의 준비가 더욱 중요하다. 입도 치성이 수도의 끝이 아니라 시작이다. 자기 정성을 다하도록 해야 한다.

　예전에는 집안의 대사를 치를 때처럼 전을 부치는 등 온갖 치성물을 마련했다고 하는데, 지금은 그렇지 않다. 주과포라고 해서 술·과일·포 등으로 간소화되었다. 우당의 지시에 따른 바이다. 당사자는 한복으로 갈아입고, 배례의 방법을 익힌다. 좌우로 오가며 여러 차례 큰 절을 하는데, 각 자리에 있는 여러 천지신명에게 일일이 절을 올리는 것이다. 구천상제의 위지가 붙은 앞에 치성물을 차리고, 정해진 절차의 구령에 따라 의식이 진행된다. 여느 제사와 같이 세 잔의 술을 올리는 순서이다. 주문을 외우기도 한다.

　하늘에 이름을 올린다는 녹명의 순서가 있는데, 입도식의 중요한 절차이다. 신명계에 전달하기 위해서는 태워야 된다고 하여 입도자의 이름을 적은 녹명지를 정성스럽게 태운다. 몇 십 분의 의식이 끝나면 음복 차례이다. 차린 음식을 골고루 내놓는다. 입도식의 의미,

조상의 흠향 등 수도와 관련된 얘기가 이어진다. 도담(道談)이라고 한다. 비로소 도문에 들어온 것이다.

종단에서는 입도를 득도라고 한다. 일반적으로 삶의 바른 방법을 찾는 과정을 구도라 하고, 많은 노력 끝에 득도의 단계에 이른다. 득도는 쉽게 주어지는 것이 아닐 텐데, 여기에서는 입도를 득도라고 하니 그만한 이유가 있을 것이다. 증산은 후천 오만 년의 도수를 펴놓았으니 사람들이 알면 얼마나 좋겠느냐고 하며 이를 득도라고 했다. 여기에서 비롯되었다.

입도를 하고 나면, 여자는 내수, 남자는 외수라고 부른다. 정산이 정한 바이다. 내외는 남녀의 구분이고, 수는 닦는다는 뜻이니 남자도인, 여자도인이다. 도인이라면 완전히 수도가 된 사람 또는 충분히 수도해서 도통군자의 자격을 갖춘 사람을 가리키는데, 그렇게 부르는 것은 진정한 도인이 되려고 수도하고 있다는 의미이며, 수도의 과정에 있다는 말이다.

입도식 끝에 여러 주문이 빼곡히 적힌 주문서와 종단의 경전인 『전경』을 건네준다. 주문은 빠른 시간 안에 외워야 하고, 경전을 통해서 증산의 행적과 사상을 알 수 있다. 주문의 양이 상당하다. 봉축주로부터 신성주까지 여러 종류의 길고 짧은 주문이 가득하다. 주문에는 알듯말듯한 말과 전혀 생소한 단어가 나열된다. 구천상제와 천지신명의 구체적 명칭이 있고, 직선조와 외선조, 명부사자, 칠성, 관운장, 동양의 별자리와 사람의 이름, 동지로 시작되는 절후와 사람 이름, 천문·지리·인사, 많은 신장의 명칭 등 알쏭달쏭하다. 소원하는 바를 비는 내용이 한문체로 적혀있다. 주문이라는 말과 내용에 익숙하지 않아 예사롭지 않은 감정에 사로잡힌다.

처음 만났던 사람들과의 접촉이 빈번해지고, 주변의 사람들까지 알게 된다. 기도를 모시면서 주문의 효용도 익힌다. 시간이 지나며 많은 얘기를 듣고 대체적인 분위기를 감지한다. 바라던 곳에 왔다는 안도감도 있고, 경험하지 못했던 터라 불안감도 여전히 존재한다. 사람의 도리, 조상숭배의 중요성, 천지신명의 존재 등의 얘기는 전혀 이질적이지 않다. 이미 익숙한 말들이다. 연락소는 처음 들렀던 곳이고, 그 위에 회실과 회관, 도장이 있다는 것도 알게 된다. 때때로 도장에 참배하며 종교적 분위기에 젖어든다.

어느 정도 신심이 생기기 시작하면 바로 포덕활동을 권한다. 선택의 기로에 선다. 마음의 갈등이 여간 크지 않다. 누구나 그렇게 되는 것은 아니다. 평도인으로서 월성금을 내고 기도를 모시는 등 도인으로서의 기본적인 일을 하고, 항시 해원상생의 마음자세를 가지고 일상의 생활을 하면 된다. 해원상생의 마음이란 사강령과 삼요체를 마음에 새겨 간직하고, 훈회와 수칙을 실천하려고 노력하는 것이다. 마음이 있어야 실천한다고 했다. 실천하려는 마음은 믿음을 바탕으로 갖추어진다. 진정한 마음을 지니면 실천으로 드러난다. 믿음은 활을 다루듯이 하라고 했다. 너무 급하게 당기면 활이 꺾어지므로 진득하게 당겨야 한다는 증산의 말이다.

훈회와 수칙에 도인들이 지켜야 될 필수 사항이 집약되어 있다. 훈회는 마음을 속이지 말고, 언덕을 잘 가지고, 척을 짓지 말고, 은혜를 저버리지 말고, 남을 잘 되게 하라는 것이다. 수칙은 국법을 준수하고 사회도덕을 준행하여 국리민복에 기여하고, 도덕윤리의 근본인 삼강오륜을 몸소 실천하고, 양심을 속이거나 혹세무민하는 언행과 이치에 어긋난 짓을 하지 말며, 언행으로 남의 척을 짓지 말고 넓은 아량으로 호감을 얻고, 항상 자신을 반성하여 과부족이 없는가를 살펴서 고쳐나가라는 내용이다. 이를 실천하는 것이 수도이다. 일상의 생활에서는 쉽지 않기 때문에, 하늘의 계절 변화를 이해하고, 하느님을 신앙하는 각별한 마음가짐이 요구되고, 힘써 노력해야 된다.

도인은 한 달에 한 번 월성금을 모신다. 도인을 만들기 위한 제도이다. 방면의 소속감을 위한 의미도 있다. 자발적으로 형편에 맞게 성금을 내면 된다. 성금이란 정성의 표시이고, 성금이 아니면 정성이 드러나지 않는다. 옳다고 여기면 성금으로 나타난다. 믿지 못하면 단 몇 푼도 아깝게 여기는 것이 사람의 마음이다. 성금을 모시면 이름과 액수가 명세서에 기록된다. 이렇게 모인 성금은 종단을 운영하는 데 쓰이고, 사회사업을 통해 사회로 돌아간다. 성금을 모시면서 방면의 계통을 알게 되고, 계통을 통해서 종단의 여러 교리와 의식을 익힌다.

주문은 중요하기 때문에 꼭 외워야 한다 모든 의식에 필요하다. 집에서 기도를 모실 때에도 주문을 외우고, 도장 치성에서도 그렇고, 수련과 공부도 주문으로 한다. 신도에 의한 수도법이라고 했다. 신명계에서는 후천을 위한 준비가 증산의 천지공사로 이미 갖추어졌고, 인간을 수도시키기 위한 여러 방법 또한 마련되었을 것이다. 이 일을 담당한 신명들이 있을 것이고, 대표적인 신명들의 명칭이 주문에 보인다. 주문을 외우는 것은 이들 신명들을 부르는 것이다. 신명에 의지하여 도를 닦고, 신명의 보호 아래 수도가 이루어진다. 주문이 중요한 까닭이다.

성을 모시고 주문을 외워 기도를 모시는 가운데 여러 가지 듣다 보면 포덕의 의미와 중요성에 대해서도 알게 된다. 이해가 되는듯해도 행동에 나서기는 좀처럼 쉽지 않다. 여러 이유가 있겠지만 주변에 입도 사실조차 밝히기 어려운 상황에 놓이기도 하는데, 적극적인 행동으로 옮기기에는 당연히 망설임이 따른다.

그런데 적극적인 수도는 포덕에 있다. 임원이건 평도인이건 간에 도인의 책무라고 했다. 상제님의 덕화를 널리 펴는 일이다. 본격적인 수도를 위해 아주 중요하다. 수도의 여러 방법이 여기에 담겨있다. 해원상생이 아니면 도저히 안 되도록 짜여있다. 서로 배우고 가르쳐야 된다. 이 과정에서 다른 사람을 좋은 길로 안내한 공덕이 쌓인다. 자신의 모자란 공덕을 채우는 일이라고 해도 어긋난 말은 아니다. 앉아서 주문을 읽고 기도를 하는 것이 전부가 아니다. 포덕이 해원의 방법이고, 목적 달성을 위한 기본사업이다. 이로써 개인이 소원한 바를 이루게 되고, 많은 도인을 육성하려는 종단의 목적이 이루어진다.

종교 활동에 뜻을 둔다면, 포덕활동에 나선다. 처음 다가왔던 사람들의 모습이 자신에게서 보인다. 일찍이 증산은 포덕에서의 기본적인 자세에 대해서 일러주었다. 있는 말 없는 말을 꾸며서 남을 유혹하지 말고 올바르게 진리를 전하라 하며, 혹세무민하는 행동은 천지 안에서 용납할 길이 없다고 했다. 또 도에 관한 일을 묻는 사람에게는 그 사람이 듣고 실행하느냐에 상관하지 말고 바른 대로 일러주라고 했다. 굳이 사람의 꾸민 말로 유혹해서 되는 일이 아니고, 인연에 따라 들어올 사람은 들어온다는 뜻이다.

　말을 꾸며서 진리가 와전되어서는 안 된다. 포덕은 해원상생·보은상생의 양 원리인 대도의 이치를 바르게 알려주는 것이고, 사람으로 하여금 윤리도덕을 실천하게 하여 보은의 길을 열어주는 일이다. 덕을 편다는 말이니 겸허한 마음으로 임해야 한다. 개인의 일이 아니다. 보은이란 씨를 뿌린 하늘에 결실로 보답하는 것이다.

　위로는 줄줄이 앞선 도인들이 있고 그 위계도 철저하다. 활동에 따라 새로운 도인이 늘어나면 서열의 아랫자리를 갖는다. 체계의 구성원이 되는 것이다. 조직의 운영방식에 따른 각 방면의 특성을 알게 되는 것도 이 즈음이다. 가문마다 전통에 따라 문화와 정서가 다르듯이, 방면 또한 그렇다. 같은 목적 아래 모인 사람들이다. 지향점은 같으나, 사람마다 개성이 있는 것과 마찬가지로 방면마다 성격이 있다. 초기 임원들의 성향이 있을 것이고, 뒤에 들어온 도인들의 것과 혼합되면서 형성된 것이다. 끼리끼리 모인다고 방면 도인들의 기질도 엇비슷하다.

　가정에서 자식들이 부모를 보고 배우듯이 방면에서도 그렇다. 도인들은 임원들을 보고 배운다. 나중에는 말투까지 비슷해지기도 한다. 태어나는 아이가 가문을 선택하지 못한다. 운명이라면 운명이다. 말할 것도 없이 부모가 먼저이다. 나중에 보니 그러한 부모 밑의 자식이다. 바꿀 수도 없다. 입도를 하고난 뒤에 방면이 있다는 것을 알게 되고, 어느덧 거기에 소속된 도인이 된 것이다. 주변의 도인들도 마찬가지이다.

   입도 초기 살 길을 제대로 찾았다는 기쁨과 선택되었다는 자부심에 마음이 벅찰 때도 있다. 도에 들어온 것이 곧 공덕이 많은 집안의 자식이자 삼생의 인연이 있다는 것을 반증해준 것으로 여겨지기 때문이다. 앞날이 환하게 보이는 기분에 사로잡히기도 한다. 그런데 수도생활이 절대 쉽지 않다. 기도, 교화, 도장의 참배, 아랫사람의 관리와 지도, 매월 성금의 관리, 크고 작은 행사에 참여 등 일들이 많다. 밤을 새우거나 다급하게 할일은 아니다. 일상적인 일이다. 그렇게 생활하다보면 어느새 자신의 모습이 크게 달라져있다.

   포덕활동을 펼치는 동안 많은 일들을 겪는다. 우선 일반인들의 부정적인 시각에 맞닥뜨린다. 자신의 선택과 믿음의 정도를 헤아리게 된다. 남의 비방에 대해, 사람마다 제 노릇 제가 하는 것이고, 모르는 자가 항상 헐뜯나니 같이 헐뜯어서 그것을 갚으면 더욱 어리석고 용렬한 자가 된다는 증산의 말을 떠올려 힘을 내본다. 그런데 어렵다. 믿지 않는 사람일수록 인정을 더 베풀어야 한다거나 더욱 친하게 대하여 이해와 관용을 베푸는 것이 상생의 진리라는 말도 공허하게 느껴질 뿐이다. 이웃 주민들과 상호유대를 맺어 처신처사를 올바르게 하여 신뢰를 받게 되면 이것 역시 포덕이라 해도 그럴만한 마음의 여유가 없다.

   가족을 비롯한 주위의 시선도 곱지 않다. 방면 안에서 구성원 사이의 갈등도 빚어진다. 본격적인 번뇌와 갈등이 시작된다. 하나하나에 의문이 꽂힌다. 진정한 종교단체인지, 천지신명이 있기나 하는 것인지, 왜 이러고 있나 등 여간 혼란스럽지 않다. 매일 고민과 고통에 휩싸인다. 이러지도 저러지도 못하는 처지에 놓인다. 이상과 현실, 믿음과 의심, 사람과 사람, 매양 그 사이에 끼어 번민의 정도가 심해진다.

몸과 마음의 고통이 크다. 도를 닦기 때문에 당연히 그럴 것이라고 생각해도 견디기 힘들 때가 많다. 여러 가지 고통과 어려움이 따른다. 이 고통을 이겨나가는 데서 수도가 된다고 하는 말도 이해된다. 그래도 고통은 고통이다. 힘든 것은 어쩔 수 없다.

갑작스러운 생각과 생활의 변화는 가장 먼저 가족들의 관심사가 된다. 가족들의 생각은 일반사람들과 크게 다르지 않다. 가정화목을 이룩하고, 가족의 동의를 얻지 못한 도인은 먼저 그것부터 해야 한다는 말과 가화가 있는 곳에서 공을 거두니 가정화합이 우선이라는 가르침이 부담스럽다. 가족들은 거의 귀를 기울이지 않는다. 입도 뒤에 가정의 불화가 야기되면 먼저 가정 화합에 전력을 기울이며, 만약 불가능할 때는 믿음을 중지하도록 권고하여 가정의 평온을 회복시키는 것이 우선이라는 말에 따르면 그만두는 것이 맞다.

도인에게는 가정화목이 우선적으로 중요하다. 인륜을 바로 세우자는데 천륜과 인륜을 저버리면 안 된다. 부모, 형제, 자녀, 친척 간에 도리를 다해야 한다. 이웃과 잘 지내는 일도 도인에게 요구된다. 많은 사람에게 덕화를 펼치는 일인데, 옆에서부터 따돌림을 받아서야 어찌 되겠는가. 증산은 이제 천지신명이 운수자리를 찾아서 각 사람과 각 가정을 드나들면서 기국을 시험한다고 했다. 성질이 너그럽지 못하여 가정에 화기를 잃으면 신명들이 비웃고 큰일을 맡기지 못할 기국이라 하여 서로 이끌고 떠나간다니, 일에 뜻을 둔 사람이 잠시라도 소홀히 할 수 없다. 주변에서부터 모범을 보여야 한다.

　주변 사람들로부터도 따가운 눈길을 받는다. 사람의 도리를 다하여 솔선수범하는 사회의 모범이 되고자 하는 마음의 결심을 이해하려는 이는 아주 드물다. 이미 그들은 모든 것을 다 알고 있다는 자세이다. 변명이 필요 없다. 모든 것이 이상해졌다.

　주위에서의 비웃음과 조롱이 반드시 뒤따른다는 것을 이미 짜 놓기라도 한 듯, 증산은 남의 비소를 비수로 알고 조소를 조수로 알라면서, 장군이 적진을 돌파할 때에 비수가, 용이 하늘에 오를 때에 조수가 필요하다고 했다. 진실로 마음을 간직하기란 죽기보다 어렵다고 했으니 수도가 보통일은 아니다. 단지 입도를 하고, 주문을 외우고, 기도를 모시며, 다른 이에게 조심스럽게 권해본 일을 한 것뿐인데, 주위의 거부감이 거세고 마음의 번뇌는 시들 새가 없다. 처음과 다르게 자신의 모습이 몹시 초라하게 느껴진다. 증산은 도를 닦으면 복마의 발동이 먼저 있으니 잘 견뎌야 해원한다고 일렀건만 마음으로 받아들여지지 않는다.

　대순진리회 수도법의 진수를 엿볼 상황이다. 너무 힘들고 고통스러워 수도를 하고 있는 줄도 모르니, 이것이 수도의 방법이라고 자각하기란 쉽지 않다. 그러나 우당이 짜놓은 진정한 수도법이다. 초보적 수도의 상황에 놓인 것이다. 필연적인 과정이다.

　흔히 도를 물에 비유한다. 도에 들어온 것이 물에 담군 세탁물과 같다. 그 동안 옷가지에 끼어있던 온갖 둔은 때가 배어나온다. 본격적인 수도의 처음이 이와 비슷하다. 자기 성품과 기질의 묵은 때가 스멀스멀 기어 나온다. 물이 탁해서 옷감인지 때인지 분간이 어렵다. 모든 가치가 뒤엉켜 판단할 수 없다. 이전의 가치기준이 심하게 흔들리고, 새로운 기준을 받아들여야 하는지에 대해서는 확신이 서지 않는다.

너무 수도법을 긍정적으로 보는 데 그쳐 뒷면을 보지 못한다고 할 수도 있다. 비단 종교 단체에 국한된 경우만은 아니다. 어떤 단체라도 처음에는 같은 양상이 나타난다고 해도 맞는 말이다. 괜한 결정을 내렸다고 후회되고, 원래의 자리로 되돌아가고픈 생각이 떠나지 않는다. 답을 내려야 한다. 여기에 자신의 가치관·인생관을 망라한 모든 것이 동원되기 마련이다. 삶의 방향을 다시 설정해야 하는 중요한 시점이다. 간단한 일이 아니다. 종교적 이상과 현실적 처지 사이에서 갈피를 잡지 못하는 상황이 벌어지므로 물에 담군 세탁에 비유했다.

해원상생의 뜻을 헤아리고 도를 닦고 있는 중이라고 인식하면 조금이나마 마음의 여유가 생긴다. 고통의 요인을 내 탓으로 돌리고 마음을 다지고 견디면 언뜻 자신의 모습이 눈에 들어온다. 흐린 물속의 옷감과 때가 어렴풋이 구분된다. 옷감이 본체기고, 거기에 붙어 있는 때가 물을 흐렸을 뿐이다. 형체도 없는 때가 물만 더럽혔다. 옷감을 보지 못한 상황이 이해된다. 자신의 성품과 기질의 특성, 가치기준, 사회성의 정도 등이 어렴풋이 드러난다.

오랜 고통 끝에 한 단계 성장한 기분이 든다. 세뇌의 과정과는 다르다. 자신의 마음에 비추어 판단하면 누구라도 분별한다. 전에는 전혀 생각하지도 보지도 못했던 자신의 여러 면이 남의 것을 보는 듯이 보인다. 자신을 객체로 볼 안목이 생긴 것이다. 상태를 봤기 때문에 할 일이 많아진다. 어지간해서는 본 모습이 드러나기 어렵다는 것을 안다. 삶의 의미를 다시 점검하고, 자신을 되돌아본다. 보이고 구별이 되면 판단은 쉽다. 깨끗한 옷을 위해 때는 없애야 한다. 더욱 마음을 굳게 다진다. 새로운 힘이 솟구치는 것을 몸소 느낀다.

성품을 바로 잡고 기질을 부드럽게 하는 것이 말처럼 쉬운 일이 아니다. 성품을 바로 잡는다는 것은 절대의 가치기준 곧 윤리도덕이라고 할 수 있는데, 이 기준에 합당하게 한다는 것이다. 윤리도덕은 보편적 가치기준이다. 여기에 들어맞는 성품이어야 올바르다. 기질은 자기표현의 특질이다. 혼자로는 드러나지 않고, 대상이 있어야 발현된다. 자기 발현의 사회적 방식이므로 부드러움이 좋다. 남의 안정을 해치지 말아야 한다. 올바른 성품과 부드러운 기질을 갖도록 하는 일은 마음만 먹어서 되지 않는다.

處世柔爲貴 剛强是禍基
發言常欲訥 臨事當如癡
急地尙思緩 安時不忘危
一生從此計 眞皆好男兒

처세에 부드러움이 귀하고, 억셈과 억지는 화의 기틀이다.
말은 항시 더듬거리게 하고, 일에 임해서는 바보같이 해라.
급할 때는 오히려 느긋하고, 편할 때는 위급함을 잊지 말고,
일생동안 이대로 한다면, 모두가 진정 호남아이다.

증산이 일러준 글귀이다.

뼈를 깎는 고통과 각고의 노력이 필요하다. 가만히 머물러 안정시킨다고 될 일이 아니다. 흙탕물을 가만히 놔두면 흙탕물인줄 모른다. 흙 알갱이들은 아래로 내려앉고, 위쪽은 맑은 물이다. 그러나 뒤흔들면 곧 흙탕물이다. 그냥 가라앉아 있어 없어진 것으로 착각한 것이다. 전혀 정화된 것이 아니다.

제대로 정화하려면 흔들어 거르고 비벼서 빨아야 한다. 씻는 것이 도를 닦는 것이다. 방망이로 두들기고, 또는 통 안에 한꺼번에 집어넣어 서로 부대끼도록 비벼야 한다. 그리고 맑은 물로 헹구면 깨끗한 제 모습이 점차 드러난다. 이 과정의 반복이 수도이다. 끊임없이 자신을 깨끗하게 만들어가는 과정이다. 목적이 겉으로 드러난 성과가 아니라 보이지 않는 마음의 정화이다. 목적을 잊지 말고 몸소 단계 단계의 평가와 판단에 주의를 기울여야 한다.

대순진리회 방면 조직이 세탁기이다. 묵은 때는 지금까지의 업이고, 다른 이에게 끼친 해악이다. 업에는 좋은 것도 있고 나쁜 것도 있다. 그 동안 깨친 바도 있고 어두워지기도 했다. 그러나 상극의 세상을 살아야 했기 때문에 자신의 업과 다른 이와 맺힌 척이 누구에게나

있다. 어쩌지 못하는 경우도 있겠지만 예외는 아니다. 그래서 빨아내야 한다. 세탁기 안의 다른 빨래는 옆의 사람들이다. 비슷한 사람들을 한 틀에 집어넣고 부딪히고 비벼야 오랜 업장이 빠져나온다. 서로 닦는 것이다. 그 다음에 맑은 도의 원리로 헹구면 된다. 본래의 제 모습을 찾기 위함이다. 다시 입기 위해서 빨래를 하는 것처럼 다시 쓰이기 위해 수도를 한다.

주문을 읽어서만 되는 것이 아니라 해원상생의 정신으로 마음을 고치는 것이 수도이다. 마음이 중요하다. 행동을 주관하는 것이 마음이고, 행동은 마음의 표현이다. 고운 마음씨로 서로 대해야 상생이 된다. 척을 맺는 것도 언어 · 행동 · 처신에 있고, 갈등도 분별없는 언행에서 비롯된다. 말을 나쁘게 하면 나쁘게 받을 것이고, 좋게 하면 좋게 받는다. 실천에 옮기려고 노력하면 고쳐진다.

척을 풀기가 정말 어렵다. 그렇지만 마땅히 하지 않고는 안 된다고 했다. 사람 사이의 척은 사람 사이에서 풀어야 한다. 어쩌면 주변 도인들은 같은 목적을 가지고 한 조직 안에 모이지 않으면 안 되는 필연적인 관계에 얽혀 있는지도 모른다. 서로가 서로에게 필요한 사람들인지라 한 조직 안에 묶인 것으로 보인다. 같은 목적을 향해 가는 동지이면서, 한편으로는 서로의 원과 척을 풀어야 되는 관계라는 말이다. 인연이 있다고 하지 않았는가. 악연도 인연이다. 원과 척이 없는 사람이 없을 것이나 그래도 선령신의 역할과 조상의 공덕에 힘입어 자신을 되돌아보며 수도할 기회가 주어졌다는 것이 다행이라 생각되고, 또 자신의 인생관에 따른 삶의 지향점을 갖게 되었다는 점은 더더욱 그러하다. 이러면 편안해진다. 수도법의 기능적 작용이 자신에게 적용되고 있음을 실감한다.

　대순진리회 수도의 묘법은 여기에 그치지 않는다. 지금까지의 얘기는 단순히 한 개인에게 국한된 바이다. 방면 안에서 꾸준히 활동을 이어가다보면, 점차 직급도 올라가고, 일의 양도 많아진다. 같은 성격의 일이지만 책임의 양이 늘어난다. 위로부터 직급·직책에 따른 가르침과 지시를 받고, 아랫사람을 조직적으로 이끌어야 한다. 조직에서의 직책 수행은 당연한 일이다.

　이 과정 또한 결코 쉽지 않다. 초창기와 마찬가지의 의문과 고통이 반복해서 뒤따르고, 전과는 전혀 질이 다른 갈등에 휘말린다. 사람으로서 옳은 일을 하고 있는지, 방면의 활동이 단순히 종단의 양적인 확산을 위해서만 존재하는 것은 아닌지, 주변의 도인들이 정말 진정한 수도인인지 등을 포함해서, 종단에 대한 사회의 부정적 이미지도 크게 다가와 마음을 흔든다.

　조직 안에서는 도인들 사이에 크고 작은 갈등이 빚어질 수 있다. 사람 사이에서는 피하지 못하는 당연한 현상이다. 직급에 맞는 직분의 수행, 성격과 기질의 차이 등에서 말미암는 바이다. 단순히 개인 차원의 문제가 아니라 이제는 종단과 방면이라는 조직 운영 과정에서 생기는 일이다. 물론 우당의 가르침이 여기에 집중되어있다. 가르침을 따르면 큰 문제가 아니겠으나, 아직 수도의 단계에 있는지라 원숙하지 못하다.

惡將除去無非草
好取看來總是花

좋지 않게 여겨 없애려 들면 풀 아닌 것이 없고,
좋은 마음으로 보면 꽃 아닌 것이 없다.

    증산이 종도에게 일러준 말이다. 마음에 따라 대상이 달리 보인다. 좋은 마음으로 좋게 보는 것이 당연히 낫다. 자신의 타고난 기질, 이해의 폭 때문에 그렇게 하려고 해도 잘 안 된다. 항시 생각보다 마음이 앞선다. 이웃과 상부상조하여 화합하라는 가르침이 자신에게 해당되지 않는다고 여기게 되고, 고민과 고통의 요인이 모두 자신에게서 비롯된 것이라고 인정되지 않는다. 자신이 옳고, 주위의 모든 것이 잘못된 것으로 생각된다. 새로운 과제가 밀려왔다고 인식하지 못한다.

    이전의 생활이 그리워진다. 심각하게 생각하지 않고 마음 편하게 그냥 되는 대로 살고 싶다. 현란한 조명 아래 춤과 노래에 빠지고 조용한 곳으로의 여행도 아른거린다. 끼리끼리 술과 음식 앞에서 마음껏 웃고 떠드는 사람들이 부러워진다. 세상의 여러 문화를 만끽하며, 그냥 다른 사람과 다름없이 살고 싶다. 몸과 마음이 피곤하다. 수도 생활 과정에서도 춤추고 노래하며 여행도 할 수 있는데, 무엇엔가 묶여 있다는 부담 때문에 벗어나고 싶은 마음이 간절하다. 제 스스로 밖을 그리워한다. 모두 입도로 말미암은 결과이다.

    특별한 존재라는 자부심과 안도감을 주었던 이전의 말들이 재해석되고, 하느님은 물론이고 종단의 존재와 역할도 꾸며낸 것으로 생각된다. 믿음에 대한 전반적인 의심이 커진다. 역사적으로 종교가 끼친 악영향의 구체적인 실례, 요사이 들려오는 종교인들의 타락상, 광신자들의 몰상식한 언행 등 종교의 부정적 측면들이 또렷하게 부각되며 의심을 키운다. 종교는 인간이 만든 것일 뿐 신의 것이 아니라는 생각에 미치면 현실적인 인간의 역사가 돋보이고, 현대 문화의 찬란함과 과학과 기술의 첨단이 눈에 들어온다. 허상의 종교적 이상보다는 현실에 충실한 삶의 방법이 맞는 것 같다.

 종교와 종단의 문제로 귀결된다. 종교가 무엇인지에 대한 근본적인 의문에 휩싸인다. 의심을 안고 모든 것을 바라보는데, 주변의 도인들에게서 긍정적인 모습이 보일 리 없다. 꽃이라 하면 다 꽃으로 보인다는 말의 뜻을 떠올릴 마음의 여유가 없다.

 해원상생의 실천이 수도이다. 해원상생어는 원망과 미움이 없어야 된다. 해원상생의 생활화가 수도인의 기본자세이다. 원망과 미움이 없다면 고마운 마음밖에 없는데, 이해를 하지 않고서는 안 된다. 도인을 기르는 것은 누에 기르기와 같다고 했고, 부모가 어린아이를 기르는 것과 같다고 했다. 귀찮으면 못 키운다. 이것이 해원상생의 자세이다. 해원상생의 근본은 이해이다. 모두 맞는 말인데, 고스란히 마음에 젖어들지 않는다.

 다른 도인들은 닦을 것이 많아서 먼저 들어와 심하게 닦느라고 그러는지, 자신이 저러해서 이런 사람들과 만났는지, 아직 몰라서 이해하지 못하는지 등등의 의문은 그래도 종단에 대한 믿음을 기본으로 깔고 사고한 것이다. 여지가 남아있다. 그런데 정말 저들이 삼생의 인연이 있어서 들어왔는지, 공덕이 많은 집안의 자식이기나 한 것인지 등에서 시작된 의문은 일반인들보다 못한 사람들이 모인 곳이 아니냐는 데까지 이어진다. 수도는 고사하고 오히려 앞으로 저런 모습의 사람으로 변하지 않을까 하는 두려움조차 느껴진다.

앞선 도인들에게서 시작된 의심은 종단과 도인들에 대한 총체적 의심으로 커진다. 후천선경의 모습은 온데간데없고, 앙상한 조직체의 뼈대를 유지하려는 현실의 버거움만 남아있다. 도무지 앞이 보이지 않는다. 그런데 이상하다. 곤경에 처했을 때 가치의 소중함을 알게 된다. 일상적인 것을 하지 못할 경우에 그 일상이 가장 그립고 소중하게 느껴진다. 늘 옆에 있던 것의 귀함은 없어지면 바로 알게 된다. 건강이 그렇고, 자유가 그렇다.

수도 과정에서 찾아오는 고통과 의심의 혼란 속에서 『전경』의 구절이 또박또박 눈에 들어와 마음에 박힌다. 해원상생의 의미가 뇌리를 치고, 잃어버렸던 수도의 목적지가 되살아난다. 훈회와 수칙, 사강령과 삼요체의 덕목이 재인식된다. 늘 접하며 쉽게 얘기했던 것들인데, 평상시에는 그 뜻을 절실히 느끼지 못하다가 어려움에 놓였을 때에서야 비로소 의미가 확실하게 밀려온다. 정말 묵직하고 엄숙하게 다가온다. 목마를 때 마시는 시원한 물이다. 밝은 햇살을 보는듯하다. 가는 뱃길에 심한 폭풍우를 만나더라도 그냥 가던 길을 계속 가라는 정산의 말도 귀에 들린다. 그 동안 방향을 잃고 번뇌의 물결에 출렁거렸다. 과정에서 끊임없이 반복되는 일이다.

道氣長存邪不入
眞心堅守福先來

도의 기운을 지니면 나쁜 기운이 들어오지 믓하고,
진심을 굳게 지키면 복이 먼저 온다.

증산의 말이다. 도심은 자신을 지키는 울타리이고, 진심이 곧 복이다. 참된 마음에는 복이 먼저 들어와 있다. 콤소 겪어봐야 실감한다.

증산은 해마를 위주로 하므로 따르는 자는 먼저 복마의 발동이 있을 것이니 이를 잘 견뎌야 해원한다고 했다. 상대방을 원망하기에 앞서 먼저 자신의 몸을 살피는 것을 잊지 말고, 만일 허물이 자신에게 있으면 다 풀릴 것이고, 그렇지 않으면 본 곳으로 돌아간다고 마음의 자세를 가르쳤다. 화와 복은 순서가 있어서 화가 떠난 자리에 복이 오는 것이 아니다. 동전의 양면과 같이 한 몸이다. 화를 뒤집으면 바로 복이다. 바꾸려고 마음을 먹는 순간 먼저 와 있다. 화는 복의 재료라고 해도 될 것이다. 마음가짐이 정말 중요하다.

도인들 가운데에는 진짜도 있고 가짜도 있다고 했다. 우당의 말이다. 누구나 자신은 진짜이고 달갑지 않은 상대는 가짜일 것이라고 판단하기 쉽다. 과정에서 쉽게 판단할 일이 절대 아니다. 결국 드러나겠지만 과정에서는 모르는 일이다. 각기 역할이 있는 것으로 짐작된다. 도인을 목적한 곳으로 안내하려는 이도 있고, 끌고 나가려는 이도 있단다. 사람을 잘 만나는 것이 복이고, 자신을 바로 지키는 것 또한 중요하다. 수도에 필요한 주요 덕목을 잊지 않아야 한다. 결국 제 하기에 달려있다. 도중에는 알지 못하니 진정한 수도인이 되려고 노력할 뿐이다.

한 방면의 책임자가 되어서도 마찬가지다. 위로는 체계 안의 선배 임원들이 있고 아래에도 줄줄이 딸려있다. 조직 생활에서 생긴 권력의 맛이 느껴진다. 조직이 탄탄할수록 권력의 맛이 진하다. 권력은 인간의 본능적 욕구의 맨 위에 자리한다. 식욕, 색욕, 재물욕, 명예욕 등보다 위이다. 권력에 대한 말들이 많다. 자식과도 함께 가질 수 없다느니, 한번 가지면 죽어도 놓지 않는다느니, 권력의 속성에 대해서이다. 그만큼 감미로워 마약에 비유된다.

이제 지도자의 자질 양성의 수도에 들어선다. 자신의 내부적 번민, 또는 주위 사람들과의 갈등은 견디기 힘든 고통을 안겨준다. 몹시 괴롭다. 무엇 때문에 그러는지 구체적으로 고통의 요인을 꼽을 수 있다. 요인을 알게 되면, 힘들어서 그렇지 해결의 방법도 곧 나온다. 자신을 탓하든 남을 핑계로 삼든 벗어나는 방법이 쉽게 나온다. 요인과 해결 방법을 알았으면 그 방법대로 시행하면 풀린다. 해결이 가능한 고통이다.

그러나 권력의 맛에 빠져들면 깨닫기조차 힘들다. 괴로움을 주는 것이 아니라 달콤하다. 이 맛에 취하면 더욱 달콤함을 찾게 된다. 사람을 부리는 재미가 바로 수도의 목적이고 후천의 선경인양 착각하기 쉽다. 사람이 그렇다. 어느덧 스스로 대단한 사람이 되어버린다. 자신을 되돌아보기보다는 남의 허물을 지적하기에 바쁘고, 자신이 해야 될 일도 지시하고 시키기에 익숙해진다. 바른 길로 같이 가자는 진리의 교화보다 개인적이고 사소한 잔소리가 많아진다. 아랫사람이 부하로 보이는 것과 함께 자신은 하늘 높은 줄 모르고 높아진다. 수도에 필요한 여러 덕목은 이미 체득한 듯 다른 수도인들에게만 요구한다.

   수도의 목적과 임원의 책무를 잊어버린 상태이다. 임원은 언제나 상대방의 의사를 존중해야 한다. 직위와 개인의 자존심으로 주장을 관철시키려는 것은 잘못된 처사이고, 잘 모를 것이라고 여겨 생각하는 대로 밀어붙이면 안 된다. 평도인도 하늘의 뜻과 흐름을 모두 알고 있다. 임원이라는 생각에 빠지면 권력과 주장을 내세우게 되고, 지시만 하면 바른 생각이 들지 않는다. 자신만 도를 뿐 주위에서는 다 안다. 증산은 덕을 베풀기는 귀울림처럼 하고, 자신의 과오는 코골이로 알라고 했다. 귀울림은 저만 알고 남은 모르지만, 코골이는 저만 모르고 주변 모두가 다 안다.

   임원은 항상 이해하고 용서하는 마음으로 도인들을 길러야 되며, 상생윤리를 몸소 실천하여 도인의 귀감이 되어야 하며, 공과 사를 구분하고, 위아래의 의리를 바로 지켜서 도인의 본분을 다하고, 자기를 반성하여 상극을 막아야 된다. 제 경우만 옳고 남의 주장을 무시하여 반발을 일으키므로 마음의 정을 베풀어서 도인은 물론 도인이 아닌 사람에게도 늘 너그럽게 대해야 하는 것이 임원의 역할이자 자세이다. 후천에 어울리는 올바른 지도자로 육성하려는 내용들이다.

   우당의 가르침과는 달리, 항상 어디서나 신명이 내려다보고 있음을 명심하고 도인의 본분을 바로 지켜야 되는데 그렇지 않고, 욕심을 앞세운 잘못된 방법을 써서 헛된 망상의 지경에 빠지기도 한다. 자기 자신에 도취되어 홀로 위대한 사람으로 자처하지만, 주변에서는 미쳤다고 한다. 자칫 자신을 대단하게 여기면 이렇게 된다. 참된 지도자와는 거리가 있다. 그래서 모든 일을 가볍게 생각하지 말고 일상 자신을 반성하라고 했다.

이것을 극복하기가 무엇보다 힘들다. 하면 할수록 난관이다. 수도의 정신이 깨어있으면 극복의 대상으로 여겨지겠으나, 그렇지 않으면 자신도 모르게 취해버린다. 심하면 자신이 스스로 신이 된다. 위로는 아무것도 없고 오직 자기를 따르는 추종자들만 보일 뿐이다. 위와 앞을 보고 가야하는 수도의 과정에서 아래와 뒤만 보이니 위와 앞이 보일 리 없다. 어디로 가는지를 모르는 것이 당연하다. 사강령과 삼요체, 훈회와 수칙 모두 무의미하다. 인위적인 사도의 시작이다. 길을 잃은 것이다. 수도의 목적을 잊어버린 탈선이다.

종단과 방면의 체계가 중요하다. 연원 체계가 서있어야 임원 체계가 바로 잡힌다. 근원이 어디인지를 분명히 알고 방면 조직을 이끌어야 한다. 증산은 맥이 떨어지면 죽는다고 하니 연원을 바르게 가지라고 했다. 하늘은 한없이 높고 넓다. 한 사람의 마음과 생각으로 한계를 짓지 못한다. 연원을 잊으면 하늘을 제 마음에 다 우겨 담으려 하고, 또 그렇게 할 수 있다고 착각한다. 세상이 이만하냐고 배를 부풀린 개구리의 모양새이다. 그래서 연원과 연운 체계가 중요하다. 체계 안에서 자신의 위치와 책무를 잃어버리면 안 되는 이유이다.

끊임없는 정진이 정말 어렵다. 천자를 도모하는 자는 모두 죽으리라는 증산의 말이 여기에 해당된다. 포덕 활동의 결과로 만들어진 조직의 현실적인 권력이 수도의 결과로 받아들여지지 않도록 경계해야 한다. 수도의 과정에서 끊임없이 과제가 떠오른다. 수도에는 끝이 없으니 꾸준히 나아가야 한다. 가는 데까지가 자신의 몫이다. 멈추면 썩고, 썩은 것은 쓸 데가 없다. 계속 나아가야 한다.

방면은 기본사업을 추진하는 활동조직이다. 증산이 구천상제임을 분명히 일깨워 주고, 천하를 대순하고 널리 천하의 모든 창생들을 건져 지상선경을 건설하려는 뜻을 사람들에게 알려야 한다. 포덕이다. 해원상생 · 보은상생의 양대 진리가 바로 대순의 도이다. 먼저 입도한 도인은 대순진리를 바로 깨달아 마음에 새겨 몸소 실천하고, 진리에 입각해서 도인들을 지도하고 육성해야 한다. 교화이다. 이런 가운데 더욱 정진하여 넓고 깊게 깨달아 실행함으로써 도인의 면모를 갖추어야 한다. 수도이다.

결국 자신을 위한 수도이다. 수도의 목적과 방법은 하늘에서 내놓았다. 자신을 위한 수도의 결과가 하늘에 미친다. 해원의 수도를 통하여 보은에 이른다. 하늘이 원하는 바이다. 수도의 필수적인 과정이 방면 조직에 모두 마련되었다. 조직에 얽혀 움직이면 수도의 과제가 하나하나 밀려온다. 고통스럽다. 닦아내야 되기 때문이다. 때로 상쾌하다. 닦였기 때문이다. 계속 반복되어 앞으로 나아가야 한다. 하늘은 끝없이 높고 넓다. 닦고 닦아도 또 해야 한다. 도를 닦는 일이다.

수도와 군자

대순진리회 수도법의 작용이 그치지 않는다. 참으로 묘법이다. 왜 이렇게 짜여있을까 집중적인 관심을 가지지 않을 수 없다. 그래서 찾아본다. 증산의 말에 실마리가 보인다. 증산은 군자 또는 도통군자라는 단어를 여러 차례 언급했다. 조선의 강산이 명산이라 도통군자가 날 것이라고 하면서, 도는 장차 금강산 일만 이천 봉우리에 응기하여 일만 이천의 도통군자로 창성하리라고 하는가 하면, 혈식천추 도덕군자가 배를 몰고 전봉준 장군이 도사공이 될 것이라고 하는 등의 말이다.

증산은 군자에 많은 관심을 보였다. 그래서 그 이유를 찾아보아야 한다. 후천 선경과 군자는 분명히 관련이 있을 것이고, 대순진리회에서 군자가 양성되어야 맞다. 증산의 군자와 대순진리회 수도법 사이에 연관성이 있을듯하다. 미리 얘기하면, 군자를 양성하는 방법이 대순진리회의 수도법에 담겨있다.

대순진리회의 수도법은 단순히 지식을 습득하거나 자신의 마음을 깨끗이 닦는 데 그치지 않는다. 삼생의 인연을 거쳐 이미 기초가 다져진 존재들이 들어오기 때문에 바로 본격적인 수도로 접어든다. 입도한지 얼마 되지 않아 포덕을 하라고 한다. 여기에 군자 양성의 방법이 있다. 대순진리회에서는 도통군자의 자격을 갖추는 수도를 한다. 이 자리에 들기 위해서 전생의 긴 세월 동안 참고 인내하며 때를 기다려왔다고 할 수 있다.

예로부터 군자라고 하면 자신의 안위만을 추구하는 소인과 달리 많은 사람을 올바로 이끌 능력과 자질을 가진 사람을 말한다. 한 군자의 덕택으로 많은 사람이 평안을 누린다. 군자는 곧 다스리는 것을 업으로 삼는 정치적 인물이다. 그래서 단순히 덕으로만 일에 임하는 것은 한계가 있기 때문에 영웅다운 면모를 가지라고 했다. 증산이 독하면 천하의 독을 다가졌고 선하다면 천하의 선을 다가졌다고 한 말을 헤아리게 된다. 지도자에게는 영웅적인 도략이 요구된다.

예전의 교육과정에 쓰이는 유교 경서 중에 『소학』과 『대학』이 있다. 소학은 어린이를 가르치는 책이고, 대학은 군자를 양성하는 데 목적을 둔 경서이다. 소학의 내용은 개인이 익히고 지켜야 할 기초적인 예의범절에 치중되어 있고, 대학은 다스리는 사람의 자질함양에 주안점을 두었다. 대학은 군자의 자질을 가르치는 경서이다. 증산도 대학의 여러 구절을 인용한 바 있다.

대학에서는 격물, 치지, 성의, 정심, 수신, 제가, 치국, 평천하 등 여덟 조목이 중요하게 다뤄진다. 수신을 중심으로 전 단계는 자신의 내면을 갖추는 데 필요하고, 뒤의 단계는 겉으로 드러나는 내용이다.

즉 안으로 완벽하게 깨닫고 마음을 바로 하여, 겉으로 가정·국가·천하를 다스리는 부분으로 확대되어가는 것으로 서술되었다. 이 과정을 거쳐야 군자로 완성된다. 증산은 정심에서 평천하까지 인용하고, 천하를 위하는 자는 가정을 돌아볼 여유가 없다는 말까지 덧붙였다.

대순진리회의 수도법이 군자 양성에 있기 때문에 다른 종교와 비교하여 활동내용에 다른 점이 있다. 단순히 믿는 것만으로 군자가 되는 것이 아니다. 알아야 하고 행해야 하며, 그것이 많은 사람에게 미쳐야 된다. 그래서 입도하자마자 포덕을 하라고 하는 것이다. 포덕은 덕을 편다는 말이니 밖으로 펼치라는 말이다. 펼 뿐만 아니라 바른 길로 인도해야 할 의무가 주어진다. 이미 어느 정도 내면의 수도는 했으니, 겉으로 드러나는 과정을 밟아 바른 길을 제시하고, 많은 사람을 인도하라는 뜻이 담겨있다. 그 과정에서 군자의 자질이 갖추어진다.

증산은 수도에 따른 정도를 세 단계로 구분하였다. 맨 위는 도를 크게 번창시키는 것이고, 가운데는 크게 어진 상태, 마지막이 큰 깨달음에 이른 수준이다. 상유도창(上有道昌) 중유태인(中有泰仁) 하유대각(下有大覺)이 그 말이다. 크게 깨달은 단계가 가장 밑이고, 몸소 행하여 크게 어진 상태가 중간이며, 이를 바탕으로 도를 번창시키는 단계가 맨 위 단계이다.

위 단계는 세상의 이치에 대해 크게 깨닫는 것은 기본이고, 심성을 아주 너그럽게 하여, 널리 사람들을 바른 길로 인도해야 하는 경지를 말한다. 치국과 평천하에는 다스릴 사람들이 있어야 한다. 그래서 입도한지 얼마 지나지 않아 포덕으로 이어진다. 군자가 되려면 포덕을 행하여 다스리고 이끄는 정치적 자질을 갖추어야 한다. 평천하는 증산 자신이 할 것이니, 치천하는 너희들이 하라고 했다. 평천하는 아니더라도 치천하의 역량을 갖추어야 군자이다.

군자는 왕도정치의 주도자이다. 세상을 널리 구하려는 것은 성인의 도이고 백성들을 억눌러 세상을 바꾸려는 것은 웅패의 술인데, 벌써 천하가 오랫동안 웅패의 괴로움을 받았기 때문에 이제는 상생의 도로 사람들을 가르치고 세상을 바르게 해야 하니, 대인을 공부하는 자는 모름지기 마음을 바로잡고 항시 호생의 덕을 쌓아야 한다고 했다. 바로 왕도정치를 실행할 군자의 자세와 역할을 이른 말이다.

옛적부터 상통천문(上通天文)과 하달지리(下達地理)는 있었으나 중찰인의(中察人義)는 없었나니 이제 나오리라는 증산의 말과, 주문의 도통주에 상통천문하고 하달지리하고 중찰인사하게 해달라는 구절에서 도통의 경지를 가늠할 수 있다. 곧 위로는 천문에 통하고, 밑으로는 지리에 통달하고, 가운데의 인사를 속속들이 터득한 경지이다. 천문은 하늘 또는 우주의 이치, 지리는 계절과 기후의 변화, 풍수지리 등이고, 인사는 인간 사회의 모든 일이다. 인사에는 사람의 본질, 사람끼리의 관계에 요구되는 인륜도덕, 사회의 구조와 운영 등이 해당된다고 하겠다. 도통주를 통해 인간 사회의 모든 일에 능수능란한 능력을 갖게 해달라고 비는 것이니, 훌륭한 지도자의 자질을 희망하는 주문이다. 군자와 같이 인간 세상을 다스릴 역량을 갖추고 싶다는 말과 같다.

군자는 도덕적으로 완성된 성품을 지니고, 다른 이들을 바르게 다스려 이끌 능력의 소유자이다. 기본적인 인간의 완성 단계를 넘어 다른 이를 인도할 자질까지 갖춘 존재이다. 세상 누구나 바라는 최고의 경지에 이른 사람이라고 하겠다. 그렇기 때문에 대순진리회에서 그 경지에 이른 사람을 양성하고 있다.

그런데, 왜 증산은 무리를 다스리고 경영하는 군자를 말했는가. 결론적으로 후천 선경을 경영하고 다스릴 재목이 필요해서이다. 군자의 의미를 인간완성이라는 측면에 그치지 않고, 하늘에서 양성하려는 의도를 헤아려 찾을 필요가 있다. 우주의 범위가 넓어 더욱 많은 경영자가 필요하고, 더욱이 후천 선경은 상생의 원리와 완전한 도덕률이 적용되기 때문에, 우주의 원리와 이치를 깨닫고, 전체의 하나로서 역할을 할 심성과 능력을 가지고, 맡은 바 공직을 수행할 역량을 가진 군자가 필요한 것이다. 후천 선경의 공직자가 바로 도통군자이다. 인간 농사의 의미를 여기에서 찾는다. 아주 잘 여문 인간이 군자이다.

대순진리회의 주문을 보면, 최고신 산하에 시간과 공간 등 여러 역할을 담당한 신명들이 보인다. 예컨대 운장주의 관운장이 있고, 28수주와 24절주에는 우주의 공간과 시간의 단위, 그 단위를 맡고 있는 신명의 이름이 차례로 나열되어있다. 28수는 동양의 전통적인 각·두·규·정 등 스물여덟 개의 별자리 이름이고, 24절은 입춘·우수 등 스물네 개의 절기이다. 하늘의 각 별자리와 땅의 각 절기를 담당하는 신명의 이름이 있다.

마치 정부나 모든 조직에 자리가 있고, 그 자리의 담당자가 있는 것과 같다. 자리만 있고, 담당자가 없으면 빈자리이다. 빈자리에서는 일이 수행되지 않는다. 신명계도 꼭 같다고 여겨진다. 대순진리의 신명관을 엿볼 수 있는 내용이다. 그런데 주문의 신명들은 역사서에 보이는 실제 인물들이다. 그들의 삶이 일반 사람들과 달리 우주운행의 부분을 맡을 정도로 훌륭한 점이 있었기 때문에 하늘이 맡긴 것으로 이해된다. 인간이 여물면 이와 같이 우주운행의 어떤 부분을 맡게 된다고 짐작하는 이유이다. 또 증산의 명부공사에서 각 나라의 명부신명과 각 문화의 종장으로 임명된 이들도 모두 역사의 실존인물이라는 점도 실례가 된다.

　　지금은 후천선경으로 가는 길목이다. 고도기이다. 그렇기 때문에 먼저 하늘의 일을 담당할 사람이 필요하다. 우선 지도자가 양성되어야 이들에 의해 천하창생이 바른 길로 인도된다. 전체를 이끌고 가기 위한 방법이다. 그 일을 맡을 군자를 양성하는 방법이 대순진리회의 수도법이다. 기묘한 방법이기에 묘법이라고 했다. 우당이 전체 임원들에게 하늘의 일을 할 사람이 바로 임원이고, 임원을 양성하는 것이 중요하다고 한 말의 의미가 여기에 있다.

夫用兵之要在崇禮而重祿
禮崇則義士至祿重則志士輕死
故祿賢不愛財賞功不逾時則士卒並敵國削

무릇 용병의 요점은 예로 높이 대하고 대우를 후하게 해주는 것이다.
예로 대하면 의사가 이를 것이고,
　　　　　　　　대우가 후하면 지사들이 죽음을 가벼이 여긴다.
어진 사람을 대우함에 재산을 아끼지 않고,
　　　　　　　공을 칭찬함이 때를 넘기지 않으면,
　　　　　　　　병사들과 아울러 상대 나라가 무너진다.

　위의 글은 증산이 조직을 관리하고 사람을 다루는 요목으로 종도에게 일러준 것이다. 군자나 지도자에게 해당되는 내용이다. 종단의 수도법 또한 군자양성에 초점이 있다는 것을 짐작하게 한다. 이 조직 안에 들어와서 수도해야 하늘과 땅이 보이고, 개인적인 업과 원을 풀며, 다수를 통솔할 군자의 자질이 갖추어진다.

　대순진리회의 경전은 『전경』이다. 여기에는 증산의 행적과 말·글이 대부분이고, 정산에 대해서도 일부 실려 있다. 우당은 따로 『대순지침』을 발행하여 도인들에게 배포되도록 했다. 임원과 도인들을 지도하는 지침서이다. 여기에는 첫째, 신앙체계를 정립하기 위해, 대순진리를 바르게 이해하고, 진리에 의한 포덕과 교화를 하고, 해원상생과 보은상생의 윤리를 실천하고, 상생윤리의 생활화로 보국안민을 성취하라는 내용이다. 둘째, 수도·공부에 관한 것으로, 바른 수도와 신조에 의한 수도생활을 강조했다. 셋째, 조직기구와 운영에 관해서이다. 종단기구의 책무, 종단체계의 확립, 체계의 질서 확보로 구분되어 체계질서와 직분수행에 대해 정리하였다. 넷째, 각 수도인의 처사의 본보기이다. 수도인으로서의 언행, 임원과 도인의 관계, 겁액을 극복하고 허물을 고치는 수도인의 처사에 대한 내용이 담겨있다. 다섯째는 종단의 기본사업인 포덕·교화·수도, 중요사업인 구호자선·사회복지·제반교육에 대해서 정리되어있다.

종단과 방면의 체계와 운영에 관한 내용이다. 『대순지침』이 대순진리회 수도의 지침이다. 우당은 정산으로부터 종통을 이어받아 활동을 펼쳤는데, 후계자를 정하지도 않았고 다음의 일에 대해서도 아무런 말이 없었다. 이미 수도의 방법이 구체적으로 갖추어졌다는 의미이고, 그 갖춰진 방법은 『대순지침』에 있다는 것으로 이해된다. 앞으로는 지침대로 하면 된다. 다른 방법을 찾거나 또 다른 누군가를 기다릴 필요가 없다. 갈피를 잡지 못할 때에 지침의 내용대로 실천하면 될 것이다. 수도에 필요한 모든 가르침이 담겨있는 『대순지침』이 우당의 수도법이다.

대순진리회 수도법의 특징은 중찰인사에 초점이 있다. 세상에 도를 펼치는 포덕활동을 하고, 올바로 깨달아 가르치고, 이 과정에서 자신이 수도하는 방법이다. 종단의 기본사업이다. 사람이 규정대로 행동하기는 말처럼 쉽지 않다. 간단한 규칙을 지키기에도 많은 노력이 필요하다. 정해진 대로 자신을 만들어가는 것이 수도이다. 조직 체계 안에서 따라가기가 힘들다는 말이 있다. 사실 따라가기가 어려운 것이 아니라 자신을 원칙에 맞게 바꾸는 것이 어렵다. 이를 못하면 더욱 어려워진다.

개인적인 수도의 목적은 도통이고, 후천의 전반적인 환경은 선경이다. 증산을 따르던 종도들은 천지공사의 결과를 하루빨리 보고자 불평을 하고 때로는 간청하기도 했다. 이럴 때마다 증산은 지난날에는 도가에서 도통에 힘을 기울였으나 음해를 이기기 못하여 성공하지 못하였고, 앞으로는 음해하려는 자가 도리어 해를 입으며 반드시 도통이 난다고 달랬다. 모두 도술을 배우려고 하지만 가르쳐주어도 바위에 물주기와 같으니, 필요할 때 열어줄 것이니 마음을 잘 닦으라고 타일렀다. 하늘에서 내려주는 도통을 받으면 병든 자를 한번만 만져도 낫고 보기만 하여도 낫게 할 능력을 갖는다고 하며, 역시 그렇게 될 자격을 갖추도록 먼저 잘 닦으라고 했다.

수도의 목적은 도통이지만 닦지 않으면 받지 못한다. 자신의 수도 여하에 달렸다. 마음을 거울과 같이 닦아서 진실하고 정직한 본질을 회복해야 한다. 대순의 진리를 항상 마음에 새겨 언행과 처사가 일치되게 생활화하고, 인륜도덕을 바로 행하고 도덕을 밝혀나가야 한다.

도통은 선후의 차등이 없고 오로지 바르게 닦느냐의 여부에 있을 뿐이라고 했다. 물건처럼 주고받는 것이 아니다. 최종의 도통은 스스로 하지 못한다. 다만 하늘의 인정을 받을 자격을 갖추는 것이 할 일이다. 운수가 열려도 감당하지 못하면 본 곳으로 되돌아가거나 혹 다른 사람에게 옮겨진다고 하였다. 증산은 '내가 너희를 찾을 것이요 너희들은 나를 찾지 못하리라'고 했다. 남이 모르는 공부를 해두라고 하며, 장량·제갈공명과 같은 인재가 쏟아져 나와도 어느 틈에 끼어 있는지 모를 정도로 후천의 도통을 위해 많은 인재들이 곳곳에 숨어

있다고 했다. 아직 드러나지 않았을 뿐이다. 공사의 일꾼이 된 자는 마땅히 씨름판과 같이 판밖에서 음식을 취하고 기운을 길렀다가 끝판을 벼르라 했으니, 그러한 인재는 끝에서야 모습을 나타낼지 알 수 없는 일이다.

증산의 말에, 공자는 72명만 통예시켰고 석가는 5백 명을 통하게 하였으니, 그밖에 도통을 얻지 못한 자는 다 원을 품었기 때문에 이제 해원의 시대를 맞이하여 자격을 갖춘 자는 모두 도통의 꿈을 이룬다고 했다. 도통도 닦은 바에 따라 개인의 차이가 있다고 하며 구체적으로 일러주었다. 양이 적은 자에게 넘치게 주면 배가 터질 것이고, 큰 자에게 적게 주면 배가 고픈 것처럼 각자의 기국에 맞추어 주는데, 상재는 7일이요, 중재는 14일이요, 하재는 21일이면 각기 성도하고, 상등은 만사를 임의로 행하게 되고, 중등은 용사에 제한이 있고, 하등은 알기만 하고 용사를 뜻대로 못한다고 일러주었다.

자리가 없어서 못하지 않는단다. 1년, 4계, 12월, 24절, 360일, 24시, 분, 초까지 모두 자리가 된다고 했으니, 시간과 공간의 범위를 생각하면 무한하다. 지도자는 이끌 무리가 있어야 된다. 무리가 없는 지도자는 없다. 큰 덩어리 전체를 감안하면 부지기수의 자리가 있을 것이다. 전체를 위한 후천이지 몇 사람만의 후천이 아니다. 천하창생을 다 구하겠다는 증산의 말을 떠올리면 이해가 된다.

인존시대를 맞이하여 앞으로는 사람이 각 자리를 맡고 그 자리에 신을 봉한다고 한다. 모든 권한이 사람에게 주어지니 인존시대이다. 중찰인사라는 말 안에는 모든 권리를 사람이 가지게 된다는 뜻이

들어있다고 했다. 실이 오기 전에 허가 먼저 동한다는 말에도 주의를 기울여야 한다. 도통이 있다면 있고 없다면 없다. 있다고 믿으면 받을 것이고, 없다면 없는 것이 당연한 이치이다.

도통의 최종적인 판단의 방법도 비교적 자세히 기록되어있다. 각 성씨의 선령신이 한 명씩 참관 자격으로 천상공정에 참여하여 기다리고 있어서, 만일 한 사람에게만 도통을 먼저 베풀면 모든 선령신들이 모여 공정하지 못함을 비난하므로, 엄격한 기준에 따라 이루어질 것이라고 했다. 자격의 치밀한 심사는 유불선의 도통신에게 맡겨졌다. 이들이 닦은 바의 정도를 헤아려 상중하로 판별하고, 도통이 주어지는 방식이다. 아주 공정하고 엄격한 심사의 과정이 설정되었다.

대순진리회의 도통은 연원 도통이다. 증산·정산·우당이 연원이므로 이에 의한 도통이다. 대순진리가 연원의 진리이다. 이 진리에 의해서 도통이 나온다. 우주 삼라만상이 생기고 크고 자라고 생명을 유지해나가는 것이 전부 물에 있어서 연원이다. 물이 아니면 낳지도 못하고, 키우지도 못하고, 생명을 유지하지 못한다. 근원이 중요하다. 금산사 용추 못의 물을 물질적인 물로 이해하지 말고 연원의 기운으로 보아야 된다. 기운도 물처럼 흐르기 때문이다. 모든 생명체가 물을 먹고 자라듯이, 도인들은 연원의 기운에 의해 자란다고 보면 되겠다.

연원을 잘못 판단하여 선각이 아니면 도통하지 못한다는 식으로 말하게 되면 죄를 짓는 것이라고 하였다. 연원이란 원래의 근본을 가리키는 말이다. 연원은 줄이 아니다. 도통은 포덕의 연줄로 되는 것이 아니다. 연원과 연운은 다르다. 오늘 갓 입도한 도인이라도 연원은 누구나 같다. 연운은 끊어질 수 있으나, 연원은 끊어질 수 없다. 모든 도인은 연원의 도인이다.

상제님을 믿고 수행해나가면 도통이 있다고 했다. 포덕하면 선각·후각이 있고, 여기에서 해원상생을 몸소 실천하는 것이 중요하다. 포덕 그 자체가 전부가 아니고, 포덕으로 인한 틀은 해원상생의 실천 터이다. 포덕한 공이 있고, 키운 공도 있으나 오히려 키운 공이 더 크다고 했다. 상생이 이루어지면 당연히 서로 고맙게 여긴다. 도인은 각기 주어진 일을 열심히 하면 되는 것이다. 해원상생의 직접적인 실천이다.

도통이란 도에 통함을 말한다. 삼라만상의 이치를 다 알고, 할 것을 다 할 수 있을 때 도통이라 한다고 했다. 지금까지 도통은 없었으나 이제 도통이 실현된다는 것이 하늘의 뜻이고 계획이다. 수도의 과정에 어려움이 있으면 그것을 다 받아넘겨야 한다. 피하지 말고 모두 이겨나가야 한다. 마음을 깨끗하게 닦아야 보이고, 마음을 밝게 하면 그것이 도통이라고 했다. 도통이 딴 데 있는 것이 아니고 모두 마음에 있다고 가르침을 받았다. 마음을 맑고 깨끗하게 닦아놓으면 저절로 밝아지고, 밝으면 보이는데 이것이 도통이라고 일러주었다. 어려운 것이 아니라 쉽다고 했다.

대순진리회는 수도의 방법을 갖추었고, 궁극적인 목적은 종단의 목적에 세 가지로 정리되었으나, 결국 증산의 후천 선경을 이룬다는 뜻에 맞춰져있다. 그 가운데 인간 본래의 깨끗한 마음을 회복하고 정신을 개벽하는 일은 각자 해야 할 일이다. 신선의 실현이나 지상천국의 건설은 위 단계이므로 도통의 과정을 거쳐야 할 것으로 여겨진다. 대순진리회의 기본사업인 포덕·교화·수도가 몸소 수도하는 과정에서 힘써야 될 일이다.

　도를 닦는 목적은 인간 완성이다. 그 뒤의 개인의 처지나 상황에 대해서도 증산의 말이 있다. 가까이는 장생을 얻어 남이 죽을 때 잘 살기 위해서이고, 남이 잘 살 때에 영화와 복록을 누리자는 일이라 했고, 하루저녁에 주루보각 십만 칸을 지어 각자가 닦은 공덕에 따라 앉을 자리에 앉혀서 신명으로 하여금 옷과 밥을 마련하게 할 것이란다. 수도 과정의 고생을 잘 참으라며, 앞으로 천하의 여러 나라를 돌아다니며 많은 사람들을 가르칠 때의 영화는 비길 데가 없다고 했다.

　과정에서 제일 어려운 것이 척신이다. 척신이 밖에만 있는 것이 아니라 마음속의 원망, 미움 자체가 척이다. 이를 해결하는 방법이 해원상생이다. 하나하나 혁신하라고 했다. 잘못을 알면 고쳐서 날로 새로워져야 한다. 도인이거나 아니거나 나이가 많거나 적거나 서로 존경해야 한다. 그렇게 하면 평화로워지고, 화목·화평으로 이어질 것이다.

　결국, 아무리 영화와 복록이 가득하더라도 자기에게 해당되지 않으면 소용없다. 그것을 누리기 위해서는 반드시 수도해야 한다. 개인적인 것도 중요하겠지만, 천지의 바른 운행을 위해서도 이치를 올바로 깨닫고, 깨끗하고 바른 마음을 지녀, 세상을 상생의 도로 경영할 능력을 갖추는 것이 우선 할 일이다. 수도하지 않고서는 이 경지에 이르지 못한다. 본격적인 수도의 방법을 다 가지고 있는 종단이 바로 대순진리회이다.

여기에 사람을 모으는 것이 포덕이고, 가르치는 것이 교화이고, 자신을 닦는 일이 수도이다. 인연이 있는 사람이 들어온다고 했다. 종단과 방면의 조직 안에서 주어진 일을 열심히 하다 보면 진리를 깨닫게 되고, 원을 풀어 마음이 맑아지고, 조직 경영의 능력을 갖추게 된다. 자신을 위해, 그리고 하늘을 위해, 그렇기 하고자 하는 사람을 찾아 수도시키는 것이 종단 대순진리회의 할 일이다.

수도인의 역할

입도한 모든 사람들이 이 길을 꼭 가야 된다는 것은 아니다. 위의 얘기는 대순진리회의 수도법을 자세히 설명하기 위해 한 것이다. 그래서 입도에서부터 임원에 이르기까지 전체를 언급했다. 종단에는 일반 도인들이 대부분이다. 전적으로 종단의 조직에 편입되어 적극적인 수도를 하는 이들도 있고, 다른 종교에서와 같이 교리에 동의하여 신앙생활을 하는 이들이 많다. 기도를 모시고 훈회와 수칙의 내용을 몸소 실천하려는 노력도 중요한 수도생활이다.

현실에서의 임원과 평도인의 구분이 곧 도통의 단계와 반드시 일치되지 않는다. 정산이 단적으로 지적한 사항이다. 상통자는 오히려 평도인 가운데 많다고 하니, 듣던 임원이 그렇다면 자신들은 무엇이냐고 물은 일이 있다. 이에 대해 정산은 죄를 짓지 않아야 한다고 답을 주었다. 조직에서의 임무수행이 어렵고, 죄를 짓기는 쉽다. 이를 경계한 말이다.

종단 조직에서 수도생활을 하다보면 체계 안의 직급·직책이 수도의 결과인 것으로 착각하기 쉽다. 그래서 사람을 모으는 일에만 급급한 이들이 있는 것도 사실이다. 모르는 사람들에게 도에 대해 알려주고 도문에 들게 하는 것이 중요한 일임은 틀림없다. 커다란 공덕이 되겠지만, 겉으로 드러나는 도인의 수에 매몰되어 자신의 진정한 수도는 뒷전으로 미뤄버려서는 안 된다. 우당은 남을 건네주기만 하고 오히려 자신은 가지 못하는 일이 있다고 주의를 환기시킨 적이 있다. 사람의 수를 늘리는 것만이 능사가 아니다. 지금 임원이라고 반드시 도통을 받고 운수를 받는 것이 아니다. 자신의 수도와 역할을 제대로 해야 한다.

　증산은 남의 자제를 유인하여 잘못된 길로 이끌고 가는 것이 죄 가운데 가장 크다고 했다. 몸소 지침대로 올바로 수도하고, 그렇게 앞의 사람을 이끌어야 한다. 자칫 수도의 마음을 잃으면 도인들이 개인적인 수단으로 여겨진다. 커다란 죄를 짓게 된다. 잘못 갈 바엔 아니 감만 못하다.

　하늘과 선령신은 아무런 의도 없이 사람을 세상에 내놓지 않았다. 하늘에도 뜻이 있고, 각 개인에게도 목적이 있을 것이다. 사람은 모두 일을 해야 한다. 맡은 일이 업이다. 예부터 사농공상이라고 사람의 일을 중요하게 여겼다. 증산도 글도 일도 않는 자는 사농공상에서 벗어난 자이니 쓸 데가 없다고 했다. 농사를 짓는 사람이 있어야 먹고, 만드는 사람이 있어야 쓰고, 전하주는 사람이 있어야 먹고 쓰며, 가르쳐줄 사람이 있어야 배운다. 모두 삶에 없어서는 안 되는 일들이다. 직업이 중요하다. 직업에 충실해야 한다. 먹고 살기 위해서 하는 일이라 하더라도, 그 일 때문에 다른 이들이 먹고 쓰고 배우며 산다. 자신만을 위한 직업이 아니다. 세상이 그렇게 짜여있다. 직업에 충실한 자세도 하늘에 대한 보은이 될 것이다. 다만 척을 풀려고 노력하고 맺어서는 안 된다. 삶의 궁극적인 목적을 마음에 둔다면 더 좋을 것이다.

요즘의 직장은 모두 조직체이다. 거의 대부분 사람들이 조직체에 소속되어있다. 위치와 역할이 주어진다. 자리에서 역할을 제대로 수행해야 전체 조직이 유지되고 목적을 달성하며, 그에 따른 대가를 받는다. 종단 조직에서의 수도생활과 크게 다르지 않다. 이미 직장생활을 통해서 조직에 필요한 기본적인 규범과 자세를 익힌 사람들이 훨씬 많다. 다만 지향점이 다를 뿐이다. 하늘의 뜻을 헤아리고 상생의 마음으로 인류를 바로 지켜나간다면, 이들 가운데 인물들이 많을 것이다. 지금은 해원의 단계이다. 아직 후천 선경은 이루어지지 않았다.

해원공사의 과정을 찬찬히 살펴보면 짐작되는 바가 있다. 신명의 해원을 원의 단초인 단주로부터 시작하여, 만고역신을 대상으로 했다. 원을 크게 가진 신명으로부터 차근차근 해원의 공사가 진행되었다. 도문에 들어온 순서가 이와 같을지 모른다. 품은 원이 크고 많아서 먼저 도문에 들어와 고생을 하는 것은 아닌지 모를 일이다. 선령신이 입도의 시기를 헤아린 결과일 수도 있다. 해원의 과정이 그러해서 해본 얘기이기는 하나 일리는 있다.

다만, 큰 원은 순전히 개인적인 욕망에서 생긴 것이 아니고, 여러 사람에게 좋은 영향을 끼치려는 뜻을 펼치려다 이루지 못한 원이거나, 하늘의 근본원리를 깨닫고자 했으나 이르지 못한 원일 것이다. 원의 크기만큼 해원의 결과도 그러지 않을까 싶다. 정산의 원에서 비롯된 헌신의 고행으로 수도의 법방이 이루어진 것처럼, 임원들의 헌신적인 노력이 우당의 일을 받들어 수도의 틀이 마련되었다. 종단이 안정되게 제 역할을 할 때까지 아직 남아있는 일들이 많다. 남은 원을 풀든지 공덕을 더욱 크게 쌓든지 꾸준히 하늘을 받들어야 할 것이다.

종단의 발전 과정에서 도인들은 너나 할 것 없이 바쁘게 움직였다. 다급한 마음이었다. 때로는 시한부적인 말을 하고, 마치 도통의 여부가 자신에게 달려있는 것처럼 맹목적인 추종을 강요한 경우도 더러 있었다. 도통이 중요한 것이 아니라 수도가 중요하다는 우당의 말을 무겁게 받아들이지 못한 임원들도 있었다. 수도는 자기가 직접 하는 것이지 남이 해주는 것이 아니다. 수도로 해원상생을 실천하고, 이치를 깨달아야 한다. 앉아서 주문만 외우는 것이 아니고 종단의 체계에서 책무를 이행해나가는 것이 또한 수도이다.

임원의 수도 내용이 한층 어렵다. 닦을 것이 많아서 먼저 들어왔는지 모른다. 아직 대순의 도를 알지 못하지만, 훌륭한 인품과 능력을 가진 이들이 많다. 그들을 위해 터를 마련하는 고된 수행을 먼저 하고 있는지 또한 모른다. 앞서 증산의 종도들도 여럿이었고, 정산의 아래에도 여러 임원들이 있었다. 우당의 별세 당시의 대순진리회 종단에는 수천의 임원들이 있었다. 이들의 한결같은 희망은 증산이 말한 앞으로의 일이 당장 자신에게 주어지는 것이었다.

증산의 후천선경은 전 우주를 포괄한다. 후천의 문명도 조선을 기점으로 전 세계로 퍼져나간다고 했다. 계절도 어느 날 갑자기 겨울이 봄이 되고, 여름이 가을이 되지 않는다. 변화에는 과정이 있다. 우주의 계절 변화가 눈앞에서 일어날 것이라는 기대는 조금 미뤄두는 것이 좋을듯하다. 미미한 사람의 마음이 조급할 뿐이다. 이 지구상에 많은 사람들이 살고 있는데, 몇 사람만 살짝 후천으로 데리고 가는 것이 하느님의 일이라고 할 수 없다.

증산은 통하는 데에는 사람에 따라 시간의 차이가 있다고 했다. 배우지 않고는 알 수 없다고 하였으니, 자질에 따라 가르침의 성과도 다를 것이다. 도통이 목적이라 하지만, 평생을 닦아도 부족한 사람이 있고, 거의 직전에 이른 사람도 있을 법하다. 마냥 노력할 뿐이다. 상등인지 하등인지의 구별은 유불선 도통신들이 한다. 자신의 좁은 안목으로 논할 일이 아니다.

앞으로 큰 인물들이 들어와서 수도를 하고, 결국에는 후천 선경에서 큰일을 할 수 있도록 안내할 책무가 지금 도인들에게 주어졌다. 우당의 역할로 연원의 진리, 대순의 진리가 이제 완성되었다. 수도의 터가 온전히 마련된 것이다. 주위의 비난을 힘으로 삼아 이겨낸 결과이다. 증산은 바람도 불다가 그치듯 구설과 비난도 걷힐 때에는 흔적도 없이 걷힌다고 했다. 주위로부터 좋은 평을 받는 것이 무엇보다도 중요한 시점에 이르렀다. 우당의 말대로, 그 동안 많은 화를 겪었으니 이제는 복 받을 일을 해야 할 때에 이르렀다.

포덕이 순조롭게 이루어져야 된다. 도인들이 잘못하면 종단의 평판이 좋아질 리 없고, 그러면 도를 닦아야 할 사람들이 들어오지 못한다. 사회의 좋은 평으로 인망을 얻어야 순조롭다. 상극의 마지막 발동으로 병겁이 온 세상에 창궐할 때가 있을 것이고, 이때 하느님을 믿으라고 하면 믿지 않을 자가 없다고 했다. 증산은 천지공사 뒤에, 하루에 짚신 세 켤레가 다 닳도록 죽음을 넘어 살리려고 돌아다닐 때가 있을 것이라고 했다. 할 일이 많이 남아있는 것으로 보인다. 앞으로의 종단을 위해 우당의 가르침을 철저히 시행해나가야 된다. 현재 도인들의 의무이다. 자신의 종단이 아니라 연원의 종단이다.

세계인류를 차등 없이 다 건지는 것이 하느님의 뜻이고, 그래서 대순진리가 이루어졌고, 종단이 꾸려졌다. 임원은 평도인과 수도의 정도가 다르다고 했다. 그 동안 수도를 하며 익힌 연원의 가르침, 종단의 제도와 법규를 누구보다도 잘 알고 있다. 인연에 따라 들어올 사람들을 이끌고 가야 할 책무를 지었다. 따지고 보면 본래 할 일이다.

弊衣多垢勝金甲
頹屋無垣似鐵城

떨어지고 때가 낀 옷이 갑옷보다 낫고,
담장도 없이 무너진 집이지만 철옹성과 같구나.

터를 닦는 것은 아주 중요하다. 터가 마련되어야 집을 짓고, 황무지를 개간해야 농사를 짓는다. 대순진리회는 후천 선경을 위한 수도의 터이다. 터를 닦는 일에 참여한 이들의 공이 클 것이다. 신명계와 인간계를 음양 관계로 이해하면, 여기서나 저기서나 같은 일을 해야 할지도 모른다. 인간도 도를 닦아야 하고 신도 도를 닦아야 한다고 했다.

대순진리회는 이 세상의 종단이다. 눈에 보이고, 옆에 있는 실체이다. 사람들의 수도를 위해 만들어졌다. 증산은 천지공사를 하고, 인존시대에 필요한 사람을 찾아 만들고, 널리 천하를 구하며 창생을 구제하려는 뜻을 세웠다. 그 실현을 위해 정산의 단계를 거쳐, 우당에 이르러 대순진리회라는 종단으로 드러났다. 우주의 가을에 즈음하여 사람을 찾아 수도시키기 위한 종단이다. 바야흐로 인간의 세상에 수도의 방법을 갖춘 터가 마련되었으니, 뜻이 있고 인연이 있는 사람들이 언제라도 쓰면 될 따름이다.

글을 마치며

'도를 아느냐'는 물음에 답하기 위해 시작된 얘기가 일반적인 도의 개념을 알아보고, 종단 대순진리회의 연혁을 더듬어보면서, 교리의 내용을 파악하고, 종단 수도법의 특징과 목적을 살피는 데까지 이르러 마무리되었다. 이해할 수 없는 말도 있고, 동의하지 못하는 내용도 많을 것이다. 그래도 대체적으로 거리와 골목에 돌아다니는 '도'의 실체에 접근하려고 노력하였다.

하루가 지나면 하루가 오고, 한 해가 저물면 또 한 해가 시작된다. 아버지의 아들이 다시 아들을 낳는다. 돌고 돌면서 앞으로 나아간다. 이 또한 크게 도는 것이란다. 커다란 원의 일부는 직선으로 보이는지라 그 범위를 헤아리기 어렵다. 작게는 원자의 전자가 핵을 돌고, 크게는 우주가 어딘가를 중심으로 돈다. 돌고 또 돌고 돌아가는 판이다.

돌면서 조화를 낳는다. 봄에 싹을 내밀고, 여름이면 자라서, 가을이면 열매를 맺는다. 겨울이면 씨로 돌아간다. 인간의 역사 또한 봄에는 하늘의 농부가 내려와 여러 제도를 만들고, 여름에는 이치와 인륜을 가르치고, 가을에는 직접 거두어, 겨울의 본자리로 돌아가야 하는 과정이며 굴레이다. 우주의 가을에 즈음하여 주인이 이 땅에 오셨다. 새로운 제도와 윤리를 가르치려는 것이 아니다. 그 동안의 결과를 짓기 위해서이다.

한여름의 짙푸른 풀이 아닌 씨앗과 꼭 같은 열매로 익어야 한다. 찬바람 뒤에는 서리가 내린다. 변태를 해야 한다. 상극의 원을 풀어내고 인륜도덕으로 속을 채워 숙일 때이다. 크게 도는 대순의 진리이다. 계절의 굴레이다. 곡식은 농부가 아니다. 철의 일기에 순응하여 길러준 대로 싹을 틔우고 힘껏 자라서 익을 뿐이다. 알맹이를 채워 바람에 흩날리지 않을 무게를 지녀야 한다. 남은 병겁이 겨울을 재촉하는 찬바람이고 된서리인지 모른다. 아랑곳하지 않게 여물어 온 곳으로 되돌아감이 마땅하다. 뿌린 분에 대한 은혜갚음이다.

증산은 자신의 일을 사두용미(蛇頭龍尾)라고 했다. 시작은 거창한데 끝이 보잘 것 없다는 뜻으로 용두사미라는 용어를 쓴다. 이의 앞뒤를 바꾸어 시작은 아무것도 아닌듯한데 끝은 굉장할 것이라는 말이다. 나름의 종교 활동을 펼치고, 짧은 시간을 머물다 제자리로 돌아간 증산이 앞으로의 결과를 미리 일러주었다.

거리에 '도'가 하찮게 흘러 다니는 가운데 많은 시련을 겪었다. 전혀 새롭게 느껴지는 가을의 도는 사람들을 유인한다고 눈총을 받았고, 종단은 종교적 가치보다 세속적 목적을 가졌다고 손가락질을 받았다. 그런 소용돌이 속에서도 하늘의 일에 힘을 보탤 도인들이 모여들었고, 종단은 모습을 갖추었다. 비웃음과 조롱을 비수와 조수로 삼아 이룬 결과이다. 도장이 여러 곳에 자리를 잡았고, 각 지역에는 방면의 회관이 서있다. 연원의 진리가 완성되었고, 많은 사람들이 수도할 터가 마련되었다.

증산에서 시작되어 여기에 이르기까지 더듬어보면 사두용미의 의미를 곱씹게 된다. 아직 용의 꼬리를 보지 못했어도 과정이 그렇다. 어수선하고 시끄러운 시기에 가난한 농가에 몸을 보인 증산은 널리 세상을 구하고자 내려온 하느님이다. 만고의 원을 풀어 도수를 바로잡는 천지공사가 널리 세상을 구하고 창생을 살릴 방법이었다. 가을이 왔다고 알려주고, 갈무리의 방법을 내놓았다. 해원상생으로 묵은 원을 풀고, 도덕을 바로 세워야 한다. 정산은 증산의 존재와 신명계에서의 위상을 밝히고, 50년 동안 천지공사에 따른 후속의 일을 도맡았다. 그리고 하늘의 걷는 방법을 꼼꼼하게 얽어 남겼다. 우당은 증산의 유지와 정산의 유법을 받들어 다시 50년의 종교 활동을 통해서 지금의 '대순진리'를 완결했다. 대순진리에는 증산의 광구천하·구제창생의 뜻, 정산의 제도화된 법방, 우당의 상세한 가르침이 담겨있다. 대순진리를 펼치기 위한 종단이 대순진리회이다.

대순진리가 연원의 '도'이다. 우주의 가을을 맞이하여 도의 실체가 드러난다. 본래 무극이고 태극이고 진리의 본자리이다. 사시사철 모두가 담겨있다. 가을의 언저리에서 뒤를 돌아보면 봄과 여름이 한눈에 보인다. 앞의 겨울까지 채우면 막힘이 없는 원이 그려진다. 여름에는 보이지 않더니 가을에 이르러서야 윤곽이 잡힌다. 지금 드러난 대순의 진리는 갈무리의 도이다. 가을에 즈음하여 가을의 모습을 띠고 나타났다.

만물이 익어가는 가을이다. 씨를 뿌리는 봄에도 가을을 말하고, 여름에도 가을을 얘기한다. 모두 가을이 오는 것을 알고, 봄과 여름에도 큰소리로 가을을 외친다. 그러나 가을은 때가 되어서야 이른다. 뿌리고 가꾸던 봄과 여름의 방법으로는 거두지 못한다. 거두려는 농부의 손길이 거리와 골목에 뻗친다. 하늘의 뜻을 모두에게 알려야 한다. 알리는 것이 우선이다. 들은 뒤의 생각은 나름이다. 단풍이 들고 서리가 내리면 누구나 가을인줄 안다. 이때에서야 아는 것은 바보가 아니라는 것 말고는 의미가 없다. 미리 서둘러야 한다. 용어만 생소할 뿐 다 아는 얘기이다. 서로 이해하여 원과 척을 풀고, 삼강오륜의 인륜도덕을 바로 세워야 한다.

봄은 인(仁)이고, 여름은 예(禮)이고, 가을은 의(義)이다. 의는 결단이다. 조선시대 법을 집행하는 형조를 추조라고 불렀다. 심판하고 결단을 내리는 기구이기 때문이다. 우주의 가을에 심판과 결단이 내려진다. 그 기준이 충효열이다. 임금에게 하라고 배운 충이 더욱 뻗어서 하늘에 이르러야 하고, 부모에게 하라던 효가 하늘에 이르러야 하고, 남녀의 지조가 하늘에 닿아야 한다. 결국 하늘이 임금이고, 부모이고, 짝이다. 충효열이 의(義)의 기준이고, 결단의 기준이다. 그리고 겨울의 지(智)로 돌아간다. 증산은 봄의 기운을 방(放), 여름의 기운을 탕(蕩), 가을은 신(神), 겨울은 도(道)라고 했다. 봄에 터져 여름에 뻗치고, 가을에는 신의 역할로 겨울의 도로 돌아간다. 겨울의 도는 본 자리이다. 충효열의 인륜을 바로 세울 시기에 이르렀다.

인류 역사를 농사에 빗대어 거슬러보니 한눈에 희미하게 잡히는 듯하다. 인류 문화의 흐름도 보이는듯하다. 기나긴 시간, 그 안의 나라, 사건, 인물, 수많은 사람들이 흐름에 녹아있다. 천상천하에 유아독존으로 우뚝 솟아올라도 판이 없으면 서지 못한다. 조금만 낮추면 돌고 도는 판이 아늑하게 느껴진다. 천지신명이 있고, 선령신과 조상들이 있다. 부모의 품처럼 포근하다. 그 품속의 하나인 것만으로 존재감을 느낀다. 개구리 배 터지듯 다 안다고 우쭐하기보다는 조그마한 존재로 족하다. 우주가 넓어서 좋고, 천지신명의 품안이 따뜻해서 더욱 그렇다. 있다는 그 자체로 값어치를 가진다.

증산은 지혜를 말하면서, 모든 일은 음에서 일어나 양으로 퍼지므로 먼저 어둡고 희미한 것을 살피고, 시작된 곳을 보라고 했다. 그리고 철을 알아야 철이 들었다고 한다는 말도 남겼다. 대순진리회는 이제 시작이다. 여럿을 위한 것은 만든 사람의 것이 아니다. 만든 것 모두를 안고 살만큼 인생이 길지 않다. 시인이 그랬다. 천지는 여관이고, 인생은 나그네라고. 하룻밤 머무는 자의 것이다. 종단도 그렇다. 쓰는 사람의 것이다.

이치를 깨닫고 이해한다는 것은 중요하다. 분명한 인식이 깨달음이다. 그러나 앎이 목적이 아니다. 스스로 분명하게 알았으면 자신의 지각을 믿어야 한다. 신념을 밑돌로 삼아 마음과 몸으로 실천해야 한다. 깨달음은 믿음의 기반이고, 믿음은 실천의 주춧돌이다. 원척에 얽힌 마음을 해원상생으로 풀어내고, 인륜도덕을 실행하여 충효열을 바로 세워야 한다. 지금 해야 되는 일이다. 한 해 중 입추의 시기에 가장 덥다. 한여름이다. 그러나 절기는 가을에 접어드는 입추이다. 체감에 앞서 미리 가을을 준비함이 현명하다. 여물지 않으면 찬바람과 서리에 메마르고, 익으면 본 곳으로 돌아가는 귀향을 기다린다. 존재의 의미가 여기에 있고, 삶의 방향이 여기에 담겼다. 바로 '도'이다. 인간의 본질과 삶의 방법이 모두 '도'에 있다.

　　증산의 공사대로 한반도가 후천 문화의 중심지이기를 바란다. 태극이 조화를 짓듯 오선위기의 혈이 발음되어 세계만방으로 퍼져 나가기를 원한다. 경계가 풀린 곳에 후천 문화의 싹이 터서 곳곳으로 번져 활짝 피어나기를 기대한다. 집을 떠난 신명들이 모두 돌아와, 주변 나라들의 간섭을 받지 않고 주인 노릇을 제대로 할 때를 기다린다.

　　선천 상극의 판 속에서 유난히 신명을 잘 접대해온 이 땅의 사람들이 상생의 후천을 맞아 그 신명들의 극진한 대접을 받을 것이며, 그 대접은 누구에게 밑가지 않을 만큼 후하다고 했다. 그래서 도를 닦는 데 힘을 기울여도 된다고 하였으니, 그럴 때인지도 모른다. 이 땅과 사람들에게 쌓인 원과 한이 원동력이 되어 세계 평화가 이루어지기를 기대한다. 평화의 가을 햇살 아래 상생의 서늘한 바람을 맞으며, 하얀

구름이 어우러진 파란 하늘 위로 갈 곳을 그리면서, 순결한 알맹이를 가다듬었으면 바랄 나위 없겠다.

  짐작조차 어려운 도에 대한 얘기를 너무 쉽게 한 것 같아서 부끄럽다. 부담 또한 크다. 첫 머리에 미리 밝힌 바와 같이, 자료를 기초로 사실에 접근하려 했고, 해석에는 나름대로의 주관이 끼어들었으며, 뒷부분에는 개인적인 감상이 녹아들었다. 조금이라도 알려야겠다는 생각에서 비롯된 일이다. 이해와 용서를 구하며, 이야기로 시작한 글을 끝낸다.

도를 아십니까

발행일 2021년 2월 18일 1판 1쇄
　　　 2021년 3월 25일 1판 2쇄

지은이 ｜ 김형기
교정 ｜ 최고호 · 장은지
디자인 ｜ 송승희
펴낸이 ｜ 김형기
펴낸곳 ｜ 여문들
주소 ｜ 서울 노원구 노해로 75길 14-26
이메일 ｜ ymdbooks@naver.com
전화 ｜ 02-930-0097
팩스 ｜ 02-930-0081

ISBN 979-11-973728-0-3 (03200)